本书由北京在明律师事务所资助出版

双 一 流 学 科 建 设 系 列 教 材

行政法案例研习

行政征收与征用

（第六辑）

马 允 主编

中国政法大学出版社

2024·北京

图书在版编目（CIP）数据

行政法案例研习. 第六辑/马允主编. —北京：中国政法大学出版社，2024.3

ISBN 978-7-5764-1347-2

Ⅰ.①行… Ⅱ.①马… Ⅲ.①行政法－案例－中国 Ⅳ.①D922.105

中国国家版本馆CIP数据核字(2024)第033380号

书　名	行政法案例研习·第六辑 XINGZHENGFA ANLI YANXI DI LIU JI
出版者	中国政法大学出版社
地　址	北京市海淀区西土城路 25 号
邮　箱	bianjishi07public@163.com
网　址	http://www.cuplpress.com (网络实名：中国政法大学出版社)
电　话	010-58908466(第七编辑部) 010-58908334(邮购部)
承　印	固安华明印业有限公司
开　本	720mm×960mm　1/16
印　张	20.5
字　数	310 千字
版　次	2024 年 3 月第 1 版
印　次	2024 年 3 月第 1 次印刷
定　价	75.00 元

《行政法案例研习》
编委会

（按首字母排序）

编写说明

因学科内容繁杂、概念抽象和教学课时限制，行政法成为中外法学院公认的难学难教课程。针对行政法教学问题，我国行政法学者进行了有益尝试，其中一项重要举措就是开展案例教学。案例教学将行政法原理、规范和实践予以有机结合，学生在了解行政实践和司法实务的同时，也更加注重法律规范的援引、解释和应用，论证说理能力同时获得锻炼和提升。

中国政法大学法学院行政法研究所长期致力于行政法教学方法的改良，近年来每年均召开"法治人才培养与行政法教学方法"等主题研讨会，诚邀学界各位老师齐聚一堂共同探讨行政法学的教学方法。在近年的多次研讨会中，与会专家均论及案例研习在行政法教学中的重要价值，并就案例教学方法进行系统归纳与理论总结。上述研讨成果同样促发了编者对行政法案例教学的反思。

当前市场上已有诸多行政法案例分析教材和评述作品，这些书籍为本科生及研究生行政法案例教学提供了基础和指引，但从编排和写作方式上看，都仍有一定的提升空间。首先，许多行政法案例教程在进行案件分析时，只是简单截取案件基本事实和核心观点，并未完整展示法院裁判的论证过程，学生也因此缺乏代入感，对行政法原理及其实际应用的理解也就无法深入；其次，有些教程在评述案件时，并未对所涉理论和核心学理展开系统阐释和比较梳理，这也导致行政法案例教程与行政法学教材脱节；最后，有些案例教程所选取的案件已显陈旧，不仅未顾及行政法律规范的更新，也未能体现本学科理论与实践的最新发展。

中国政法大学法学院行政法研究所一直承担着中国政法大学行政法教学

科研的基本任务，鉴于案例教学的需要和精品案例教材的匮乏，行政法研究所自2018年起即组织老师撰写全新的案例分析教程，迄今已出版了五辑且在业界获得广泛好评。本书为系列案例教材的第六辑。与前五辑相同，本书所选取的案例同样经过细致讨论，均具有很强的代表性。

关于本书写作与体例安排，现做如下说明：

（1）案例来源。本书选择的案例主要来自最高人民法院公布的指导性案例、最高人民法院公报案例、最高人民法院行政审判庭编写的《中国行政审判指导案例》《中国行政审判案例》以及各大法律数据库中的已生效裁判，由此既确保了案件来源的典型可靠，也便于读者自己查找案件和分析案由。

（2）分析体例。本书创新地采用全景模式来呈现案件事实、裁判要旨和理论要点。每个案例的撰写均包括以下七个部分：案例名称、关键词、基本案情、裁判要旨、裁判理由与论证、涉及的重要理论问题、后续影响及借鉴意义。在案件事实陈述方面，要求各位撰稿人采用法院已查明的事实，避免冗长论述。在裁判理由与论证部分，则要求撰稿人细致分析法院裁判的论证过程，便于学生对此过程进行整体性理解；对裁判关键论述的引用则通过直接援引的方式，确保分析的严谨性。在重要理论问题的论述方面，要求撰稿人从理论渊源、裁判背景和关联裁判上进行系统论述，由此也使案例分析具有理论深度，每个案例的整体分析均在12000字左右。

（3）适用对象。本书既适合作为本科生及研究生的案例教学和研究参考书目，又可满足包括司法部门在内的实务部门的实践需要。

《行政法案例研习》第五辑设定了"政府信息公开"的主题。延续第五辑的编写体例，本辑以"行政征收与征用"为主题，选取的案例均为最高人民法院作出的判决或裁定。2019年修正的《土地管理法》对旧法规定的集体土地征收补偿程序进行了较大调整，2021年修订的《土地管理法实施条例》进一步对征补程序和标准进行了细化。本书尽可能选取法律修改后的案例，同时在分析讨论时对新旧法的程序变化以及争议解决程序的衔接予以特别关注。此外，由于征收征用类案件争议焦点较多且多有交叉，编者在对案件主题进行分类并编入目录时，恐有遗漏或重复，还望读者见谅。

本书的编写分工如下：

1. 徐燕：成片开发征收中公共利益的学理认定与司法审查——李锦裕等诉南京市栖霞区人民政府房屋征收决定案（马允 校）；

2. 刘函冰：超范围征收的法律控制——株洲市超宇实业有限责任公司诉株洲市人民政府行政征收案（庆启宸 校）；

3. 司银铃：管制性征收的认定标准及其补偿——苏州阳澄湖华庆房地产有限公司诉苏州市国土资源局行政补偿案（马允 校）；

4. 石佳乐：行政征收中公共利益的判断——郭鸿昌诉鄞州区人民政府房屋行政征收案（成协中 校）；

5. 李炫钰：征收集体土地和国有土地上房屋的程序选择——王贤武诉安顺市西秀区人民政府房屋征收纠纷案（庆启宸 校）；

6. 李俊瑞：房屋征收补偿案件中的房屋价格评估时点问题——居李、李琼、居文诉福州市鼓楼区人民政府房屋征收补偿决定案（胡斌 校）；

7. 陈依雯：集体土地征收中"住改非"房屋的停产停业损失补偿问题——杨仕琴与贵州省息烽县人民政府等土地征收纠纷案（蔡乐渭 校）；

8. 郝安琪：征收补偿争议先行裁决制度及其与行政复议、行政诉讼的衔接——陈某等诉防城港市防城区人民政府征收补偿再审案（罗智敏 校）；

9. 王晓宇：行政征收中历史无证房屋的合法性认定及违法强拆赔偿——梁承志诉广西壮族自治区贵港市港北区人民政府强制拆除房屋及行政赔偿案（蔡乐渭 校）；

10. 曹鹏荣：强制拆除实施主体不明时适格被告的认定规则——上海马桥酒店管理有限公司诉上海市闵行区人民政府土地房屋行政强制案（张冬阳 校）；

11. 钟嘉丽：权利保护必要性在房屋征收补偿案件承租人行政诉讼中的适用——广东省开平市赤坎镇隐没堂茶馆与广东省开平市人民政府再审行政裁定案（赵宏 校）；

12. 冯延有：农村集体土地征收补偿义务主体的判断标准——上海蝶球开发部诉闵行区人民政府履行征收补偿法定职责案（罗智敏 校）；

13. 吴玉祥：征收拆迁中村民自治主体与职权主体的责任划分——马静茹诉石家庄高新开发区管委会等房屋行政强制案（张力 校）；

14. 吴俊杰：重复起诉规则在房屋征收补偿诉讼中的适用——陈前生诉金寨县人民政府房屋行政征收及补偿协议案（赵宏 校）；

15. 夏心盈：确认利益的学理界定与司法审查路径——李汴菊诉开封市鼓楼区人民政府征收补偿决定案（张力 校）；

16. 黄莹莹：房屋征收行政补偿决定的合法性审查标准——马塞麦诉甘肃省兰州市七里河区人民政府房屋征收行政补偿案（胡斌 校）；

17. 姚清寻：行政征收补偿协议中承担给付责任的适格主体及约定内容的效力——辽宁省葫芦岛开发区管委会与李震其他行政征收补偿协议纠纷再审案（成协中 校）；

18. 撒怡：房屋收购协议的合法性及行政附随义务分析——汪慧芳诉龙游县人民政府行政征收案（张冬阳 校）。

感谢上述撰稿人和校对人耐心细致的工作，感谢中国政法大学出版社的大力支持和牛洁颖编辑的辛苦付出。

本辑《行政法案例研习》得到了长期致力于征收拆迁等领域行政法实务的北京在明律师事务所的资助，谨此表示感谢。

作为丛书的一册，本辑在总体延续前五辑写作体例的基础上，在分析阐释上做了更多创新和探索。但限于编者的水平和视野，书中分析可能存在谬误与问题，在此也欢迎读者不吝提出宝贵批评和建议。

编者

2023 年 11 月

目 录

一 公共利益的认定

案例一 成片开发征收中公共利益的学理认定与司法审查
——李锦裕等诉南京市栖霞区人民政府房屋征收决定案

徐 燕*

【案例名称】

李锦裕等诉南京市栖霞区人民政府房屋征收决定案［江苏省南京市中级人民法院（2015）宁行初字第 331 号行政判决书、江苏省高级人民法院（2016）苏行终 1523 号行政判决书、最高人民法院（2018）最高法行申 5372 号行政裁定书］

【关键词】

成片开发征收 公共利益 商业利益

【基本案情】

江苏省南京市中级人民法院一审查明：2011 年 4 月 2 日，被告栖霞区人民政府印发《栖霞区国民经济和社会发展第十二个五年规划纲要》，提出"统筹周边地区产业发展和交通布局，带动燕子矶滨江新城、新尧新城、龙潭新城建设，推进迈皋桥、马群、栖霞等片区改造，优化城市布局"；"对成片旧

---

* 作者简介：徐燕，中国政法大学法学院宪法学与行政法学专业 2022 级硕士研究生。

住宅区进行综合整治，到2015年，全部推进地区改造工作，有效改善城市环境和市容市貌"。南京市环境综合整治指挥部办公室、南京市栖霞区住房和城乡建设局及南京市规划局栖霞分局分别于2014年6月12日、6月21日和7月14日作出批复，同意增补立力煤矿机械公司家属区项目列入全市危旧房城中村改造计划。2014年9月16日，南京市市住建委向栖霞区征收办作出编号为2014053的《征收范围确认书》并附征收红线图，明确涉案项目可以启动征收程序以及征收范围。2014年11月13日，栖霞区征收办初步拟定并公告《南京立力煤矿机械制造有限公司家属区危旧房城中村改造项目房屋征收补偿方案》。2015年2月16日，中共栖霞区委员会、栖霞区人民政府印发《栖霞区2015年经济建设和社会建设工作目标》，其中的"征收拆迁项目""棚户区改造项目"部分均写明：实施立力煤矿机械公司家属区危旧房城中村棚户区改造征收项目。2015年3月16日，栖霞区人民政府召开了案涉征收项目征收补偿方案的听证会，被征收人代表、栖霞区征收办工作人员、人大代表及政协委员参加听证并陈述意见，后栖霞区人民政府修改制订《南京立力煤矿机械制造有限公司家属区危旧房城中村改造项目房屋征收补偿实施方案》。2015年4月28日，栖霞区征收办组织对案涉项目进行社会稳定风险评估并填写了《江苏省社会稳定风险评估评审表》，评估为低风险，南京市栖霞区维护稳定工作领导小组办公室于2015年5月16日予以备案。2015年7月31日，栖霞区人民政府作出《房屋征收决定》并进行公告。原告李锦裕等五人为部分被征收房屋的所有权人，经过复议后仍不服，于2015年11月2日向江苏省南京市中级人民法院提起行政诉讼，请求撤销《房屋征收决定》和复议决定。

一审法院江苏省南京市中级人民法院认为，栖霞区人民政府作出《房屋征收决定》符合《国有土地上房屋征收与补偿条例》及《南京市国有土地上房屋征收与补偿办法》关于公共利益、规划、听证、风险评估、补偿、公告等的实体和程序要求，南京市人民政府的行政复议程序合法，驳回李锦裕等五人的诉讼请求。李锦裕等五人不服，提起上诉。

二审法院江苏省南京市高级人民法院同一审法院的看法基本一致，故判决驳回上诉，维持原判。李锦裕等五人不服，向最高人民法院申请再审，最高人民法院经过审理，认定二审法院驳回上诉、维持原判的判决亦无不妥，最终裁定驳回再审申请。

【裁判要旨】

公共利益要件是进行国有土地上房屋征收的必要条件，也是判定征收决定合法性的最为实质的要件。只有基于公共利益的需要方得开展房屋征收，《国有土地上房屋征收与补偿条例》第8条采取"列举+兜底"式规范表达明确公共利益的内涵，司法审查应当据此判断房屋征收决定的必要性和正当性。

对于具有成片建设或商业性开发特征的房屋征收，以目的需要和符合规划作为判定符合公共利益要件的认定标准。基于公共利益作出征收决定是征收决定合法的关键性实体要件，应当按照《国有土地上房屋征收与补偿条例》的规定依法开展司法审查。根据该条例第8条第5项，政府需提供有效证据证明其作出的征收决定的合法性，一是基于"对危房集中、基础设施落后等地段进行旧城区改建"的需要，其中包括"推进老旧片区改造工作，提升区域形象"的抽象理由；二是由政府依照《城乡规划法》等有关规定组织实施，主要表现在符合或纳入区域国民经济和社会发展规划、土地利用总体规划及城乡规划。

【裁判理由与论证】

最高人民法院在裁定书中首先阐明了对征收决定的审查依据和一般审查要件，然后遵循"实体—程序"的审查逻辑逐次展开说理。实体审查集中于是否具有公共利益，程序审查以社会稳定风险评估程序、征收补偿程序、公告程序为主。

首先，"人民法院对征收决定的审查，应当按照《国有土地上房屋征收与补偿条例》的规定依法进行"。

其次，一般审查要件包括"建设项目是否基于公共利益需要，建设活动是否符合一系列规划，征收补偿方案是否已经公布并根据公众意见修改公布，是否已进行社会稳定风险评估，征收补偿费用是否已经足额到位、专户存储、专款专用，征收决定是否依法公告等"。这是《国有土地上房屋征收与补偿条例》规定的合法要件，也是司法审查的主要实体和程序因素。

最后，逐项审查征收决定是否具备实体和程序要件。

就实体审查要素而言，最高人民法院认定栖霞区人民政府的征收决定是基于公共利益需要作出的。论证思路是：先直接（微观）论证征收决定的合公益性。"栖霞区人民政府为了推进马群绕城公路周边老旧片区改造工作，提升区域形象，组织实施'对危房集中、基础设施落后等地段进行旧城区改建等'"，即该征收决定的目的在于改善马群绕城公路周边群众的居住环境和优化提升市区市容市貌，并且符合《国有土地上房屋征收与补偿条例》第 8 条第 5 项的公共利益列举情形。后间接（宏观）论证征收决定的合公益性。"栖霞区人民政府提供的发改、规划、住建部门出具的相关文件资料，能够证明涉案项目符合栖霞区国民经济和社会发展规划、土地利用总体规划及城乡规划""栖霞区人民政府提供的《栖霞区 2015 年经济建设和社会建设工作目标》……可以证明涉案旧城区改建已纳入县级国民经济和社会发展年度计划"。行政规划和计划具有调整、综合和协调功能，是基于一定行政区域范围内的公共利益而具有强烈政策性的行为，栖霞区人民政府的征收决定与栖霞区的整体规划和分列计划的一致性，一定程度上表明其契合栖霞区的整体公共利益，符合《国有土地上房屋征收与补偿条例》第 9 条的要求。

就程序审查要素而言，最高人民法院认定栖霞区人民政府的征收决定符合法定程序。论证思路是："……004 号《房屋征收决定》作出前已经进行了社会稳定风险评估"，"在案的《房屋补偿方案》及公告、《房屋补偿方案听证会签到表》《听证会笔录》《房屋征收补偿方案实施方案》等证据证明，栖霞区人民政府作出 004 号《房屋征收决定》之前，涉案的征收补偿方案进行了拟定、公告、征求意见等程序，收集汇总被征收人的意见及建议后，通过召开听证会的方式对征收补偿方案进行修改并再次予以公告"，"栖霞区人民政府为确实满足被征收人选择产权调换或货币补偿的需要，已专户存款 134 000 000 元并订购 362 套房屋"。栖霞区人民政府在作出征收决定前履行了社会稳定风险评估前置程序、征收补偿方案系列程序、征收补偿实施程序和公告程序，符合《国有土地上房屋征收与补偿条例》第 10 条等相关程序规定。

【涉及的重要理论问题】

由于集体土地和房屋具有社会保障属性，"土地征收"和"国有土地上房屋征收"是对行政相对人影响最为重大的两种行政征收制度,公共利益一直是土地和房屋征收中的基本限制要素。在司法审查方面,截至2023年9月24日,以"成片征收"为关键词于中国裁判文书网和"北大法宝"检索由最高人民法院和省高级人民法院审理的行政案件,分别获得37篇和32篇裁判文书,争议主要集中于行政登记、补偿决定、预留地、行政强制和过程性文书等。目前并无直接的关于成片开发征收公共利益审查的成熟行政案例,仅能检索部分具有成片建设或商业性开发特征的房屋征收公益审查案例。但成片开发征收的公共利益认定在学理和实践层面均存在颇多争议。首先,成片开发作为公共利益类型写入《土地管理法》,在立法之初即遭到诸多学者以"伪征收"[1]"政府名目的经营性活动"[2]等主张予以反对和批驳;其次,成片开发征收属于弱公共利益征收,加剧了以公共利益为核心争议焦点的正当性证成困境;最后,《土地管理法》第45条和《土地征收成片开发标准(试行)》并未提供足以支撑其正当性的公共利益认定实体标准。此外,现今对于成片开发征收的司法审查仅作形式化审查,缺乏必要的司法识别标准。

面对成片开发征收的公共利益危机,关于如何认定成片开发征收中的公共利益以及立法和司法层面分别应当如何应对,仍需从学理概念与司法实践层面逐一厘清并深入研究。而《土地管理法》第45条和《国有土地上房屋征收与补偿条例》第8条确立了具有高度对应关系的基于公共利益征收的具体情形,成片开发征收即对应成片改建房屋征收。本案为成片改建房屋征收案例,确立了较为全面、科学的公共利益认定路径和审查要点,对于与之相对应的基于《土地管理法》第45条第5项开展的成片开发征收具有一定的借鉴意义。故而,本文以李锦裕案为分析引入点,围绕成片开发征收的公共利益而展开。首先立足于成片开发征收本体,阐释成片开发征收与成片改建房屋征收的法理共通问题,进而从公共利益认定角度分析其相较于传统征收所面临的难题。然后梳理成片开发征收的立法现状,阐释成片开发征收立法的基

---

〔1〕 陈小君:《〈土地管理法〉修法与新一轮土地改革》,载《中国法律评论》2019年第5期,第57-60页。

〔2〕 肖楚钢:《土地征收法律制度的公共利益反思》,载《农村经济》2020年第7期,第112-117页。

础性理论问题。最后根据具有成片建设或商业性开发特征的房屋征收的最高人民法院裁判情况，分析司法审查现状和成片开发征收公共利益认定的完善路径。

一、本体论：成片开发征收的概念和特征

2019 年修正的《土地管理法》建构了公益项目征收和成片开发征收两种土地征收制度，采取点状开发和成片开发相结合的土地征收开发模式。成片开发征收以成片开发为基础，以土地征收为手段。本部分拟首先分析成片开发征收和成片改建房屋征收的法理共通之处，继而阐释成片开发征收相较于传统征收所面临的公共利益认定危机。

（一）共通法理

根据《土地管理法》第 45 条第 5 项，成片开发征收是指基于"在土地利用总体规划确定的城镇建设用地范围内，经省级以上人民政府批准由县级以上地方人民政府组织实施的成片开发建设"的需要而对集体土地进行征收的活动。根据《国有土地上房屋征收与补偿条例》第 8 条第 5 项，成片改建房屋征收是指基于"由政府依照城乡规划法有关规定组织实施的对危房集中、基础设施落后等地段进行旧城区改建的需要"而对国有土地上房屋进行征收的活动。两者的公共利益判断核心分别在于"成片开发"和"成片改建"。其一，两者均为公共利益征收，而且根据立法规定公共利益内涵具有一致性，成片开发的典型情形即为城中村改造。[1]其二，两者均为成片征收，"成片"与"宗地"相对，宗地是地籍的最小单位，成片则包含三层含义：一是土地或房屋的成片，成片是大面积连片土地或房屋的整体性征收，区别于传统零散项目的点状征收；二是征收用途的成片，被征收后产生的土地用于大量、公私混合属性的综合性建设活动，存在公益性用地与非公益性用地的混合，也是基础设施建设和其他工业商业服务建设的有机接续；三是征收目的的成片，包含相互渗透的具体化公共利益和抽象化公共利益，既提供前端土地基

---

[1] 参见于凤瑞：《〈土地管理法〉成片开发征收标准的体系阐释》，载《中国土地科学》2020年第 34 卷第 8 期，第 20 页。

础服务设施、保障性住房等公共产品，也依据事先规划通过合理成片布局建设项目实现一定区域的持续、长远、高效、集约发展等公共职责。其三，两者均非纯公共利益征收，成片开发包括前端土地基础设施建设和后端具体项目建设，而后端开发包含私益性建设项目，成片改建在公共服务设施之外也配置了商业性建筑，因此，两者均面临如何协调商业利益与公共利益的基础性问题。

由此，成片开发征收和成片改建房屋征收因成片而产生紧密的公共利益关联。而目前，关于成片改建房屋征收的研究较为充分，司法审查也较为成熟。如果结合成片开发征收一并研究，既能通过与高度相关领域的类比，充分发挥成片改建房屋征收的研究价值，又可以拓展其公共利益认定思路，从而产生更广泛的借鉴意义。

（二）成片开发征收的公共利益危机

成片开发征收面临着固有的公共利益危机。一是成片开发征收的目的面向并非纯粹公共利益，混合着商业利益和经济利益，具有公私征用或政府中介型的征收的特征，[1] 而且基于成片开发需要而征收的土地具有用途广泛性。一般认为，公共利益的载体在于公共产品的提供，[2] 而根据《土地征收成片开发标准（试行）》第3条，非公益性用地可以占据60%以上的份额。可知，与四类传统公益征收相比，以开发为主要目的的成片开发建设本身属于弱公益征收。由此，成片开发征收在公共利益认定上面临的第一层次的问题是，非公共利益（尤以商业利益）是否可以作为或扩大解释为公共利益的组成部分。二是在四类传统公益征收中，公共利益一以贯之地体现在全部用地过程之中，而基于成片开发而征收土地后，用地过程由前端和后端开发组成，并且两个阶段的公益性程度存在显著差异。因此产生第二问，成片开发征收中的前后两端公共利益需达到何种关联，各自具有相较于一般性公益项目的何种公益分量，才足以认定整体成片开发征收活动具有综合性的公共利益。三

---

〔1〕 参见于凤瑞：《〈土地管理法〉成片开发征收标准的体系阐释》，载《中国土地科学》2020年第34卷第8期，第19页。

〔2〕 参见房绍坤、王洪平：《公益征收法研究》，中国人民大学出版社2011年版，第185-193页。

是由于成片开发征收的后端土地利用以商业性开发的商业私益为主，公共利益的实体成分欠缺，基于成片开发征收目的的公共利益与商业私益混合的特质，是否可以通过规范公正程序、提高补偿标准等途径填补和协调两端公共利益的实体内容，便成为成片开发征收中公共利益界定的最后一问。

二、立法论：成片开发征收的正当性纷争和理论证成

明确分类公共利益并将成片开发征收作为公共利益的类型之一，是新修正的《土地管理法》为避免公共利益泛化而作出的重大立法举措。而如前所述，成片开发征收具有区别于前四项公益征收的特殊性，在立法上也应作出一定的区分处理。故而本部分首先拟分析关于成片开发征收的立法现状和问题所在，继而阐释成片开发征收立法的必要理论问题。

（一）成片开发征收的立法现状及其问题

关于成片开发征收的立法，《土地管理法》是基础性规范，自然资源部印发的《土地征收成片开发标准（试行）》是实施细则。《土地管理法》承认成片开发需要为开展土地征收的一类具备公共利益的情形，却施加以严格的限制条件，同时确立了集体经营性建设用地入市制度。《土地管理法》第45条对成片开发征收规定了范围、规划和程序三重限制：一是限制在土地利用总体规划确定的城镇建设用地范围内，包括居住用地、公共设施用地、工业用地、仓储用地、对外交通用地、道路广场用地、市政公共设施用地、绿地和特殊用地。二是符合国民经济和社会发展规划、土地利用总体规划、城乡规划和专项规划，确保成片开发征收中土地开发利用、地区可持续发展与国家阶段性发展目标的统筹协调。三是由省级以上人民政府批准，由县级以上地方人民政府组织实施，以较高层级的审查主体降低成片开发征收的正当性风险。同时也表明，省级人民政府为公共利益认定的有权决定主体，县级以上地方人民政府仅具有具体实施的权限。《土地征收成片开发标准（试行）》则提供具有可操作性的具体细则，以土地征收成片开发方案为中心，主要增加村民集体对成片开发方案的单三分之二同意、公益性用地一般不低于40%的比例、省政府审批的专家论证程序以及成片开发征收的排除情形。

　　既有成片开发征收立法对于公共利益的认定存在明显不足。首先，由于"成片开发建设需要"并非从概念或外延上界定公共利益，也尚未确立对其进行认定的具体实质标准，总体上增加了作为土地征收权的行使主体和公共利益的判断主体双重身份的省级人民政府开展公共利益认定的不确定性和滥用风险。其次，国土空间规划、土地利用总体规划、城乡规划等规划文件实际上是认定成片开发征收正当性的依据之一，而成片开发征收的实施或审批主体与上述规划的编制主体存在重合，导致对成片开发征收的规划控制存在缺陷。且规划本身仅能提供抽象的、框架性的公共利益基础，并不能直接等同于作为征收限制的公共利益，[1]以合规划取代对合公益性的判断具有架空公共利益要件的嫌疑。由于规划未纳入行政诉讼受案范围，也阻塞了由于规划不合法而消极影响公益判定时的救济机制。再次，40%公益性用地比例的量化认定标准，承认较高的非公益性用地占比和允许例外情形，容易导致成片开发征收的公益走向泛化，且与既有立法存在较弱的适配性。例如，《城市居住区规划设计标准》规定，高层Ⅰ类（10~18层）的住宅居住区内的公益用地构成应为48%~52%，而地方实践中存在的部分工业项目为满足公益性用地比例而强行增加基础设施的做法也导致公共利益判断一定程度上走向了形式化。最后，公共利益认定的程序机制也存在不足，主要表现在被征地人的公众参与匮乏和深度不够，省级政府的专家论证不包括被征地人的民主参与。而《土地管理法》第47条第2款的公告情形仅限于征收范围、土地现状、征收目的、补偿标准、安置方式和社会保障六项，未说明意见反馈程序；第3款召开听证会的情形也仅限于不满征地补偿安置方案的唯一情形，有关听取意见的规定并不针对征收是否符合公共利益的判断。由此，被征地人对于公共利益认定的参与程序仅存在于事后的行政救济和司法救济阶段。

　　（二）立法基础理论问题探析

　　关于成片开发征收是否作为公共利益的征地类型，在《土地管理法》修正过程中存在极大争议。虽然最终《土地管理法》确定了成片开发征收的公

---

　　〔1〕　参见刘玉姿：《论作为土地征收目的的成片开发建设——兼评〈土地管理法〉第45条第1款第5项》，载《北方法学》2021年第15卷第1期，第96-98页。

共利益属性，但缺乏实质学理论证，故而有必要对成片开发征收中公共利益认定中存在的基础性理论问题进一步细究。

1. 商业利益是否可以组成公共利益？

成片开发征收的土地利用过程不同于交由市场主体进行具体实施的公益项目征收，在公共利益认定上的特殊性及争议关键在于其本身具备的较高的私益含量。由此，便需要论证商业利益是否可以作为公共利益的组成部分，这也是《土地管理法》第 45 条第 5 项的正当性证成的首要理论问题。

关于土地征收领域中公共利益的范围，尤其是公共利益和商业利益的关系，一种观点认为，商业利益应被排除在公共利益之外。由于城乡二元体制的桎梏，加上对行政主体征收权的制约不足，导致土地财政的形成，我国应采取严格的公共利益界定标准，[1]仅有提供纯粹公益事业用途的纯公益用地和采取市场化经营管理运行附带产生营利后果的准公益用地，才属于土地征收的范围。[2]另一种观点则认为，公共利益可以容纳一定的商业利益，商业利益既不能简单地被纳入公共利益的范畴，也不能武断地被予以排除。因为商业开发在特殊情形下又可能渗入公共利益的因子，甚至可能包含公共利益，具体表现为：商业开发可能会被纳入旧城改造、基础设施建设规划等中；商业开发可能改善居民的生活和居住环境；商业开发中的配套设施可以服务于公众商业开发，也可能对道路、供水供电等基础设施进行修缮和改造；商业开发也可能对危旧房进行改造等，产生使不特定人受益的效果。[3]征收建设项目中可能出现公共利益和商业利益界限模糊的情形，难以截然区分仅具有公益性还是经营性，需结合具体个案予以判断。如果在土地征收过程中完全排除由私人使用的征收，将产生不利于公共利益的实现的消极后果。[4]

如果成片开发征收活动旨在实现单一的私益目的，仅包括商业利益、经

〔1〕 参见肖楚钢：《土地征收法律制度的公共利益反思》，载《农村经济》2020 年第 7 期，第 112-117 页。

〔2〕 参见王军力：《反向推演视角下公益用地的法律界定探究》，载《农业经济》2019 年第 6 期，第 97-98 页。

〔3〕 参见王利明：《论征收制度中的公共利益》，载《政法论坛》2009 年第 27 卷第 2 期，第 28-31 页。

〔4〕 参见于凤瑞：《〈土地管理法〉成片开发征收标准的体系阐释》，载《中国土地科学》2020 年第 34 卷第 8 期，第 20-23 页。

营性利益等非公益，则该项目因不具有公益目的性而不能通过审查。但亦不能仅以后续具体土地利用阶段包含了一定的私益目的，就轻易否定整体成片开发征收活动的公益目的性。将商业利益作为公共利益组成部分的论证路径是，扩大公共利益的内涵，即公共利益可以包含一定程度的商业利益。

公共利益是一个发展的、变动的概念，并且总体上呈现出在内涵上不断扩张、范围逐渐宽泛的发展趋势。在凯洛诉新伦敦市案中，多数大法官认为，宪法认可的公共目的包括经济发展，而少数意见则坚持，只有在为了避免坏的财产变得更坏时才是合宪的，为了使财产变得更好（如经济发展）不足以支撑征收权的合宪性。美国联邦最高法院最终仍坚持广义界定公共利益的立场，再次确认发展经济、增加就业和提高税收符合"公共使用"的目的，不能排除于传统上公共目的的广义理解。[1]德国也不一律否认出于私人利益的征收。德国宪法法院认为，即使公共利益比如提供就业机会或改善地区经济结构，只是私人企业营利行为的间接后果，也不因此即得以拒绝一项征收行为。[2]我国立法例中也存在从广义上理解公共利益的内涵。《国有土地上房屋征收与补偿条例》第8条将旧城区改造作为一种具备公共利益的类型，而旧城区改建在大多数情况下采取市场化运作模式，从而与商业开发中的私人利益相牵连。而且我国在部分具有商业开发特征的房屋征收案例中也表示出，对于征收行为中存在的商业利益并不违背公共利益要求的认可态度："为了完善城市基础设施，改善当地居民居住环境的城中村改造项目，……虽包含商务建筑，但同时配建保障性住房、公共设施配套建筑等，并不影响其作为城中村改造的整体认定，……应认定该征收决定符合公共利益的需要"[3]，"在旧城区改造的过程中，市、县人民政府通过商业开发的形式来补充旧城改造资金的不足，其仍是为了改善被征收人的居住环境、提高生活品质。商业开发仅是房屋被征收后土地利用的一种手段，只要房屋征收补偿安置确保了

---

[1] 参见高圣平：《发展经济是土地征收的正当理由吗？——凯洛诉新伦敦市案》，载《苏州大学学报（法学版）》2014年第2期，第126-145页。

[2] 参见袁治杰：《德国土地征收中的公共利益》，载《行政法学研究》2010年第2期，第124页。

[3] 参见张保俊诉南阳市卧龙区人民政府房屋征收决定案，最高人民法院（2017）最高法行申2927号行政裁定书。

被征收人获得回迁的选择权，就不能据此否定征收的公共利益目的……涉案安置项目采用政府主导、市场运作、村企合作的方式进行，不能成为否认该项目公共利益性质的理由"[1]。此外，成片开发征收在提高土地利用效率、促进区域的整体发展、带来地区性的经济效益以及生态等公益之外，在中国现行制度环境下还具有推动城镇低效用地再开发、及时回应城中村改造，[2]发挥政府主导土地利用，为城镇化、旧城改造提供制度出口等优势价值。[3]由此，基于公共利益的成片开发征收可以容纳一定的商业利益，成片开发征收的商业利益可以作为整体征收活动公共利益的组成部分，具有理论上的正当性和实践上的必要性。

而公共利益的概念不能被无边界地扩大，因此单独的商业利益不能等于公共利益，商业利益仅得作为公共利益的组成部分。通常认为，不确定法律概念由一个明确的"概念核心"和广泛不清的"概念外围"组成，[4]而商业利益本身并不具有公共使用、受益对象的不特定性等核心特征。因此，成片开发征收中的商业利益之所以能够组成征收活动的整体公共利益，根本原因在于成片开发征收的公共利益成分占比上高于或优先考虑于商业利益成分，而并非单一的商业利益本身就是公共利益。

2. 是否可以分阶段认定公共利益？

成片开发征收的突出特征在于存在两个开发阶段，即前端整体性开发阶段和后端具体利用阶段，且存在不同程度的公共利益。由此，在承认商业利益可以组成公共利益的前提下，如果需协调、填充成片开发征收活动中不同阶段的公共利益的内容，需阐述何得分阶段认定公共利益。

分阶段认定并非对公共利益认定的颠覆性变革，只是一种符合成片开发征收的特殊性的认定方式，分阶段认定成片开发征收的公共利益具有现实必

---

〔1〕 参见赵惠祥、曹庆辉诉桓仁满族自治县人民政府房屋征收决定案，最高人民法院（2015）监字第 612 号行政裁定书。

〔2〕 参见于凤瑞：《〈土地管理法〉成片开发征收标准的体系阐释》，载《中国土地科学》2020 年第 34 卷第 8 期，第 19-23 页。

〔3〕 参见吴越、宋雨、赖虹宇：《土地征收中的公私利益平衡与正当程序》，载《农村经济》2020 年第 8 期，第 28-36 页。

〔4〕 参见翁岳生编：《行政法》，中国法制出版社 2002 年版，第 225 页。

要性。一是根据体系解释，成片开发征收必须以公共利益作为前提，所以成片开发征收应在整体开发前端和具体利用后端均须保证存在一定程度的公共利益，这是区别于《土地管理法》修正之前的分批次开发的重要特征。二是成片开发征收的前后开发阶段的公益成分具有显著差异，前端开发阶段公益性明显，主要表现在道路、管网、管线等基础服务设施是面对不特定公众的免费的公共产品，具有使用层面的非竞争性、消费层面的非排他性和效用的不可分性等特征，[1]契合公共利益的要求，而后端开发阶段虽然提供了学校、医院、文化馆、博物馆等公共产品，但以工商业等非公益开发为主，私益性项目的介入大量稀释了后端的公益性程度。三是为了达到整体成片开发征收活动符合公益征收的要求，应当有意识地通过公共利益要件对后端的非公益开发予以规制，遏制和防止将成片开发征收两个阶段混为一体而缺乏制约后端具体开发的实践乱象。因此，对成片开发征收的公共利益进行综合判定时，区分阶段认定符合成片开发的整体特征，有助于明晰不同开发阶段的公共利益含量差异，规避因不作区分而产生放纵后端开发的私益全面压制公益的现实危险，进而通过利益衡量确保成片开发征收中公共利益的整体达标。

3. 公共利益是否可以内部弥补、填充？

在论证可以分阶段认定公共利益后，由于成片开发征收中后端开发的公益性显著弱于前端，便面临着是否可以通过增强前端的公益性来弥补后端公益性不足的问题。

公共利益具体化的过程需要借助于利益衡量，而利益衡量理念实质上承认了公共利益进行内部弥补的正当性。认定公共利益的最大困难在于这一概念本身的不确定性，这种不确定性体现在受益对象的不特定和利益内容的不确定。公共利益具有层次性的特征，即在特定地域范围、人群内存在不同层次的公共利益。例如，在某个国家领域内，会同时存在某省、市、县的公共利益，特定人群内，会同时存在由不特定多数人以及少数弱势群体构成的公共

---

[1] 参见陈其林：《公共产品、公共利益及其不确定性》，载《中国经济问题》2007年第4期，第1-7页。

利益。[1]公共利益分为抽象化的公共利益和具体化的公共利益：第一个层面是基本价值功能的承载，如公平、正义乃至公共秩序，这是所有社会成员的共同利益；第二个层面是和具体法律规范所追求的抽象利益目标相关联。[2]

在土地征收领域，对于具体公益项目征收而言，由于属于纯公益征收，公共利益具有完整性、连续性，全部用地过程即为实现公益事业；而成片开发征收后的土地利用活动是综合性建设活动，由于开发阶段的分割，其中公共利益呈现出分散化、阶段化的特征，即非公益性用地主要承载的是商业利益。由此，成片开发征收的公共利益具体化过程尤其需要借助利益衡量，通过仔细梳理各方当事人的利益，分析成片开发征收的总体利益格局，观察被征收者所代表的个人利益与社会公众所代表的公共利益比值与 1 的接近性，[3]进而判断具体公共利益是否应当优于具体个人利益得到保护，最后得出成片开发征收是否具有公共利益的认定结论。

具体而言，征收权公权行使旨在实现公共利益，而保障被征收人和私人开发商的私权则强调维护私人利益。政府行使征收权是为实现公共福祉，代表社会公众的供应公共产品、土地集约利用和片区可持续发展的公共利益，对于被征收者则是个人财产利益与个人生存利益，对于私人开发商则是工商业盈利、公平竞争、平等对待等财产和人格权益。私人开发商的介入弱化了成片开发征收后端开发的公益性，但当计算成片开发征收活动体现的由社会公众所代表的公共利益的总和时，实际上是前端和后端公共利益的总和。当该量化值与被征收者代表的个人利益进行比量时，实际上是允许通过公共利益的整体性弥合内部前后两端公共利益含量，产生了填充公共利益含量差异的效果。

对此，学界存在不同观点，有学者主张直接提高成片开发征收的公共利益程度。成片开发征收经由立法而成为公益征收的情形之一，但由于成片开

---

〔1〕 参见蔡乐渭：《土地征收中的公共利益问题研究》，首都师范大学出版社 2011 年版，第 58-59 页。

〔2〕 参见杨代雄：《民法总论专题》，清华大学出版社 2012 年版，第 46 页。

〔3〕 参见石佳友、李晶晶：《成片开发征收中公益性要件之认定》，载《北京理工大学学报（社会科学版）》2022 年第 3 期，第 121 页。

发在公益基础之上混杂着私益目的，故而有学者对其提出更为严格的实体标准。程雪阳主张"特别重大的公共利益"标准，即比概括性公共利益及公用项目所带来的公共利益更为重大时，方具有合宪性。[1]于凤瑞主张公共利益应达到"明显可提升公共福祉"的程度，[2]并从司法控制功能补强加以约束。[3]也有学者主张从征地补偿入手，（对征收后的公益性用地）采取更高的补偿标准，如商业性或市场化补偿，以实现对被征收者的充分保障。[4]还有学者立足于征地程序，通过增加公共利益认定的正当程序，赋予公众特别是拟被征土地的权利人及利害关系人对公共利益认定的参与权，从而保障将土地征收严格限制在公共利益需要的范围内。[5]

由此，对于成片开发征收，在公共利益认定时弥补、填充前后两端不均衡的公共利益，可以利益衡量原则为理论支持，公益程度、补偿和程序的调整与完善均可作为具体的内部公益协调方案。

三、司法论：成片开发征收的控制和约束

行政的自主性放大了公共利益的不确定性，而法律概念的不确定性越大，法官和司法监督发挥的作用也将越大。[6]在明确认定成片开发征收的公共利益可以分段、填充认定的基础上，本部分不再进行公共利益与私人利益的抽象比较，而是立足于具有成片建设或商业性开发特征的房屋征收的司法审查实践，微观探究司法审查进路。

---

〔1〕　参见程雪阳：《合宪性视角下的成片开发征收及其标准认定》，载《法学研究》2020年第42卷第5期，第93~94页。

〔2〕　参见于凤瑞：《〈土地管理法〉成片开发征收标准的体系阐释》，载《中国土地科学》2020年第34卷第8期，第20页。

〔3〕　参见于凤瑞：《"成片开发"征收决定公益目的的司法审查：比例原则的应用》，载《中国政法大学学报》2019年第5期，第161~165页。

〔4〕　参见高飞：《土地征收中公共利益条款适用的困境及其对策》，载《学术月刊》2020年第52卷第4期，第110~116页。

〔5〕　参见王克稳：《〈土地管理法〉〈城市房地产管理法〉修改与经营性建设用集体土地征收制度改革》，载《苏州大学学报（法学版）》2019年第4期，第55~68页。

〔6〕　参见［法］弗朗索瓦·泰雷、菲利普·森勒尔：《法国财产法》，罗结珍译，中国法制出版社2008年版，第594页。

1. 房屋征收的公益认定思路

首先，具体征收案件中的公共利益认定应根据个案情况认定。王贤武案中法院首先指出，"公共利益属于抽象的法律概念，在行政征收领域的个案中往往呈现出不同目的和表现形式"〔1〕，表明具体土地征收活动中的公共利益具有特殊表现形式，采取统一、固定的认定标准不可行。然后论证道，"人民法院在司法审查中不宜简单将行政征收行为归入公共利益的法定范畴，而应考虑撤销征收决定是否将真正损害公共利益及是否具备撤销征收决定的现实基础"〔2〕，表示出对于征收领域的公益认定，法院不能基于对行政权的尊重，不经公共利益的（严格）审查，即确认征收决定是基于公共利益作出而不予撤销。

其次，公共利益是经过民主正当程序形成的多数人意思表示，民主正当程序包括立法程序和大多数被征收人参与的决议程序。张金娣案中法院指出，"另一方面，也要尊重绝大多数被征收人通过正当程序而形成的意思表示，对绝大多数被征收居民同意的建设项目，应当认为符合公共利益需要"〔3〕，表明经过民主正当程序形成的多数人意思表示也应当认定为公共利益。这包含两层含义：一是足够庞大的私人利益也能转化为公共利益，产生更多的不特定人受益的规模效应，〔4〕这在所涉土地面积大、波及人数众多的成片开发征收中尤为适用；二是正当程序也是认定公共利益是否存在的审查要素。虽然我国《土地管理法》确立发布土地征收预公告、开展土地现状调查、社会稳定风险评估、拟定并公告补偿安置方案、办理补偿登记、签订补偿安置协议、提出土地征收申请、批准土地征收申请、发布征地公告的"先征后批"的土地征收程序，但尚无有关公共利益认定程序的规定，而该说理在一定意义上迈出了承认公共利益的程序认定的重要一步。

再次，具体建设项目是否具有公共利益的判断应尊重立法意志，立法机关是首要、主要的公共利益认定主体，即公共利益认定应当首先判断是否属

〔1〕 参见王贤武诉贵州省安顺市西秀区人民政府房屋征收决定案，(2020) 最高法行再 276 号。
〔2〕 参见王贤武诉贵州省安顺市西秀区人民政府房屋征收决定案，(2020) 最高法行再 276 号。
〔3〕 参见张金娣等诉上海市静安区人民政府房屋征收补偿决定案，(2018) 最高法行申 4752 号。
〔4〕 参见朱奇彪等：《新型职业农民及其产业发展影响因素分析——以浙江省为例》，载《科技通报》2013 年第 11 期，第 218-223 页。

于法律列举的公益范围。公共利益作为法律术语和法律要件，贯穿于法律制定、执行和适用全过程，学界关于何种机关作为公共利益界定主体存在颇多争议。根据《土地管理法》第46条，征收土地由省级人民政府或国务院批准，根据《国有土地上房屋征收与补偿条例》第8条，征收国有土地上房屋由市、县级人民政府作出决定。由此，现行立法呈现由行政机关认定征收中公共利益的现状。张金娣案中法院指出，"由于公共利益属于典型的不确定法律概念，建设项目是否符合公共利益的需要，一方面应主要由立法判断，即只有立法明确列举的建设项目才属于公共利益的需要"。[1]立法是充斥着利益的抗争、妥协与意志的决定的过程，属于理性论证的范畴。[2]由于立法机关是公共意志的代表，通过多数决等立法程序承担初步确定公共利益的任务，能够最大限度地实现过程的民主正当性和内容的符合多数价值理念的目标。最高人民法院作此判断能够充分发挥立法机关对于公共利益概念进行第一次论述的优势。

最后，成片改建房屋征收中的公共利益认定存在以下三种具体路径：一是在保障了被征收人依法获得安置补偿的选择权的前提下，被征收的部分土地用于商业开发或采取市场运作方式不能否定房屋征收活动的整体公益目的。[3]商业开发只是被征收后的土地利用手段，当被征收人获得合法的安置补偿后，则填充或弥补了作出征收决定时所基于的公益目的在后续土地利用上的缺失或断层，不能通过提供公共产品形式实现的公共利益，主要融汇表现于征收活动所承担的公共职责，[4]如改善当地居民居住环境、棚户区改造的整体规划和建设实际需要、完善城市基础设施等。二是在纳入棚户区改造的前提下，概括性地认定促进经济社会发展、推动产业升级、提升区域形象、提高生活

---

〔1〕参见张金娣等诉上海市静安区人民政府房屋征收补偿决定案，（2018）最高法行申4752号。

〔2〕参见雷磊：《立法的特性——从阶层构造论到原则权衡理论》，载《学术月刊》2020年第1期，第97-108页。

〔3〕参见张保俊诉南阳市卧龙区人民政府房屋征收决定案，最高人民法院（2017）最高法行申2927号行政裁定书；赵惠祥、曹庆辉诉桓仁满族自治县人民政府房屋征收决定案，最高人民法院（2015）监字第612号行政裁定书；张荔等诉海口市美兰区人民政府、海口市人民政府房屋征收决定案，（2017）最高人民法院行申6972-6976、6978-6979、6981-6984号。

〔4〕参见袁治杰：《德国土地征收中的公共利益》，载《行政法学研究》2010年第2期，第123-125页。

品质等抽象目的为公共利益。[1]这种思路以是否纳入棚户区改造为主要标准，再加之以具有抽象公益目的的辅助说理，进而将公益认定转化为是否归入旧城改造或片区改造计划或范围的简单判断，不作具体的实质认定。三是综合是否具有抽象公益目的、符合各项规划、遵守法定程序三项因素进行判定。[2]有学者通过回归分析指出，"是否符合行政规划"是判定是否符合公共利益的主要标准，并不涉及案件的实体部分。[3]可见这种认定进路仍对实质审查保持克制，但同时考虑到了抽象公益和各类规划中所预设的区域实体公益因素和相关利益主体的参与程序所具备的程序公益因素，包含着一定的实质认定倾向。

2. 对成片开发征收中公益认定的启示

《关于为新时代加快完善社会主义市场经济体制提供司法服务和保障的意见》再次明确，严格界定公共利益用地范围，对不符合公共利益需要征收、征用土地的行为，依法不予支持，重申司法审查对于公正审理土地征收征用案件的精神。

一是公共利益认定应首先尊重立法者的立法判断，但也不能简单地以符合规划文件而直接认定符合公共利益，否则将在无形中架空对成片开发征收的公共利益限制要件。此外，行政机关作为法律和政策的执行与实施机关，具有行政管理的实践经验和接触真实民意的便利条件，具有认定公共利益的专业性和灵活性，所以宜由行政机关根据具体事实和法律依据作出个案认定。司法机关的专业性在于法律解释和个案中的权益衡量，专司由抽象到具体的论证和审查。由此，宜由司法机关经由对"基于公共利益需要的原则"和"保护合法私人财产的原则"的权衡，最终认定具体个案的公共利益的确切含义。这也符合公共利益的完整论证过程，先经民主立法形成某一领域的初步

---

〔1〕 参见张保俊诉南阳市卧龙区人民政府房屋征收决定案，最高人民法院（2017）最高法行申2927号行政裁定书；宋红艳诉北京市西城区人民政府房屋征收决定案，北京市第四中级人民法院（2016）京04行初585号行政判决书；王会丽等16人诉郑州市金水区人民政府房屋征收决定案，郑州铁路运输中级法院（2015）郑铁中行初字第477号行政判决书。

〔2〕 参见田福良等16人诉山东省菏泽市牡丹区人民政府房屋征收决定案，最高人民法院（2020）最高法行申4476号行政裁定书；李锦裕等诉南京市栖霞区人民政府房屋征收决定案，最高人民法院（2018）最高法行申5372号行政裁定书。

〔3〕 参见方涧、张金航：《法院是否实质审查了征地案件中的公共利益？——基于2056个案例的回归分析》，载《中国土地科学》2023年第5期，第41—42页。

的法律原则和具体类型，再由行政和司法机关共同产生"公共利益"具体含义的法律规则。[1]

二是采取必要限度的实质司法审查具有正当性。公共利益作为价值性不确定的法律概念不存在真伪，只有妥当与否的问题，因此必须在个案中依价值判断予以具体化。而行政机关既是征收权的行使主体，也是公共利益的判断主体，运动员和裁判员的复合地位容易导致成片开发征收本身具有的弱公益性被滥用和泛化。如果司法机关作为公益性判断的最后把关者，对于由此产生的大量纠纷仍局限于传统的非能动性，将难以实现立法者对于公共利益要件赋予的控制行政权力、衡平公私利益等规范价值。实质司法审查可以借鉴域外经验，采取损益对比分析、比例原则、以价值衡量为前提的判断过程型等审查方案。

三是如果遵守了公共利益认定的正当程序，且体现了公共性，一般应认为具备公共利益。由于公共利益的不确定性，可以正当程序作为公共利益认定的审查要素，在进行公共利益的内容审查之外，注重程序审查。在《土地征收成片开发标准（试行）》进一步明确编制土地征收成片开发方案中的听取意见、村民表决、专家论证程序的基础上，确保整个征收决定程序都应围绕具体建设项目是否符合公共利益的需要而展开。[2]如果公共利益认定的程序正当，且以地域界定或数量界定为标准，[3]体现成片开发征收范围内的民主多数意见，则可认定属于经过民主正当程序形成、以多数人为受益主体的公共利益。时任最高人民法院副院长江必新主编的《国有土地上房屋征收与补偿条例理解与适用》一书中也指出，"如果公共福祉仅仅是企业活动的间接结果，而不是企业追求的直接目标，但其附属结果符合公共利益，如地区经济结构的改善或者提供就业机会。对于此种利益需要，征收程序应当有更多相关公众参与并享有相应的权利"[4]。这直接表示出民主正当程序对于公共

---

〔1〕参见余军：《"公共利益"的论证方法探析》，载《当代法学》2012年第4期，第17-24页。

〔2〕参见王克稳：《我国集体土地征收制度的构建》，载《法学研究》2016年第1期，第56-69页。

〔3〕参见霍蓓瑶：《土地征收中公共利益泛化克制的路径研究》，东北农业大学2022年硕士学位论文，第6-8页。

〔4〕江必新主编：《国有土地上房屋征收与补偿条例理解与适用》，中国法制出版社2012年版，第32-33页。

利益的补充作用，亦完全可以适用于成片开发征收。

【后续影响及借鉴意义】

本案是具有成片建设或商业性开发特征的房屋征收公共利益审查案例，为后续成片开发征收公益性审查提供了审查思路和审查要点。由于目前并不存在直接认定成片开发征收的公共利益的成熟行政案例，本案裁判理由中对于一般审查要件的阐释和逐项论证过程，提供了较为明确的"阐释审查依据+一般审查要件+实体程序审查"司法审查思路。并且对于公共利益认定，提出了以征收目的判断为中心、立法公共利益类型为优先、符合规划与否及是否具备程序公益的公益认定要点。即对于公共利益要件的判断，首先应审查征收决定的目的，本案中即为"推进马群绕城公路周边老旧片区改造工作，提升区域形象"；其次应以立法主体的公共利益认定优先，判断是否属于《土地管理法》第 45 条所列举的前五种公共利益类型；再审查征收决定是否符合系列规划，将各类规划文件作为征收决定的正当性依据之一；最后还应遵守征收决定作出前的公告、听证和作出后的救济程序，确保程序本身公正和顺利运行，确保实现程序中的公共利益。该案对于公共利益认定的考量因素较为全面、细致，表现了一定的实质审查倾向，对后续成片开发征收的公共利益司法审查能够产生借鉴意义，并能在该案的基础上进一步提出关于公共利益认定的更为具体的实体和程序标准。

但本案并未完全呈现出具有商业开发特征的公共利益审查的应然状态，存在一定的不足。本案中，公共利益审查仍未进行具体的实体审查，例如是否真正具备公共利益的征收目的，并不能仅仅通过"提升区域形象"等概括性理由以及是否符合土地、城乡规划予以认定。同时，本案并未提出对于此类征收中公共利益的实体识别标准，也回避了旧城区改建中存在的商业利益对于整体征收活动公共利益认定的影响这一问题。

（指导教师：马允　中国政法大学法学院副教授）

案例二　超范围征收的法律控制

——株洲市超宇实业有限责任公司诉株洲市人民政府行政征收案

刘函冰 *

【案例名称】

株洲市超宇实业有限责任公司诉株洲市人民政府及湖南省人民政府房屋征收补偿及行政复议案［最高人民法院（2019）最高法行再 4 号］

【关键词】

超范围征收　行政协议的效力　比例原则　信赖保护原则

【基本案情】

2013 年 7 月 9 日，因长株潭城际铁路建设需要，株洲市人民政府发布〔2013〕第 17 号《株洲市人民政府国有土地上房屋征收决定》和《长株潭城际铁路项目株洲红旗路段国有土地上房屋征收补偿方案》（以下简称《征收补偿方案》），决定对株洲红旗路段的房屋实施征收，株洲市超宇实业有限责任公司（以下简称超宇公司）有 72.5 平方米的土地及土地上房屋位于征地红线范围内。

同日，株洲市人民政府所属株洲市国有土地上房屋征收处发布《关于协商选择评估机构进行评估的公告》，推荐包括湖南新星房地产估价有限公司

---

* 作者简介：刘函冰，中国政法大学法学院宪法学与行政法学专业 2022 级硕士研究生。

（以下简称新星公司）在内的 7 家评估公司作为备选评估机构。因超宇公司未在规定期限内协商选定评估公司，市征收处在株洲市国信公证处公证下采用抽签方式，选定新星公司为评估单位。之后新星公司就超宇公司的房屋评估问题多次向超宇公司咨询意见并反馈异议，于 2014 年 7 月 24 日作出《房地产征收分户估价报告》，评估位于征地红线范围内 72.5 平方米的房屋单价为 2361 元/平方米，总评估价值为 171 173 元。超宇公司于 7 月 25 日收到该评估报告后，未申请复核评估。

2014 年 5 月 14 日，荷塘区指挥部（甲方）与超宇公司（乙方）签订《株洲市超宇实业有限责任公司整体征收与补偿的框架协议书》（以下简称《框架协议》），约定双方在 2014 年 5 月 31 日前，就超宇公司整体征收补偿有关问题达成一致并签订正式的《国有土地上房屋征收补偿安置协议书》，甲方将协议书约定的补偿货币一次性支付给乙方；乙方确保在 2014 年 5 月 25 日前将城铁建设红线范围内 72.5 平方米的房屋及所占的土地搬迁腾空交付给甲方施工建设使用；如乙方不能在 2014 年 5 月 25 日前将城铁建设红线范围内 72.5 平方米的房屋及所占的土地搬迁腾空交付给甲方，则甲方不同意对乙方进行整体征收与补偿，甲方只对城铁建设红线范围内的乙方房屋、土地按照法律程序进行征收与补偿。5 月 23 日，超宇公司根据协议的约定将 72.5 平方米的房屋及所占土地搬迁腾空出来交付荷塘区指挥部。同日，荷塘区指挥部将房屋拆除。但双方未在《框架协议》约定的期限内达成征收补偿协议。11 月 3 日，超宇公司向荷塘区指挥部书面报告，要求重新选定评估机构进行评估作出补偿决定，荷塘区指挥部于次日拒绝。

2015 年 11 月 2 日，超宇公司以株洲市人民政府不履行征收补偿法定职责为由，向株洲市中级人民法院提出行政诉讼，要求株洲市人民政府作出征收补偿决定。株洲市中级人民法院判决驳回超宇公司的诉讼请求。超宇公司上诉，湖南省高级人民法院 2016 年 11 月 23 日作出行政判决，责令株洲市人民政府在判决生效后 60 日内对超宇公司作出征收补偿决定。

2017 年 1 月 23 日，株洲市政府根据二审判决的要求对超宇公司作出 1 号征收补偿决定，对被征收人位于征地红线范围内 72.5 平方米的房屋征收实行一次性货币补偿，合计补偿款为 202 173 元。超宇公司收到 1 号征收补偿决定后，向湖南省人民政府申请行政复议。2017 年 6 月 19 日，湖南省政府作出 42 号行政复议决定，维持 1 号征收补偿决定。超宇公司遂提起行政诉讼，请求撤销 1 号征收补偿决定，撤销 42 号行政复议决定，判决株洲市人民政府重新作出补偿决定。

【裁判要旨】

国有土地上征收范围应当根据红线确定的范围为依据，征收补偿决定按照征收决定确定的范围，认定安置补偿范围。在征收实施过程中征收部门作出的承诺或达成的协议对征收双方均具有拘束力，在签订补偿协议或者作出补偿决定时应当对其中合法有效的约定予以采纳。但是，行政机关作出的行政允诺、行政协议等行为必须建立在依法行政的前提下，不损害国家利益、社会公共利益和他人合法权益。协议中超出征收决定所确定范围的约定没有法律依据，不具有法律效力。被征收人主张行政机关应按照协议约定征收范围对其全部房屋进行整体征收的，法院不予支持。

【裁判理由与论证】

本案的争议焦点问题为，株洲市人民政府作出的 1 号征收补偿决定是否具有合法性。具体而言，又可以细分为三个问题：一是关于 1 号征收补偿决定确定的征收范围是否正确；二是《框架协议》的效力问题；三是 1 号征收补偿决定确定的补偿费用是否准确。

一、1 号征收补偿决定确定的征收范围是否正确

《国有土地上房屋征收与补偿条例》（本文以下简称《征补条例》）第 8 条和第 13 条规定，为了保障国家安全、促进国民经济和社会发展等公共利益的需要，属于由政府组织实施的能源、交通、水利等基础设施建设的需要等情形之一，确需征收房屋的，由市、县级人民政府作出房屋征收决定；市、县级人民政府作出房屋征收决定后应当及时公告。根据上述规定，国有土地上房屋征收应当以征收决定所确定的红线范围内的房屋为征收对象，超出红线范围的，则不属于征收对象。

本案中，1 号征收补偿决定载明超宇公司的 72.5 平方米的土地及土地上房屋位于征地红线范围内，占地面积为 59.17 平方米，仅占其全部土地使用权面积的 3.8%，征收部分房屋既不影响超宇公司其余房屋的安全与使用，也未影响长株潭城际铁路的安全运行，因此，1 号征收补偿决定仅征收超宇公司位于红线范围内 72.5 平方米的土地及房屋具有事实和法律根据。

二、《框架协议》是否有效

荷塘区指挥部与超宇公司签订的《框架协议》，对征收双方均具有拘束力，在签订补偿协议或者作出补偿决定时应当对其中合法有效的约定予以采纳。但是，行政机关作出的行政允诺、行政协议等行为必须建立在依法行政的前提下，不得违反法律的强制性规定，不得损害国家利益、社会公共利益。在国有土地上房屋征收过程中，征收补偿的款项均来源于公共财政，对征收补偿款不进行合理控制必然会对社会公共利益造成不利影响。行政机关违反《征补条例》等法律、法规，超出征收决定的范围或者房屋征收补偿安置方案确定的补偿标准，作出的相关承诺、签订的补偿协议或者作出的补偿决定，人民法院应当作出否定的评价。不能将信赖保护原则置于依法行政之前，无原则地以牺牲社会公共利益来强调政府对所作承诺的遵守。

超宇公司仅有 72.5 平方米房屋及土地在征收红线范围之内，对该部分的征收亦不影响超宇公司对剩余土地的使用。因此，荷塘区指挥部与超宇公司签订《框架协议》，约定对超宇公司实施整体征收，超出该次征收的红线范围，不符合《征补条例》的规定，缺乏事实和法律依据，不具有法律效力。

三、1 号征收补偿决定确定的补偿费用是否准确

株洲市人民政府作出的 1 号征收补偿决定，确定给予超宇公司房屋征收补偿的补偿项目包括被征收房屋价值补偿、装饰装修补偿、搬迁补偿、停产停业损失补偿。其中，被征收房屋价值补偿、装饰装修补偿以及停产停业损失补偿费均正确无误。

然而，1 号征收补偿决定存在三个问题：首先，未给予超宇公司搬迁奖励补偿。超宇公司提前将 72.5 平方米房屋及土地腾空交付给荷塘区指挥部，未

影响案涉地块的征收进度，理应依照《征收补偿方案》获得奖励。其次，搬迁费数额有误。1号征收补偿决定确定的搬迁费为1000元，系按照住宅房屋标准进行计算，不符合超宇公司被征收房屋为非住宅房屋的实际情况。最后，由于1号征收补偿决定所确定的补偿数额确有错误，对于差额部分应当计算相应的利息。据此，人民法院应当根据《行政诉讼法》第77条第1款之规定，对1号征收补偿决定确定的补偿数额进行变更。

【涉及的重要理论问题】

一、超范围征收

（一）一般征收的范围

行政征收又名"公益征收"，该称谓直观地宣示了行政征收的目的乃是公共利益的实现。因此，政府征收应以公共利益为出发点，行政征收的范围应当以实现公共利益为限。这一点在我国《征补条例》得到了充分的体现。《征补条例》第8条规定，为了保障国家安全、促进国民经济和社会发展等公共利益的需要，且确需征收房屋的，市、县级人民政府方可作出房屋征收决定。[1]

从理论上来说，在行政征收中公共利益的范围（征收决定的范围）应当恰好是建设项目所需要的范围，这些建设项目包括基础设施建设、公共事业、保障性安居工程建设、旧城区改建等。但是，从被征收人财产权的保障以及公共利益之间关系的角度来看，如果将公共利益仅限于建设项目所需的范围，很可能严重损害被征收人的合法权益以及公共利益，造成结果上的不公平。因此，虽然立法中并未明确提及"超范围征收"，实践中为了更周全地保护公共利益以及被征收人的利益，应当允许征收机关在满足一定条件的前提下进

---

〔1〕《征补条例》第8条规定：为了保障国家安全、促进国民经济和社会发展等公共利益的需要，有下列情形之一，确需征收房屋的，由市、县级人民政府作出房屋征收决定：（1）国防和外交的需要；（2）由政府组织实施的能源、交通、水利等基础设施建设的需要；（3）由政府组织实施的科技、教育、文化、卫生、体育、环境和资源保护、防灾减灾、文物保护、社会福利、市政公用等公共事业的需要；（4）由政府组织实施的保障性安居工程建设的需要；（5）由政府依照城乡规划法有关规定组织实施的对危房集中、基础设施落后等地段进行旧城区改建的需要；（6）法律、行政法规规定的其他公共利益的需要。

行超范围征收。

（二）超范围征收的司法溯源

尽管现行法律规范中未有规定，但超范围征收案件在司法实践中时常发生，其中最典型的则为最高人民法院在 2014 年公布的征收拆迁十大案例之杨瑞芬诉株洲市人民政府房屋征收决定案（以下简称"杨瑞芬案"）。在"杨瑞芬案"中，杨瑞芬的部分房屋在神农大道建设项目用地红线范围内。但株洲市人民政府发布《征收决定》，决定征收杨瑞芬的整栋房屋，并给予合理补偿。杨瑞芬不服，向湖南省人民政府申请复议，省人民政府作出了维持决定。此后，杨瑞芬以株洲市人民政府为被告提起行政诉讼，请求撤销《征收决定》。案件依次经过株洲市天元区人民法院、株洲市中级人民法院两级法院审理即告终结。在诉讼中，杨瑞芬提出了"超范围征收"的概念，两级法院虽然在判决中未明确采用该概念，但其表述均暗指其内涵，即征收项目建设红线范围外的房屋。一审法院以公共利益为由维持了《征收决定》，二审判决更为具体地阐释，"整体征收系公共利益需要，且房屋地面高于神农大道地面 10 余米，如果只拆除规划红线范围内部分房屋，未拆除的规划红线范围外的部分房屋将人为地变成危房，失去了房屋应有的价值和作用，整体征收杨瑞芬的房屋，并给予合理补偿符合实际情况，也是人民政府对人民群众生命财产安全担当责任的表现"。[1]由此可见，公共利益的维护是实施超范围征收的重要前提。

（三）超范围征收的正当基础

行政征收具有将本应属于个人随意支配的财产收归国家所有的强制属性，而超范围征收作为其中更为严厉的征收手段，其实际征收范围超出了建设项目所需要的范围，这不论是对被征收人的财产权还是对公共财政都会带来不利影响，更应对其严格控制。因此，在实施超范围征收时必须具有正当的基础，对此，国内外主要包括两种理论，即"残余理论"和"保护理论"。[2]

---

〔1〕 参见株洲市中级人民法院（2013）株中法行终字第 14 号。

〔2〕 刘玉姿：《超范围征收的合法性控制》，载《行政法学研究》2020 年第 1 期，第 30-41 页。

1. 残余理论

"残余理论"对有效解决"边角地"问题有着重要作用。美国统一法律委员会起草的《模范征收法典》（Model Eminent Domain Code）关于残余理论的内容更为广泛。其将残余理论表述为，当仅征收必要范围的财产会导致剩余财产不具有任何经济价值时，且被征收人同意时可以实施超范围征收。[1]所谓"不具有任何经济价值的残余"是指"在征收部分财产后，剩余部分因其面积、形状或条件而毫无价值，或者很可能导致征收人对已征收部分支付相当于整体征收剩余部分应支付的补偿"。[2]因此，学理上对国内外现有的关于残余理论的表述进行整理，分为三种情形：

（1）物理残余，是指征收只限于部分标的时，会导致剩余财产因面积过小、零散分散而失去使用价值。物理残余要求，被征收人在征收公告之日起一年内主动申请超范围征收，且其申请原因包括征收标的主观上"不能为相当使用"以及客观上"不能为相当使用"，前者是指残余土地不能满足使用人的需求等，后者是指即使被征收人改变残余土地的原始用途和性质，仍然无法使其与所在地块的整体用途相协调。

（2）经济残余，是指仅征收建设项目所需的土地及房屋与征收征收标的所在的全部土地及房屋所需的成本相近。例如，在 United States ex rel. TVA v. Welch 案中，当政府征收部分土地会导致政府而需要承担维护剩余土地引起的较大责任时，田纳西河谷管理局为了免除该责任花费 10 万美元征收全部土地。[3]二者相较，整体征收的总成本甚至低于部分征收的成本。

（3）财政残余，是指当征收标的是整片土地的一部分时，且仅征收该部分土地会对剩余部分土地造成损失时，不仅要对征收部分给予补偿，也要对剩余部分土地的损失给予补偿，后者在价值上相当于征收全部土地所给予的补偿。[4]此时，对征收标的进行整体征收更符合"成本—效益"原则的

---

[1] See 1974 Act of Uniform Law Commissioners' Model Eminent Domain Code Article II Section 208, (a).

[2] See 1974 Act of Uniform Law Commissioners' Model Eminent Domain Code Article II Section 208, (b).

[3] See United States ex rel. TVA v. Welch, 327 U. S. 546, 500 (1946).

[4] 参见刘玉姿：《超范围征收的合法性控制》，载《行政法学研究》2020 年第 1 期，第 30-41 页。

要求。

在上述三种情形中，"物理残余"由注重保护被征收人的财产权逐渐拓宽为对基于部分征收而受到不利影响的公众财产权和人身安全等公共利益的维护，其片面性正在得到修正，也被我国内地的司法机关采纳。[1]而"经济残余"和"财政残余"虽然秉持着以最小的财政成本获取最大的公益之原则而为征收，但由于其实施超范围征收仅考虑"钱物对等关系"却不考虑被征收标的的客观情况及被征收人的生产生活需求，很容易导致征收权的行使过分扩张，损害被征收人的合法权益。

2. 保护理论

残余理论所维护的公共利益是基于"物尽其用"法则所产生的，[2]而保护理论所保护的公共利益是由建设项目派生而来，它是指通过征收建设项目周围的财产，确保建设项目有效运作并持续发挥积极效用而采取超范围征收行为。[3]保护理论关注的根本为建设项目，其保护方式既包括直接为推进建设项目顺利开展而为的征收，又包括为了保护与建设项目密切相关的公共利益，间接促进建设项目更好地发挥效用而为的征收。例如，在建设旅游度假区、公共图书馆、公立学校以及居民住宅区等依赖环境条件而有效运行的建设项目时，需要征收周边土地以保证建设项目周边环境的有序和安宁。由于拟建的建设项目本身便体现了公共利益，故保护理论更加契合征收必须基于公共利益的法律要求。

保护理论在我国现行法中已有所体现。例如，《铁路安全管理条例》第27条第1款规定，铁路线路两侧应当设立铁路线路安全保护区。铁路线路安全保护区的范围从铁路线路路堤坡脚、路堑坡顶或者铁路桥梁（含铁路、道路两用桥）外侧起向外延伸，既可以在铁路用地范围内，又可以在铁路用地范围外。同时，《铁路安全管理条例》第31条第1款规定，"铁路线路安全保护区内既有的建筑物、构筑物危及铁路运输安全的，应当采取必要的安全防

---

〔1〕　参见株洲市中级人民法院（2013）株中法行终字第14号。

〔2〕　既包括为了避免剩余财产本身的缺陷给公共利益造成损害，又包括最大效用地利用公共财政而实施超范围征收。

〔3〕　参见刘玉姿：《超范围征收的合法性控制》，载《行政法学研究》2020年第1期，第30-41页。

护措施；采取安全防护措施后仍不能保证安全的，依照有关法律的规定拆除"。结合上述条款不难得出推论，无论是否位于铁路用地范围之内，铁路线路安全保护区内的建筑物、构筑物对铁路运输安全所产生的危险若无法通过其他措施得以消除，则需要对该建筑物或构筑物进行拆除。从性质上说，拆除铁路用地范围以外，但位于铁路安全保护区的建筑便属于基于保护理论而采取的超范围征收行为。不宁唯是，在《民用机场管理条例》中同样可以发现保护理论的身影。该条例第9条规定，"运输机场所在地有关地方人民政府应当将运输机场总体规划纳入城乡规划，并根据运输机场的运营和发展需要，对运输机场周边地区的土地利用和建设实行规划控制"。若机场周边地区的建筑影响到机场的运营和发展而被纳入规划控制范围且此时必须拆除相关建筑，那么该征收行为便是为了机场项目本身的利益而采取的，这也是保护理论所要求的。

（四）超范围征收的法律控制

笔者认为，为了防止征收权的过度扩张，应当基于比例原则对征收权的行使加以规范，并构建出适用于超范围征收的具体规则。比例原则是指行政机关行使自由裁量权时，应在全面衡量公益与私益的基础上选择对相对人侵害最小的适当方式进行，不能超过必要限度。[1]传统的比例原则包括适当性原则、必要性原则和均衡性原则，且三个子原则依次适用，不满足前一个原则无法进入下一个原则的审查，行政机关不得采取相应的行政手段。[2]

有学者认为，比例原则应当包括目的正当原则，并且该原则应当处于比例原则的首个子原则。[3]这种变化要回溯至德国"法治国家"的发展，自进入实质法治国以来，"行政机关的目的也不再完全由立法机关限定，行政机关可以自主设定自己的目的"。[4]但是行政机关的目的并不是完全正当的，带有不正当目的的行政行为可能损害相对人的合法权益，这就存在审查目的是否正当的必要性。笔者赞成此种观点，比例原则应采"四要素说"，即目的正当

---

〔1〕 张树义、罗智敏主编：《行政法学》，北京大学出版社2021年版，第53页。

〔2〕 参见张树义、罗智敏主编：《行政法学》，北京大学出版社2021年版，第56页。

〔3〕 刘权：《目的正当性与比例原则的重构》，载《中国法学》2014年第4期，第133-150页。

〔4〕 刘权：《目的正当性与比例原则的重构》，载《中国法学》2014年第4期，第133-150页。

原则、适当性原则、必要性原则和均衡性原则。

在传统比例原则语境中，适当性原则以及必要性原则都注重于实现行政目的手段的选择，应当属于同一层级，位于第一顺位。[1]按照一般逻辑，目的是否正当的审查应当置于适当性原则之前。因此，"四要素说"的比例原则具体适用顺位如图1所示。

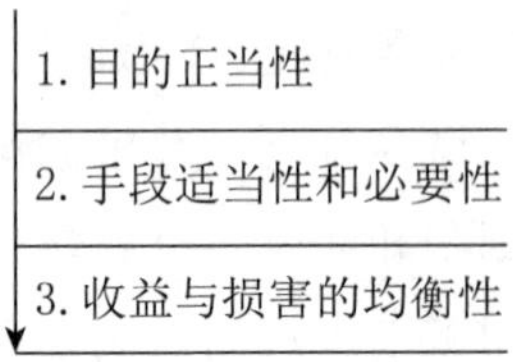

1. 目的正当性

2. 手段适当性和必要性

3. 收益与损害的均衡性

图1　比例原则适用顺位

1. 目的正当性

不论是基于物理残余理论还是保护理论而采取的超范围征收行为，其落脚点都是维护公共利益。然而，公共利益作为不确定性法律概念，很难界定其内涵和外延。但这并不意味着"公共利益"原则无法发挥效用。有学者认为，可以通过明确公共利益的验证标准真正发挥公共利益这一原则的控权作用。[2]

具体来说，公共利益判断标准主要包括以下三个方面：（1）受益人具有不特定性和多数性。从文义解释的角度来看，公共利益面向的群体必然是公众，故具有数量上的多数性和不特定性的特征。（2）公众的直接受益性和实质受益性标准。直接收益性是指公众可以从行政征收中获得直接的利益，而非间接地或附带性地获得利益。实质受益性则是指行政征收是否带来增进公共利益的效果，必须从本质上而非形式上进行判断。（3）征收利益的确定性标准，是指行政征收行为必须能够确保公共利益目的在一定程度上的实现，从

---

〔1〕　张树义、罗智敏主编：《行政法学》，北京大学出版社2021年版，第56页。

〔2〕　王洪平、房绍坤：《论征收中公共利益的验证标准与司法审查》，载《法学论坛》2006年第5期，第40-47页。

而防止行政机关以"公共利益"为名为个人谋取私益。[1]

2. 手段适当性和必要性

适当性是指在证成行政机关采取超范围征收的目的具有正当性以后，并不能保证超范围征收行为具有适当性，此时则需要具体判断该行为能否实现公共利益目的，若政府实施超范围征收并不能增进公共利益，则证明该行为不具有适当性。

必要性则要求在所有能够实现该公共利益目的的手段中行政机关所采取的超范围征收行为对被征收人的损害最小。例如，前文所提到的《铁路安全管理条例》第31条第1款便强调了超范围征收的劣后性。[2]

3. 收益与损害的均衡性

比例原则不仅要求行政机关选择对相对人合法权益损害最小的手段实现行政目的，而且要求该损害在价值上小于行政机关所欲追求的行政目的。从该原则传统意义上来说，超范围征收给相对人造成的损害在价值上应当小于行政机关所欲追求的公益目的。根据"物理残余"以及保护理论的内容，超范围征收的公益目的既包括建设项目本身也包括因征收而引发的处于危险状态的其他公益，如公众人身安全、环境安宁等。

有学者认为，均衡性实际上强调超范围征收前后的效益标准，是一种典型的"成本—收益"比较基础上的法经济学标准，它要求行政主体在实施超范围征收以后，对征收标的利用效率应当远高于超范围征收前的利用效率，[3]此种结论同样可以通过残余理论推导而来。

（五）对本案征收范围的分析

首先，株洲市人民政府已经实施的征收行为具有正当性。株洲市人民政府之所以对超宇公司的部分房屋进行征收，是因为超宇公司有72.5平方米的

---

〔1〕 参见王洪平、房绍坤：《论征收中公共利益的验证标准与司法审查》，载《法学论坛》2006年第5期，第40-47页。

〔2〕《铁路安全管理条例》第31条第1款规定："铁路线路安全保护区内既有的建筑物、构筑物危及铁路运输安全的，应当采取必要的安全防护措施；采取安全防护措施后仍不能保证安全的，依照有关法律的规定拆除。"

〔3〕 房绍坤、王洪平：《公益征收法研究》，中国人民大学出版社2011年版，第144页。

土地及土地上的房屋位于征地红线范围以内。只有征收该房屋及所占土地才能顺利推进长株潭城际铁路建设的展开，征收行为具有正当目的。同时，该征收行为是唯一有助于开展长株潭城际铁路建设的手段，并且征收行为给超宇公司造成的损害在价值上远远小于建设项目所维护的公共利益，故征收行为符合比例原则的要求。

其次，株洲市人民政府不应对超宇公司位于征地红线范围以外的剩余房屋进行征收。一是，超宇公司在株洲市荷塘区拥有 1546.6 平方米土地的使用权，被征收的 72.5 平方米的土地及土地上房屋占地面积为 59.17 平方米，仅占其全部土地使用权面积的 3.8%。二是，长株潭城际铁路已经通过验收并投入营运，超宇公司未纳入红线范围的土地及房屋对于长株潭城际铁路的运行不会造成任何不利影响，即不会阻碍长株潭城际铁路建设项目所欲追求的公共利益。三是，超宇公司并未提出证据证明仅征收红线范围内的房屋会造成其整个生产流程无法正常运行，可以认定征收部分房屋不影响被征收人其余房屋的安全与使用，剩余房屋不会成为危房或者被迫闲置，也就不会影响超宇公司的正常经营以及在此处通行的公众人身安全，即既不符合保护理论，也不符合物理残余理论的要求。因此，本案中不存在对超宇公司剩余房屋实行征收的正当目的——维护公共利益，株洲市人民政府不应该对超宇公司的剩余房屋实行征收。

最后，行政机关实施征收行为必须严格遵循比例原则，尤其是作为比例原则子原则的目的正当原则。最高人民法院在本案的判决中重点论证超宇公司未纳入红线范围的土地及房屋并未影响长株潭城际铁路的安全运行以及被征收人其余房屋的安全与使用，从本质上可以视为论证对超宇公司剩余房屋进行征收不符合公共利益目的的要求，不存在正当目的，由此可以证实目的正当性在征收行为中具有的重要地位。

二、行政协议的效力

（一）行政协议无效的认定

根据《最高人民法院关于审理行政协议案件若干问题的规定》（以下简

称《行政协议司法解释》）的规定，行政协议是行政机关为了实现行政管理或者公共服务目标，与公民、法人或者其他组织协商订立的具有行政法上权利义务内容的协议。由于行政协议兼具行政性和民事性双重属性，《行政协议司法解释》第 12 条允许人民法院在审理行政协议案件时，既可以依据《行政诉讼法》第 75 条的规定，又能够依据民事法律规范的规定。在适用顺序上，法院应当优先适用《行政诉讼法》第 75 条，以相关民事法律规范为补充。

首先，行政协议作为一种行政行为，可以适用行政法上关于行政行为无效的相关要求。《行政诉讼法》第 75 条规定："行政行为有实施主体不具有行政主体资格或者没有依据等重大且明显违法情形，原告申请确认行政行为无效的，人民法院判决确认无效。"最高人民法院《关于适用〈中华人民共和国行政诉讼法〉的解释》第 99 条进一步规定了属于"重大且明显违法"的情形，包括：行政行为实施主体不具有行政主体资格、减损权利或者增加义务的行政行为没有法律规范依据、行政行为的内容客观上不可能实施以及其他重大且明显违法的情形。

其次，法院在审理行政协议案件时同样可以参照民事法律规范来判断协议的效力。《民法典》出台后，对 1999 年《合同法》第 52 条规定的合同无效情形作出明显调整，表现在：其一，将欺诈、胁迫的法律后果由合同无效的情形改为可撤销（第 148 条、第 150 条）；其二，将 1999 年《合同法》中"以合法形式掩盖非法目的"抽象为"虚假的意思表示"（第 146 条）；其三，通过"违背公序良俗"吸收了此前"损害社会公共利益"（第 153 条第 2 款）；其四，将导致合同无效的"法律、行政法规的强制性规定"限于效力性强制性规定，违反管理性强制性规定不导致合同无效（第 153 条第 1 款）。在适用民事法律规范判断行政协议的效力时，最高人民法院行政审判庭的一些法官认为也需要达到"重大且明显"时才能认定行政协议无效。[1]

从理论上而言，由于民事法律规范中存在"转介条款"——"违反法律、行政法规的强制性规定"——《行政诉讼法》第 75 条所规定的无效情形应为

---

[1] 梁凤云：《行政协议司法解释讲义》，人民法院出版社 2020 年版，第 165 页。

民法上的无效规定全部覆盖。但是，行政法上和民法上的无效情形不完全兼容。例如，民法中的"强制性规定"限于法律、行政法规，而行政法上不仅可以直接依据地方性法规、规章确认行政协议无效，甚至可以将规范性文件作为依据。例如，在最高人民法院发布的行政协议典型案例之十"徐某某诉安丘市人民政府房屋补偿安置协议案"中，法院认为"涉案《产权调换补偿协议书》关于给徐某某两套回迁安置房的约定条款严重突破了安置补偿政策，应当视为该约定内容没有依据，属于无效情形"。[1]此处，作为认定协议无效依据的安置补偿政策即为规范性文件。同时，行政法上确认行政协议无效时不区分效力性强制性规定和管理性强制性规定，这也明显有别于民事法律规范的要求。[2]

实践中，考虑到民事标准与行政标准的差异性，法院通常采取否定式并用——只有在既不存在《行政诉讼法》第 75 条，也不存在民事法律规范规定的无效情形时才认定行政协议有效，而非在准用民事法律规范之后再用《行政诉讼法》第 75 条加以限定的肯定式叠加适用。[3]例如，在吴晴诉太和县城关镇人民政府等行政协议案中，安徽省高级人民法院认为，涉案补偿安置协议不存在"重大且明显违法情形"，也不存在"受胁迫签订协议情况"，且"协议内容亦不违反法律、行政法规的强制性规定"。[4]因此，原告确认该协议无效的诉讼请求不能成立。

（二）行政协议无效的处理

行政协议无效后，由其设定的权利义务、授予的法律地位均归于消灭。在具体处理上，《行政协议司法解释》第 15 条结合了《民法典》第 157 条[5]和

---

[1] 《行政协议案件典型案例之十：徐某某诉安丘市人民政府房屋补偿安置协议案》，载 http://www.chncase.cn/case/bulletin/2825963，最后访问日期：2022 年 5 月 16 日。

[2] 余凌云：《论行政协议无效》，载《政治与法律》2020 年第 11 期，第 7 页。

[3] 王贵松：《行政协议无效的认定》，载《北京航空航天大学学报（社会科学版）》2018 年第 5 期，第 20 页。

[4] 安徽省高级人民法院（2016）皖行终 501 号行政判决书。

[5] 《民法典》第 157 条规定：民事法律行为无效、被撤销或者确定不发生效力后，行为人因该行为取得的财产，应当予以返还；不能返还或者没有必要返还的，应当折价补偿。有过错的一方应当赔偿对方由此所受到的损失；各方都有过错的，应当各自承担相应的责任。法律另有规定的，依照其规定。

《行政诉讼法》第 76 条[1]的内容，进而规定："行政协议无效、被撤销或者确定不发生效力后，当事人因行政协议取得的财产，人民法院应当判决予以返还；不能返还的，判决折价补偿。因被告的原因导致行政协议被确认无效或者被撤销，可以同时判决责令被告采取补救措施；给原告造成损失的，人民法院应当判决被告予以赔偿。"

由于行政协议同时具有行政性和民事性，它不像单方行政行为那样由行政主体的单方意思表示即形成，而是更多地基于双方当事人的合意，所以"其存续性（力）应当比单方面作出的国家行为强"。[2]行政协议被确认无效以后，会导致协议当事人在协商阶段的努力都付之东流，这就要求法院谨慎判断行政协议的效力。例如，法院应当承认行政协议具有补正的空间，即允许行政机关事后主动消除致使行政协议无效的原因。《行政协议司法解释》第12 条第 3 款规定，"行政协议无效的原因在一审法庭辩论终结前消除的，人民法院可以确认行政协议有效"。例如，河南省高级人民法院在卜建萍诉郑州市金水区人民政府案中认为，虽然"案涉《补偿安置协议》《补充协议》由于签订协议的主体不适格属于重大明显违法，应为无效"，但是"改造指挥部及丰庆路街道办系代表金水区人民政府签订的协议，金水区人民政府对此又予以追认，而金水区政府又是规章授权的城中村改造主体"，不存在主体不适格的重大明显违法情形。[3]

此外，法院在确认行政协议无效时，需要进一步区分是整体无效还是部分无效。《民法典》第 156 条规定："民事法律行为部分无效，不影响其他部分效力的，其他部分仍然有效。"因此部分条款的无效并不会必然影响其他条款的效力；只有当构成行政协议的核心条款无效时，才可能导致协议整体无效。在这个问题上，余凌云提出一套判断标准可供参考：第一，若构成行政协议核心与基础条款的公法约定或内容被判定无效，且要求继续履行行政协议的其他内容毫无意义或者事实上不可行，则行政协议整体无效；第二，若

---

[1] 《行政诉讼法》第 76 条规定：人民法院判决确认违法或者无效的，可以同时判决责令被告采取补救措施；给原告造成损失的，依法判决被告承担赔偿责任。

[2] ［德］哈特穆特·毛雷尔：《行政法学总论》，高家伟译，法律出版社 2000 年版，第 379 页。

[3] 河南省高级人民法院（2019）豫行终 1104 号。

前述公法约定或内容被判定无效，但过错归咎于行政机关且行政机关可以主动补正或者采取补救措施而消除无效原因的，行政协议仍可以判定为有效；第三，有关公法约定具有相对独立性，可与行政协议的其他内容合理切割，不影响其他内容的履行，则仅为有关公法约定无效而其余内容依然有效。[1]

（三）本案对《框架协议》的认定

本案中，《框架协议》的订立主体分别为超宇公司和荷塘区指挥部，其中，荷塘区指挥部属于受房屋征收部门委托，与被征收人开展征收工作，其在授权范围内实施的行为应当由委托部门承担相应的责任，故应以荷塘区人民政府为适格的行政主体。同时，《框架协议》是为了对长株潭城际铁路项目株洲红旗路段国有土地上房屋实施征收，具有公益目的。因此，《框架协议》满足行政协议的特征，属于行政协议。

从内容来看，《框架协议》约定荷塘区指挥部对超宇公司进行整体征收，实行一次性货币补偿，并在 2014 年 5 月 31 日前签订正式的征收补偿安置协议书。其中"整体征收"的相关条款，超出该次征收的红线范围，不具有法律效力。根据《土地管理法》第 3 条的规定，各级人民政府应当采取措施，全面规划，严格管理，保护、开发土地资源，制止非法占用土地的行为。根据《征补条例》第 8 条的规定，房屋征收决定须为了保障国家安全、促进国民经济和社会发展等公共利益的需要。故整体征收条款属于《行政诉讼法》第 75 条所称"没有依据"的情形。同时，因征收补偿的款项均来源于公共财政，对超范围部分进行征收补偿势必将对社会公共利益造成不利影响，违反了民法上的公序良俗。因此，《框架协议》中整体征收相关条款应为无效，对株洲市人民政府作出补偿决定不产生拘束力。

对于超范围承诺的《框架协议》的效力问题，首先需要区分协议中对于征收范围内与征收范围外的部分，对于征收范围红线之内的，应当确认该部分的协议效力；而超范围的部分，不符合《征补条例》的规定，缺乏法律依据，不具有法律效力，对补偿决定不产生拘束力。其次需要考虑《框架协议》的实际履行情况。《框架协议》中约定签订征收补偿协议的内容并不会受整体

---

〔1〕 余凌云：《论行政协议无效》，载《政治与法律》2020 年第 11 期，第 12 页。

征收条款无效的影响，但是因双方未能在指定日期之前签订征收补偿协议，该部分内容未实际履行。由于《框架协议》并非正式的征收补偿协议且没有实际履行，被征收人主张依据《框架协议》给予赔偿没有事实和法律依据，亦不会产生财产返还的问题。

三、信赖保护原则的司法适用

信赖保护原则作为行政法基本原则之一，已经被作为裁判的依据，广泛地运用到我国司法审判活动中。《行政诉讼法》第 5 条规定："人民法院审理行政案件，以事实为根据，以法律为准绳。"此处的"法律"应当作广义解释，作为"整体的法律，即作为法律规范、法律原则和法律概念等法律要素成分有机结合的一个个具体的法律"。[1]在具体案件中，由于成文法具有局限性，不可能涵盖行政管理的方方面面，也无法预料到社会生活的变化，因此法院需要通过适用法律原则对法律规则进行补充。然而，在个案审理过程中，信赖保护原则可能与同为行政法基本原则的依法行政原则存在张力。此时法院应当如何适用信赖保护原则，亟须进一步分析。

（一）概述

信赖保护原则是指相对人对行政机关作出的行政行为产生正当的信赖以后，行政机关不得随意地撤销、变更和废止该行政行为，若必须采取上述行为给相对人造成损害的，应当给予相应的补偿。信赖保护原则肇始于德国，并为日本所继受。德国学者认为，该原则部分源自法律安定性的需要，部分源自诚实信用原则。此后，有关信赖保护原则的学说不断演进，信赖保护原则开始被人们提升为行政法基本原则来认识，并在行政法制实践中得到运用。[2]

一般认为，成立信赖利益须存在信赖基础，即行政机关作出了某一行为，且相对人有一定的预期并基于该预期产生了外在行为。同时，如果相对人明知或应知行政行为违法或者因相对人自身行为导致行政行为违法时，其"信

---

〔1〕　姚建宗：《法律效力论纲》，载《法商研究》1996 年第 4 期，第 18-24 页。
〔2〕　马怀德主编：《行政法学》，中国政法大学出版社 2019 年版，第 54 页。

赖"不值得保护。从保护方式上看，保护信赖利益的方式包括两种：一是存续保护，即无视行政行为的法律状态，都要予以维持或者恢复行政行为的法律后果；二是财产保护，即撤销、变更和废止行政行为时，需要给当事人适当的补偿。

通常认为，《行政许可法》第8条是信赖保护原则在我国法律中的体现。该条规定："公民、法人或者其他组织依法取得的行政许可受法律保护，行政机关不得擅自改变已经生效的行政许可。行政许可所依据的法律、法规、规章修改或者废止，或者准予行政许可所依据的客观情况发生重大变化的，为了公共利益的需要，行政机关可以依法变更或者撤回已经生效的行政许可。由此给公民、法人或者其他组织造成财产损失的，行政机关应当依法给予补偿。"

（二）存续保护与财产保护的适用顺序

在诉争行政行为违法的情形下，依法行政原则和信赖保护原则之间可能存在紧张关系。根据依法行政原则，法院基于监督行政机关依法行使职权，应当对违法行政行为的效力予以否定性评价，作出撤销或者确认无效判决；但是，信赖保护原则要求因法定事由需要撤销、废止或者变更行政行为时，需要为相对人的信赖利益提供存续保护或者财产保护。[1]当两个原则发生冲突时，是应当适用存续保护还是财产保护并不能一概而论，往往需要在个案中具体分析。

1. 优先适用存续保护

在司法过程中，法院对被诉行政行为作出否定性评价并不必然导致该行政行为被撤销。法院在确认存在信赖利益的基础上，往往会将信赖利益作为社会公共利益的组成部分，通过援引《行政诉讼法》第74条进行裁判。该条规定，行政行为依法应当撤销，但撤销会给国家利益、社会公共利益造成重大损害的，人民法院判决确认违法，但不撤销行政行为。通过确认违法但不予撤销，法院以存续保护的方式保障了相对人或者第三人的信赖利益。例如，在张丰收诉河南省太康县人民政府案中，第三人梦里达家具厂主张其在太政

---

〔1〕［德］哈特穆特·毛雷尔：《行政法学总论》，高家伟译，法律出版社2000年版，第277页。

土〔2002〕9号《出让通知》作出后，实际向政府缴纳土地出让金110余万元，基于对政府机关的信赖，已经在该地建起楼房使用多年，案涉土地的建设既成事实，因此信赖利益应予保护。一审法院和最高人民法院都承认了该主张，认为梦里达家具厂的信赖利益成立，此时"如判决撤销太政土〔2002〕9号《出让通知》，案涉土地亦不具有恢复耕地的客观条件，且会给城市规划等公共利益造成损失"。因此，尽管《出让通知》违反法律规定，法院应当确认《出让通知》违法并责令太康县人民政府采取补救措施。[1]

类似地，武汉天九工贸发展有限公司等与商务部案也涉及以信赖利益为由，对以不正当手段取得的行政许可予以存续保护。[2]在先前的诉讼程序中，最高人民法院已经认定王秀群、天九公司、农产品公司串通签订的"股权转让协议"破坏了国家对外商投资、对外投资的监管秩序和外汇管理秩序，属于《行政许可法》第69条第2款规定的"以欺骗、贿赂等不正当手段取得行政许可"的情形。但是，商务部并没有撤销授予其许可的《批复》和《批准证书》。商务部的理由之一是，依许可而设立的白沙洲公司的资产状况已发生了重大变化，并建立了广泛复杂的不可逆转的内外部经济关系和法律关系；若撤销相关许可决定，有可能对上述经济法律关系的效力、有关合同的履行等产生重大影响，进而影响交易的稳定性和不特定善意第三人基于商务部行政许可的信赖而产生的合法权益的保护。两审法院在审理过程中均认可了商务部的论理，维持了不予撤销案涉《批复》和《批准证书》的决定。

诚然，以存续保护的方式维持违法行政行为的效力时，势必将与违法必究的依法行政原则产生一定的张力，但二者并非无法调和。恪守形式意义的依法行政原则，忽视了对私人信赖利益的保护，可能会导致不公平、不合理的结果。相反，在信赖利益得以成立的前提下让违法的行政行为得以存续，不仅可以保护私人利益，也可以维护法律秩序的稳定和可预测性，反而得以践行实质意义的依法行政原则。

---

〔1〕 最高人民法院（2020）最高法行再359号。
〔2〕 北京市高级人民法院（2017）京行终3459号。

2. 优先适用财产保护

尽管存续保护构成了对依法行政原则的例外性适用，但是，并非所有需要保护信赖利益的案件都会触发存续保护。当相对人或者第三人的信赖利益与社会公共利益的指向不一致时，法院或者行政机关可以在利益权衡之后，撤销违法的行政行为，转而通过财产保护的方式弥补信赖利益的损失。例如，在郑州市中原区豫星调味品厂诉郑州市人民政府案中，郑州市人民政府以豫星调味品厂采取欺骗手段、未如实登记为由，决定注销其获得的土地使用证。[1]本案中，一方面最高人民法院认定注销决定（4号决定）存在事实认定有误，违反正当程序的问题，但是，由于涉案土地在诉讼过程中已用于房地产开发，"综合权衡公共利益和个体利益全面保护的需要，……本案最为适当的判决方式就是确认4号决定违法但不撤销"。此处无论是出于监督征收机关依法行政，还是保护豫星调味品厂的信赖利益的考量，均要求撤销违法决定，因而法院不撤销违法决定的理由并非信赖利益保护，而是基于房地产开发背后的社会公共利益。另一方面，法院同时承认豫星调味品厂在土地使用证发证到被注销之间的合理投入应当作为应受法律保护的信赖利益。但由于豫星调味品厂未提出相关诉讼请求，法院认为可由市人民政府作出相应处理。由此可以推知，法院认为此情形下应当通过财产保护的方式为豫星调味品厂的信赖利益提供保护。

本案中，《框架协议》关于荷塘区指挥部对超宇公司进行整体征收的约定因违反了《征补条例》第8条的强制性规定而应归于无效，接下来的问题是法院是否可以基于信赖利益保护而支持超范围征收。此处，法院并没有否认超宇公司具有信赖利益，而是衡量了案件中涉及的公共利益和私人利益。一方面，法院认为，在国有土地上房屋征收过程中，征收补偿的款项均来源于公共财政，对征收补偿款不进行合理控制必然会对社会公共利益造成不利影响。如果允许荷塘区指挥部与超宇公司以行政协议的方式扩大征收范围，势必会给公共财政造成重大损害。另一方面，由于超宇公司的剩余房屋仍可正常使用，故将《框架协议》中关于"征收红线范围以外"的约定认定为无效

---

〔1〕 最高人民法院（2014）行提字第21号。

给超宇公司带来的信赖损失远远小于整体征收给国家财政带来的损失。综合考虑，倘若支持超宇公司整体征收的请求，将会出现不仅没有增进公共利益反而有损之的局面。在这种情况下，法院不能"无原则地以牺牲社会公共利益"来适用存续保护，而是应当优先依据依法行政的要求否定相关约定的效力，同时通过财产保护的方式，依法补偿相对人因改变政府承诺而遭受的财产损失。

【后续影响及借鉴意义】

财产权是宪法所保障的基本权利之一。行政征收作为"剥夺人民财产"的一种行政行为，其权力的运行必须受到严格限制，只能基于维护公共利益的需要，且原则上征收范围以公益项目所需范围为限。但实践中，仅仅征收公益项目所需的范围很可能不利于甚至是损害包括建设项目在内的公共利益及被征收人的财产权。因此，为了保护处于危险中的公共利益及公民财产权，有必要适度扩张行政征收的范围，实施超范围征收。

尽管超范围征收在征收范围上相较于一般征收有所扩张，但其仍属于行政征收的一种，故其征收目的离不开公共利益，并遵守比例原则的要求。本案中，荷塘区指挥部与超宇公司签订《框架协议》约定对超宇公司进行整体征收，超出了征收红线的范围，属于超范围征收。而超宇公司未纳入红线范围内的土地并不影响铁路的安全运行，征收部分房屋也不会影响剩余房屋的安全与使用，故既不满足"保护理论"也不符合"物理残余"的要求，不存在实施超范围征收所欲维护的公共利益。

同时，行政协议作为一类特殊类型的行政行为，对其效力的审查需要权衡依法行政、信赖利益保护、诚实信用、意思自治等基本原则，从维护契约自由、维护行政行为的安定性、保护行政相对人信赖利益的角度，慎重认定行政协议的效力。在已经认定行政协议中规定的超范围征收违法的前提下，法院依然需要判断是否存在应受法律保护的信赖利益，以及将该信赖利益与社会公共利益相权衡，从而决定是否应当否定超范围征收的行为。

总之，超范围征收制度有其存在的现实基础。政府在实际决定和实施征收行为时，应当考虑公共利益及被征收人的财产权保护，确保超范围征收具备正当性基础，同时遵循比例原则，即实施超范围征收以维护公共利益为出发点和落脚点，该行为能够维护公共利益，并且超范围征收应当是穷尽其他救济手段以后仍不能实现公益目的的劣后手段，最后应当注意损害与收益之间的成比例性。通过严格控制超范围征收权的行使，防止征收领域出现无序、混乱的局面。

（指导教师：庆启宸　中国政法大学法学院讲师）

案例三　管制性征收的认定标准及其补偿

——苏州阳澄湖华庆房地产有限公司诉苏州市国土资源局行政补偿案

司银铃*

【案例名称】

苏州阳澄湖华庆房地产有限公司诉苏州市国土资源局行政补偿案［（2013）淮中行初字第0023号、（2015）苏行终字第00018号、（2017）最高法行1342号］

【关键词】

行政征收　管制性征收　补偿标准

【基本案情】

苏州阳澄湖华庆房地产有限公司（以下简称华庆公司）于2000年9月受让取得苏州市阳澄湖区域地块950亩国有土地使用权，土地用途为商住，之后于2005年2月取得新建商品住宅项目批复。后因地方性法规《苏州市阳澄湖区域水源水质保护条例》（以下简称《阳澄湖保护条例》）出台，案涉地块因位于水源水质二级保护区被禁止进行房地产开发建设。2007年8月，苏州市人民政府作出控制规划批复，确定该地块禁止建设。因长时间沟通未果，2012年10月，苏州市国土局经苏州市人民政府批准作出《收回国有土地使用权决定书》，收回华庆公司950亩国有土地使用权。2013年3月，苏州市国土

---

* 作者简介：司银铃，中国政法大学法学院宪法学与行政法学专业2022级硕士研究生。

局对华庆公司作出《收回国有土地使用权补偿决定书》，补偿 513 635 902 元。华庆公司分别提起行政诉讼，请求确认收回决定和补偿决定无效。

一审人民法院认为：依据《土地管理法》[1]第58条规定，因公共利益需要收回国有土地使用权的，对土地使用权人应当给予适当补偿，既包括对土地使用权的补偿，也包括对地上附着物的补偿，而被诉补偿决定遗漏了树木等附着物的补偿。故苏州市国土局作出的行政行为主要事实不清，证据不足。因此，判决撤销被诉补偿决定。

二审人民法院撤销了一审判决并认为涉案地块因规划调整，已不能用于开发建设，华庆公司亦未对涉案地块实际进行开发。故苏州市国土局因公共利益需要收回华庆公司涉案地块国有土地使用权，依照上述法律规定，应当对华庆公司给予适当补偿，即应以华庆公司受让取得涉案地块的价格为基础适当补偿。虽然涉案补偿决定对华庆公司的补偿未包括涉案地块地上附着物等损失的补偿，但补偿决定所确定的补偿数额在弥补上述损失后仍高于华庆公司当时取得涉案地块的价格，故可以认定苏州市国土局已对华庆公司给予了适当补偿。

华庆公司认为案涉评估报告和被诉补偿决定仅以苏州市基准地价确定案涉地块价值和补偿金额，评估价值明显过低；被诉补偿决定确定的补偿金额畸少，不能补偿再审申请人开发案涉地块所形成的实际经营性损失，不符合公平合理补偿原则，因此申请再审。

最高人民法院再审认为：华庆公司虽然依法取得案涉国有土地使用权，但没有进行房地产开发项目建设，《阳澄湖保护条例》修改实施后，案涉土地位于阳澄湖水源水质二级保护区域，苏州市相应控制规划也将案涉地块调整为生态绿地，依法也不能再进行新的房地产开发项目建设，故苏州市国土局依法对案涉国有土地使用权实施收回与补偿程序，不违反法律规定，也有利于保障华庆公司合法财产权。人民法院适用《土地管理法》第58条第2款有关"给予适当补偿"规定，宜结合我国法律规定以及政策精神作统一的法律

---

[1] 本案历审裁判中援引的《土地管理法》均为2004年版本，本文对新《土地管理法》的引用均注明"2019年《土地管理法》"。

解释，即行政主体因公共利益收回国有土地使用权的，收回的土地使用权是以出让方式供应的，应当根据土地面积、剩余土地使用年期、原批准用途、土地开发利用程度、城市规划限制等，参照市场地价水平经专业评估后予以补偿；收回的土地使用权是以划拨方式供应的，参照评估的划拨土地使用权价格，核定土地使用者应有权益后予以补偿；确定补偿标准的基准日，原则上应以行政主体作出收回决定的日期或者以收回土地事宜向社会公告日期为准。

【裁判要旨】

根据《土地管理法》第 58 条第 2 款，为公共利益需要使用土地，提前收回国有土地使用权的，应当对土地使用权人给予适当补偿。收回的土地使用权以出让方式供应的，应当根据土地面积、剩余土地使用年期、原批准用途、土地开发利用程度、城市规划限制等，参照市场地价水平，经专业机构评估后予以补偿；收回的土地使用权以划拨方式供应的，参照评估的划拨土地使用权价格，核定土地使用者应有权益后予以补偿；确定补偿标准的基准日，原则上应当以行政主体作出收回决定的日期或者以收回土地事宜向社会公告的日期为准。

【裁判理由与论证】

本案一审与二审、再审的裁判结果不同，分歧点在于人民法院对"给予适当补偿"的理解不同。一审人民法院以被诉补偿决定遗漏了树木等附着物的补偿为由决定撤销被诉补偿决定；二审人民法院将被诉补偿决定确定的补偿款和华庆公司取得涉案地块的价格进行对比，认为被诉补偿决定虽然遗漏了对附着物等损失的补偿，但补偿款在弥补损失后仍高于华庆公司当时取得涉案地块的价格，故可以认定为适当补偿；最高人民法院认定了苏州市国土局已对华庆公司给予了适当补偿，并作出了更具说服力的裁判。最高人民法院再审认为，"给予适当补偿"应理解为行政主体因公共利益需要收回国有土地使用权，本案收回的土地使用权以出让方式供应，应当根据土地面积、剩余土地使用年期、原批准用途、土地开发利用程度、城市规划限制等，参照市场地价水平经专业评估后予以补偿；确定补偿标准的基准日，原则上应当以行政主体作出收回决定的日期或者以收回土地事宜向社会公告的日期为准而非以华庆公司受让取得涉案地块的价格为基础适当补偿。最高人民法院实际上承认了二审判决结果，认为虽然被诉补偿决定未包括华庆公司的全部损失，补偿标准不当，但补偿数额是适当的，据此驳回了华庆公司的再审申请。

一、华庆公司对案涉被收回国有土地使用权是否有权取得补偿？

根据《土地管理法》第58条第1款第1项规定，为公共利益需要使用土地的，由有关人民政府土地行政主管部门报经原批准用地的人民政府或者有批准权的人民政府批准，可以收回国有土地使用权。苏州市国土局决定收回案涉地块国有土地使用权，与苏州市规划调整具有延续性和一致性，符合因公共利益需要收回国有土地使用权情形。华庆公司虽然依法取得案涉国有土地使用权，但没有进行房地产开发项目建设，《阳澄湖保护条例》修改实施后，案涉土地位于阳澄湖水源水质二级保护区域，苏州市相应控制规划也将案涉地块调整为生态绿地，依法也不能再进行新的房地产开发项目建设。华庆公司因苏州市客观上的规划管制，难以对案涉土地进行房地产开发等项目建设，而苏州市国土局依法启动收回案涉国有土地使用权程序，并对因规划管制而无法开发的土地使用权依法补偿，更加有利于对华庆公司合法权益的保护，华庆公司对案涉财产权损失依法有权获得补偿。

二、如何理解《土地管理法》第58条第2款规定的"给予适当补偿"？

根据《土地管理法》第58条第2款规定，为公共利益需要使用土地，或者为实施城市规划进行旧城区改建，需要调整使用土地，收回国有土地使用权的，对土地使用权人应当给予适当补偿。同时，根据《城市房地产管理法》第20条规定，根据社会公共利益的需要，可以依照法律程序提前收回土地使用者依法取得的土地使用权，并根据土地使用者使用土地的实际年限和开发土地的实际情况给予相应的补偿；根据《中共中央、国务院关于完善产权保护制度依法保护产权的意见》第8条规定，财产征收征用应遵循及时合理补偿原则，给予被征收征用者公平合理的补偿。

因此，结合我国土地和城市房地产管理法律法规规定以及国家依法保护产权政策，对于上述"给予适当补偿"，不宜单纯以法条规定的文义为限，不能静止、孤立、机械地解释为以受让土地价格为基础给予相应补偿，而宜作统一的法律解释。即行政主体因公共利益需要收回国有土地使用权的，收回的土地使用权以出让方式供应的，应当根据土地面积、剩余土地使用年期、原批准用途、土地开发利用程度、城市规划限制等，参照市场地价水平经专业评估后予以补偿；收回的土地使用权以划拨方式供应的，参照评估的划拨土地使用权价格，核定土地使用者应有权益后予以补偿；确定补偿标准的基准日，原则上应当以行政主体作出收回决定的日期或者以收回土地事宜向社会公告的日期为准。

【涉及的重要理论问题】

本案的争议焦点在于：第一，华庆公司对于案涉被收回国有土地使用权是否有权取得补偿；第二，如何理解《土地管理法》第 58 条第 2 款规定的"给予适当补偿"。其中，华庆公司对于案涉被收回国有土地使用权是否有权取得补偿取决于政府行政行为的性质。华庆公司案中涉及两个行政行为，分别是制定《阳澄湖保护条例》并禁止开发建设、收回华庆公司的国有土地使用权，因此需要分别讨论二者是否属于征收抑或管制性征收从而判断是否需对华庆公司给予补偿。第二个争议焦点涉及管制性征收抑或征收的补偿模式或补偿标准、补偿数额问题。此外亦需厘清禁止开发建设和后续收回国有土地使用权的关系以使本文逻辑脉络更加清晰完整。

需说明的是，本案判决生效于 2019 年《土地管理法》实施前，因此本文主要以 2004 年《土地管理法》为研究对象，新法旧法规定不同之处以及新法施行之后对本案所研究问题的影响也会简要论述。

一、管制性征收的概念及认定标准

政府为了减少征收私人财产所需的补偿成本，往往会管制拟征收的私人财产。管制模式可分为禁止制、许可制以及间接管制模式。若政府对拟征收私人财产的管制超过一定限度，就可能构成征收，[1]即"政府对财产管制的终点就是征收的起点"[2]。因此判断管制性征收的概念以及认定标准就是判断这个点在哪里，即管制对私人财产的限制超过何种程度就构成管制性征收。

（一）管制性征收的概念——介于征收和财产权社会义务之间

管制性征收是介于传统征收和财产权社会义务之间的更为开放的概念。[3]管制性征收达不到构成征收的标准，但是其造成的受限程度又超过了一般的财产权社会义务。过分强调财产权社会义务，则会使公民权利得不到必要的保障从而影响市场运行，过分强调私人权利的保护有时又会影响公共利益的实现，因此对管制性征收进行补偿的制度便成为平衡社会公益与私人财产权的一种重要手段。具体来说，管制性征收是指当政府采用强制性权力对私人使用不动产进行管制时，若对私人财产权益造成类似于征收的损失，就应当认为该管制转化为征收，因而对该被管制人财产价值的减损也需要参照征收的标准进行公正补偿的法律制度。该制度与传统征收的最大区别在于它是对不动产利用的管制，与不动产所有权无关。[4]在管制性征收这一问题上，德国和美国的理论体系司法实践都较为成熟。德国在学说体系精细化程度上较为完善，在区分管制性征收和财产权社会义务的基础上形成了财产权实质减少理论、可期待性理论等；美国则通过一系列判例，更加细致地区分了不同种类管制性征收的认定标准以及不属于管制性征收的情形。[5]

美国学者理查德·A.艾珀斯坦提出"政府要收获从别人的限制中产生的收益，但同时不需要承担他人所承受的负担，这两者往往是不能同时兼得的"，[6]因而管制性征收系对公民宪法上所拥有的财产权的肯定。管制性征收

〔1〕　参见刘连泰：《政府对拟征收不动产的管制》，载《法律科学（西北政法大学学报）》2014年第2期，第97页。

〔2〕　刘连泰：《确定"管制性征收"的坐标系》，载《法治研究》2014年第3期，第31页。

〔3〕　殷勤：《公益性收回国有土地使用权的法律性质与补偿模式——管制征收理论之引入与判例发展》，载 https://mp.weixin.qq.com/s/2lowEAZ2pu PVM87S7a_ 2Ew，最后访问日期：2022年7月2日。

〔4〕　参见彭涛：《论美国管制征收的认定标准》，载《行政法学研究》2011年第3期，第132页。

〔5〕　参见林华、俞祺：《论管制征收的认定标准》，载《行政法学研究》2013年第4期，第126页。

〔6〕　[美]理查德·A.艾珀斯坦：《征收——私人财产和征用权》，李昊、刘刚、翟小波译，中国人民大学出版社2011年版，第288页。

制度的构建目的，就是"为了制约国家应征收而不征收，通过行政手段任意干涉财产权行使及侵害私有财产价值的行为，进而形成一套保障公民财产权利的管制征收制度体系"。[1]

（二）管制性征收的认定标准——"权利束"理论、"特别牺牲"理论、实体性正当程序理论以及平均利益互惠理论

管制性征收的认定标准大致分为"权利束"理论、"特别牺牲"理论、实体性正当程序理论以及平均利益互惠理论。房绍坤、王洪平认为管制性征收中涉及的私人权利并非孤立的权利，而是以权利束的形式表现出来。当政府的管制行为侵犯了"权利束"中任意一束权利并造成了不可归因于权利人的不良影响时，就构成管制性征收，即使政府未采取正式的征收程序，宪法意义上也需要对权利人的财产损失进行补偿。政府若未积极主动进行补偿，权利人也可以提起与征收类似的反向征收诉讼，最终由法院来决定政府的补偿义务。[2]林华、俞祺将德国和美国对管制性征收的认定标准区分为基于平等原则的形式标准以及基于干预强度的实质标准进行分析，总结归纳出认定管制性征收的一般模式——其中形式审查标准就是"特别牺牲"理论。该理论认为若私人财产相较于其他类似财产受到了特别负担，则构成管制性征收。[3]"特别牺牲"理论中的"特别"要求管制性征收中的财产往往具有区别于其他同类财产的特性。"特别牺牲"理论中的"牺牲"应当是财产权作为具有社会属性的权利，为公共利益作出的让步。[4]刘连泰对美国联邦最高法院在判断管制性征收标准时综合适用的三个理论进行了详细分析：一是实体性正当程序理论。该理论是用手段与目的之间的必要性来判断阻止财产有害利用的管制是否构成征收的。当私人财产的利用给公共利益造成损害时，政府就

---

[1] 王玎：《论管制征收构成标准——以美国联邦最高法院判例为中心》，载《法学评论》2020年第1期，第171-172页。

[2] 参见房绍坤、王洪平：《从美、德法上的征收类型看我国的征收立法选择——以"公益征收"概念的界定为核心》，载《清华法学》2010年第1期，第85页。

[3] 参见林华、俞祺：《论管制征收的认定标准》，载《行政法学研究》2013年第4期，第130页。

[4] 参见谢立斌：《论财产权的过度限制及其缓和措施——兼评管制性征收制度的借鉴》，载《行政法学研究》2023年第6期，第19页。

会运用公权力对私人财产进行管制，这种公权力必须代表公共利益而非个别人或个别阶层的利益。若政府采取的管制措施对实现阻止财产有害利用的目的而言不正当地压迫了个人权益，不符合必要性原则，就构成管制性征收。[1]实体性正当程序理论在不动产公害管制案件中的运用经历了"对手段与目的之间的必要性进行严格解释的严格适用阶段[2]——对手段与目的之间的必要性进行宽松解释的宽松适用阶段[3]——介于严格适用和宽松适用之间的实质促进标准阶段"的嬗变，其中实质促进标准认为在结合其他因素综合考量的前提下，若政府管制给财产权人施加负担，且没有实质性促进政府目标的实现，那么政府管制就构成管制性征收。二是平均利益互惠理论。该理论是用负担与利益的相当性来判断提升公共福利的管制是否构成征收。若某项提升公共福利的管制措施导致私人所承受的负担大于其得到的利益回报，则可能构成管制性征收。[4]平均利益互惠理论中的利益不仅包括直接的经济利益，还包括间接的社会利益。这种利益须高于一般社会成员的利益，以作为负担的补偿。[5]

笔者在对管制性征收各个理论学说梳理的基础上，总结出管制性征收的形式构成要件和实质构成要件的双阶认定思路。具体来说，管制性征收在形式上表现为政府的某一管制行为客观上对私人财产造成物理性损害，这种损害包括但不限于侵占。这种认定方式存在两种不构成管制性征收的例外：一是管制行为属于经济互惠；二是私人财产权的行使对社会公共利益或他人权益造成妨碍，应履行财产权社会义务的情形。管制性征收在实质上表现为政府的管制行为表面上未对私人财产造成包括侵占在内的物理性损害，但实际上影响了私人对其财产的有效利用或财产价值的充分发挥，形成了私人财产对公共利益的特别牺牲。[6]

---

〔1〕 刘连泰：《确定"管制性征收"的坐标系》，载《法治研究》2014年第3期，第34页。

〔2〕 典型案例如 Dobbins v. Los Angeles, 195 U. S. 223 (1904).

〔3〕 典型案例如 Euclid v. Ambler Realty Co. 272 U. S 365 (1926).

〔4〕 参见刘连泰：《确定'管制性征收'的坐标系》，载《法治研究》2014年第3期，第36-37页。

〔5〕 参见刘连泰：《确定'管制性征收'的坐标系》，载《法治研究》2014年第3期，第38-39页。

〔6〕 参见王珌：《论管制征收构成标准——以美国联邦最高法院判例为中心》，载《法学评论》2020年第1期，第171-172页。

（三）制定《阳澄湖保护条例》并禁止开发建设的行为系管制性征收

华庆公司案中，受《阳澄湖保护条例》以及苏州市相应控制规划的影响，案涉地块被调整为生态绿地，依法不能再进行新的房地产开发项目建设。这对华庆公司依法取得的财产造成了极大的限制。按照"权利束"理论，苏州市人民政府的管制行为侵犯了华庆公司的财产权并导致其取得的地块不能按照其合理预期进行开发建设，构成管制性征收；按照"特别牺牲"理论，华庆公司的案涉地块位于阳澄湖水源水质二级保护区域，属于苏州市生态绿地，为了生态环境保护这一公共利益需要，受到了相较于其他类似地块的特别负担，构成管制性征收；按照实体性正当程序理论，苏州市人民政府将华庆公司依法取得的地块调整为生态保护区并禁止开发建设的管制行为实质上剥夺了华庆公司的财产权，但实际上在不剥夺华庆公司财产权的前提下，政府环保部门通过发函的方式加强房地产开发建设的环境管理等依然可以实现生态环境保护的目的，因此政府管制行为对华庆公司的财产权造成了过度的不利影响，手段与目的之间不符合必要性原则，构成管制性征收；按照平均利益互惠理论，政府管制措施导致华庆公司所承受的负担大于其得到的利益回报，构成应当给予补偿的管制性征收，以平衡其遭受的负担。因此，按照上述四种理论，政府制定《阳澄湖保护条例》并禁止开发建设的行为均属管制性征收，不论是否作出接下来的收回决定。

二、禁止开发建设与收回国有土地使用权的关系

由上文可知，政府禁止开发建设的行为构成管制性征收，接下来需进一步探讨政府后续收回国有土地使用权行为的性质，并对二者之间的关系进行阐述，以便于最终确定补偿模式及补偿数额。

（一）收回国有土地使用权的行为系征收

收回国有土地使用权具有多种性质与多重含义，对其性质理解的不同也决定了补偿模式的差异。有观点认为，收回国有土地使用权是我国特有的法律制度，征收仅指所有权转移，对收回的补偿主要包括土地使用权人支付的

土地使用权价金；[1] 土地征收仅指对农村集体土地所有权的征收。另有观点将公益性收回视为管制性征收，并区别于其他土地使用权收回情形，并认为应当按土地的市价进行补偿。[2]

我国立法中也体现了对收回国有土地使用权性质的不同理解及相应补偿模式的差异。原国家土地管理局于 1997 年作出《关于认定收回土地使用权行政决定法律性质的意见》，规定了多种性质的土地收回。该意见将公益性收回土地使用权的性质界定为行政处理决定，这种定性难以将公益性收回土地使用权与其他收回情形区别开来。

传统观念认为征收对象应仅限于所有权，公益性收回国有土地使用权的作用对象虽不是所有权，但同征收一致的是公益性收回国有土地使用权也表现为政府为实现公共利益而对私人财产权造成不当损害，权利人为公共利益负担了特别牺牲，有权要求政府给予补偿。同时，公益性收回国有土地使用权的被收回对象——用益物权作为被征收对象也有法律依据。根据《宪法》第 13 条第 1 款、第 3 款的规定，国家实施征收的对象除了不动产所有权以外，还包括公民其他的私有财产。因此公益性收回国有土地使用权的"收回"实质是对市场主体依法取得的国有土地使用权实施的征收。

华庆公司案中，政府作出《收回国有土地使用权决定书》，收回华庆公司950 亩国有土地使用权的行为系征收。一方面，从法规范层面来看，国有土地使用权是华庆公司的用益物权，该权利不仅属于《宪法》上的社会经济权利，也被《民法典》明确纳入征收补偿的范围。因此政府收回国有土地使用权的行为实质是对华庆公司依法取得的国有土地使用权实施的征收。另一方面，依学界观点，广义上的征收是国家为了维护公共利益，如经济发展、治安维护等，运用公权力强制取得私人财产，包括财产的所有权、使用权或者劳务，并给予所有权人经济补偿的一种具体行政行为。[3] 本案中，政府因环境保护

---

[1] 参见殷勤：《公益性收回国有土地使用权的法律性质与补偿模式——管制性征收理论之引入与判例发展》，载 https://mp.weixin.qq.com/s/2lowEAZ2puPVM87S7a_ 2Ew，最后访问日期：2022 年 7月 2 日。

[2] 参见王玎：《论准征收形成及其补偿措施》，载《青海社会科学》2021 年第 4 期，第 162 页。

[3] 参见王成栋、江利红：《行政征用权与公民财产权的界限——公共利益》，载《政法论坛》2003 年第 3 期，第 108 页。

对华庆公司拥有使用权的土地进行规划管制并收回土地使用权的行为显然符合上述定义，性质为征收。

（二）禁止开发建设与收回国有土地使用权具有一体性

禁止开发建设与收回国有土地使用权具有一体性是指收回国有土地使用权是禁止开发建设的必然后果。2019年《土地管理法》第58条规定："有下列情形之一的，由有关人民政府自然资源主管部门报经原批准用地的人民政府或者有批准权的人民政府批准，可以收回国有土地使用权：（一）为实施城市规划进行旧城区改建以及其他公共利益需要，确需使用土地的……依照前款第（一）项的规定收回国有土地使用权的，对土地使用权人应当给予适当补偿。"根据上述规定，若权利人保有使用权的土地因规划管制被禁止开发建设，政府有两种做法：第一，收回国有土地使用权并给予权利人补偿；第二，不收回国有土地使用权也不补偿。无法从上述规定解读出政府不收回国有土地使用权并给予权利人补偿的做法。

表面上，禁止开发建设与收回国有土地使用权是两个行为，但实际上，政府因规划管制禁止开发建设的目的并非变更房屋所有权，而是去除国家土地所有权上的他物权负担，并按照规划要求对土地重新开发利用。[1]此外，政府禁止开发建设的行为已经将权利人保有使用权的土地的利用价值归零，权利人继续保留使用权已然无意义。从土地价值利用的效益最大化和充分保障权利人经济利益来看，政府收回国有土地使用权并对权利人作出补偿才是最佳方案。因此，政府因规划管制作出禁止开发建设的行为时，应一并完成土地使用权注销手续和补偿程序，无须将二者割裂开来。

将收回国有土地使用权作为禁止开发建设的必然后果也得到了最高人民法院的肯定。例如，在海南恒通置业开发有限公司、海南省万宁市人民政府再审案[2]中，最高人民法院认为，"根据《自然保护区条例》第18条规定，自然保护区可以分为核心区、缓冲区和实验区，核心区和缓冲区禁止进行任

〔1〕 参见殷勤：《公益性收回国有土地使用权的法律性质与补偿模式——管制性征收理论之引入与判例发展》，载 https://mp. weixin. qq. com/s/2lowEAZ2puPVM87S7a_ 2Ew，最后访问日期：2022年7月2日。

〔2〕 最高人民法院（2020）最高法行再100号行政裁定书。

何形式的开发建设活动。本案中，130021 号国土证项下 202.68 亩土地有 190.66 亩位于禁止开发建设的自然保护区缓冲区内，案涉土地已明显不适宜进行旅游开发。因此，万宁市人民政府依法启动收回案涉国有土地使用权程序，并对因规划管制而无法开发的土地使用权依法补偿，既有利于青皮林的自然保护，也有利于保护恒通公司的合法权益"。

三、管制性征收及征收的补偿模式和补偿数额

当一项财产权限制被法院认定为管制性征收或征收后，随之而来的就是补偿程序，而这一程序的核心问题就是对补偿模式以及补偿数额的认定，具体包括政府采取合理补偿、相应补偿还是完全补偿抑或适当补偿模式，补偿基准日是土地出让时还是收回土地时，即补偿数额的确定是按照权利人受让土地时的成本补偿还是收回土地使用权决定时的市场评估价格补偿，是否需要考虑原土地使用权剩余开发年限等因素。

在解决这些争议点之前需要注意的是，不论是政府制定《阳澄湖保护条例》禁止开发建设这一管制性征收行为还是收回国有土地使用权的征收行为，对于所有权人而言，通常并没有本质上的区别，因为其效果是相同的，都是使所有权人不能再继续享有该项财产为自己带来的便利和价值，因此借鉴征收补偿模式以及标准来确定管制性征收的补偿模式和数额是比较具有可操作性的方法。同时，由上文可知，收回国有土地使用权是禁止开发建设的必然后果，二者本质上是一体的，因此，探讨补偿问题时无须将二者区分开来。

（一）补偿模式：以完全补偿为主，适当补偿为辅

我国法规范以及司法实践中，大致有以下四种模式：

第一，完全补偿。对于公民因为公共利益而受到的特别牺牲，国家都应当予以补偿，标准则是使相对人的财产恢复到完满状态。从保护公民权益的角度来看，这种做法确实是最为公平合理的，但是却可能为国家带来难以承受的经济负担。在适用完全补偿模式的案例中，法院通过对直接损失的扩大解释来对被管制者的间接损失予以补偿，即对于有证据证明的、确定的、将来的损失属于间接损失，法院也将其纳入直接损失中予以保护。例如，在定

安城东建筑装修工程公司与海南省定安县人民政府土地补偿纠纷上诉案[1]中,法院认为利息损失并非间接损失,属于国家应予赔偿的直接损失范畴。

第二,适当补偿。当一项社会义务过度限制了权利人的财产权,则需要给予权利人适当补偿以平衡个人所遭受的损失。[2]适当补偿、减少补偿甚至不补偿间接损失,曾是法律规范中最常见的一种补偿标准,该标准实际上是略低于补偿中的填平原则的要求,即补偿的数额少于因为行政行为所受到的损失数额。本文所讨论的华庆公司案即采适当补偿模式。

第三,相应补偿。相应补偿即行政行为造成了多少损失就补偿多少。例如,《外资企业法》规定国家根据社会公共利益的需要,可以依照法律程序对外资企业实行国有化和征收,并"给予相应的补偿"。相应补偿通常针对直接损失实施相应补偿,对于管制性征收当中普遍存在的一些期待利益损失就无法做到公平补偿。例如,在宋远来与乌鲁木齐市米东区人民政府等房屋征收行政补偿纠纷上诉案[3]中,法院认为针对因征地被毁坏的地上附着物及青苗,宋远来依法应当取得相应补偿费。

第四,合理补偿。该标准与公平合理标准一致,只是在文字表述上方式不同。合理补偿的标准高于相应补偿标准,该标准至少应当等同于行政行为给相对人所造成损失的财产数额。

以上补偿模式区别的实质在于是否对权利人财产的间接损失进行补偿。因此,判断现行司法救济是否支持权利人补偿请求的关键因素就是看法院是否支持对被管制者造成的间接损失予以补偿。笔者认为,土地利用管制及后续收回土地使用权所造成的损失,首先是财产权益的直接损失,如土地利用权益无法行使而产生的损失;其次,有相当一部分是期待利益,即间接利益。承认补偿土地管制及后续收回土地使用权造成的间接损失符合保护土地利用权利的趋势,也能够促进政府谨慎使用管制及收回权力,不随意对公众土地利用权利进行管制及收回。因此,补偿范围应当包括对直接损失和间接损失的补偿。同时,尽管我国目前行政立法中仍然存在补偿标准不统一的问题,

---

[1]　最高人民法院(2012)行提字第26号行政判决书。

[2]　参见张翔:《财产权的社会义务》,载《中国社会科学》2012年第9期,第119页。

[3]　新疆维吾尔自治区高级人民法院(2021)新行终84号行政判决书。

但是发展方向倾向于充分保护公民权益的完全补偿标准。[1]不论从社会发展、权利保护和法治建设考虑，还是从公平正义角度出发，坚持完全补偿标准，应当是未来我国行政补偿的大势所趋，这有利于公民权益的真正实现。但是在此基础上，借鉴适当补偿标准的灵活性仍然是十分必要的，在管制性征收和征收的补偿问题上尤其如此，至少在政府的限制行为虽为公民带来损害，但也带来经济利益的情况下，应当以损益相抵的方式减轻政府的补偿责任。

（二）补偿数额：参考收回土地使用权时的市场价并综合考虑各因素

在确立了补偿模式后，随之而来的就是补偿数额的认定。补偿数额认定的争议点包括补偿基准日是土地出让时还是收回土地时，即补偿数额的确定是按照权利人受让土地时的成本补偿还是收回土地使用权决定时的市场评估价格补偿，以及是否需要考虑原土地使用权剩余开发年限等。

关于补偿基准日的确定，司法实践中存在不同观点。华庆公司案中，二审判决认为对华庆公司给予适当补偿，即应以华庆公司受让取得涉案地块的价格为基础适当补偿，但最高人民法院认为这不符合《土地管理法》第58条第2款的原意，也与双方当事人意思表示不符并认为补偿基准日应以行政主体作出收回决定的日期或以收回土地事宜向社会公告日期为准。

笔者认为，补偿基准日应以收回国有土地使用权的日期为准，即按照市场价格进行补偿。第一，在市场经济条件下，被征收人对补偿数额的预期在很大程度上受到该项财产在市场上交易价格的影响，而按照财产的市场价格进行补偿，对征收或被征收方而言都是比较合理的定价方式，也更能为双方所接受。第二，根据上文的分析，收回国有土地使用权的征收行为是禁止开发建设的管制性征收行为的必然后果，二者本质上是一体的，在探讨补偿问题时应参考征收的相关规定一并讨论。征收采用市场价格补偿方式，因此政府因公共利益需要禁止开发建设并收回国有土地使用权时，也应参考市场价格给予权利人补偿，而非成本价。第三，参考市场价格进行补偿也有法规范

---

〔1〕 从法规范的变迁中可以看出补偿标准的发展趋势。例如，1998年《防震减灾法》和2004年《土地管理法》中都将标准设定为适当补偿，而在2011年《国有土地上房屋征收与补偿条例》中尽管没有明确写出，但实际上采取的是完全补偿的标准。

依据。根据《国有土地上房屋征收与补偿条例》第 19 条第 1 款[1]以及《自然资源部办公厅关于政府原因闲置土地协议有偿收回相关政策的函》的规定[2]，补偿数额的确定应当参照被收回土地的市场价确定补偿数额，并且不得低于权利人受让土地的成本。

关于是否需要考虑原土地使用权剩余开发年限等，耿宝建、张巧云认为，对权利人给予补偿时，在参考市场价格的基础上，要考虑原土地使用权剩余开发年限、土地的具体用途等多种因素。[3]原土地使用权剩余开发年限影响着该地块使用权的时间价值。《城镇国有土地使用权出让和转让暂行条例》第 12 条规定，土地使用权出让最高年限按用途确定：居住用地七十年；工业用地五十年；教育、科技、文化、卫生、体育用地五十年；商业、旅游、娱乐用地四十年；综合或者其他用地五十年。第 41 条规定，土地使用权期满，土地使用者可以申请续期。需要续期的，应当依照该条例第二章的规定重新签订合同，支付土地使用权出让金，并办理登记。土地的具体用途决定了该地块可发挥的效用，也影响着该地块的使用价值。比如，用途为居住、商业的地块使用价值一般高于工业、仓储用地。《城镇国有土地使用权出让和转让暂行条例》第 18 条规定，土地使用者需要改变土地使用权出让合同规定的土地用途的，应当征得出让方同意并经土地管理部门和城市规划部门批准，依照有关规定重新签订土地使用权出让合同，调整土地使用权出让金，并办理登记。

综上所述，在确定补偿数额时应当以收回土地使用权之日为补偿基准日，参考收回土地使用权时的市场价格，并考虑原土地使用权剩余开发年限等因素综合确定。

---

[1] 《国有土地上房屋征收与补偿条例》第 19 条第 1 款规定："对被征收房屋价值的补偿，不得低于房屋征收决定公告之日被征收房屋类似房地产的市场价格。被征收房屋的价值，由具有相应资质的房地产价格评估机构按照房屋征收评估办法评估确定。"

[2] 该函规定："需要协议收回闲置土地使用权的，应当遵循协商一致和合理补偿的原则；有偿收回的补偿金额应不低于土地使用权人取得土地的成本，综合考虑其合理的直接损失，参考市场价格，由双方共同协商确定。"

[3] 耿宝建、张巧云：《最高法会议纪要：依法提前收回国有土地使用权的补偿标准》，载 https://mp.weixin.qq.com/s/L1YGnVrPabsWCvBZU3lO5w，最后访问日期：2023 年 10 月 15 日。

【后续影响及借鉴意义】

华庆公司案可被视为管制性征收的典型案例。该案判决承认了华庆公司基于规划调整产生的损失补偿请求权，由此发展出了政府因规划管制对私人财产造成物理占有之外的客观限制而后收回土地使用权时的补偿义务。这表明司法实践中已经将此种补偿义务视为管制性征收补偿义务。但由于《土地管理法》没有相关规定，所以人民法院并未直接采用管制性征收的表述，而是借由"收回国有土地使用权与立法和规划调整具有延续性和一致性"来表达符合公共利益需要这一前提条件。这与我国的横向权力配置有关，人民法院只能依法裁判而不能积极制定规则。

本案判决影响深远，在汪慧芳诉龙游县人民政府行政征收案[1]中，最高人民法院的裁判也体现了司法实践对管制性征收概念的逐步接纳以及征收概念的开放化趋势。最高人民法院在裁判中明确指出，"由于龙游县人民政府已经收购了该街区的绝大部分房屋并正在进行成片的拆除改造，汪慧芳户的居住环境和经营环境已经因为涉案收购和拆除行为发生了巨大变化，其所从事的商业经营活动实际上已经停止；特别是龙游征管办委托的房屋拆除公司实施的破坏性拆除行为，既严重影响汪慧芳房屋的安全性、舒适性，也造成房屋周围居住环境与商业功能基本丧失。在此情形下，龙游县人民政府因自己的先行行为而产生了对汪慧芳房屋进行征收并补偿的附随义务或者赔偿房屋价值的附随义务……汪慧芳依法具有选择征收补偿程序或者侵权赔偿程序的权利"。

同时华庆公司案中所确立的补偿模式及补偿数额的认定方式也影响了后案补偿模式及补偿数额的认定。华庆公司案中的补偿是适当补偿，即依据土地用途等多种因素，参照市价评估后确定补偿数额。在后续的汪慧芳等案件中，法院也明确指出应以市场评估价作为基准，一并考虑其他因素。

同样值得关注的是，2019 年《土地管理法》的出台，将影响管制性征收

---

[1] 最高人民法院（2018）最高法行申 2624 号行政裁定书。

的认定。2019 年《土地管理法》第 45 条〔1〕明确界定了公共利益，而作为管制性征收前提条件的公共利益的明确也使得管制性征收在个案中的认定更加有法可依。同时 2019 年《土地管理法》相较于 2004 年《土地管理法》在补偿标准上更加细化，第 48 条规定了"征收土地应当给予公平、合理的补偿"标准，但该补偿规定仍十分粗糙，存在诸多可解释空间。此外，2019 年《土地管理法》也未将"管制性征收"这一概念以法律形式确定下来，随着实践中越来越多的管制性征收案件逐渐涌现，管制性征收如何在中国本土落地生根仍有待观察。

（指导教师：马允　中国政法大学法学院副教授）

---

　　〔1〕　2019 年《土地管理法》第 45 条规定："为了公共利益的需要，有下列情形之一，确需征收农民集体所有的土地的，可以依法实施征收：（一）军事和外交需要用地的；（二）由政府组织实施的能源、交通、水利、通信、邮政等基础设施建设需要用地的；（三）由政府组织实施的科技、教育、文化、卫生、体育、生态环境和资源保护、防灾减灾、文物保护、社区综合服务、社会福利、市政公用、优抚安置、英烈保护等公共事业需要用地的；（四）由政府组织实施的扶贫搬迁、保障性安居工程建设需要用地的；（五）在土地利用总体规划确定的城镇建设用地范围内，经省级以上人民政府批准由县级以上地方人民政府组织实施的成片开发建设需要用地的；（六）法律规定为公共利益需要可以征收农民集体所有的土地的其他情形。前款规定的建设活动，应当符合国民经济和社会发展规划、土地利用总体规划、城乡规划和专项规划；第（四）项、第（五）项规定的建设活动，还应当纳入国民经济和社会发展年度计划；第（五）项规定的成片开发并应当符合国务院自然资源主管部门规定的标准。"

案例四　行政征收中公共利益的判断

——郭鸿昌诉鄞州区人民政府房屋行政征收案

石佳乐 *

【案例名称】

郭鸿昌诉鄞州区人民政府房屋行政征收案［最高人民法院（2017）最高法行申 4693 号裁定书］

【关键词】

行政征收　公共利益　正当程序　不确定法律概念

【基本案情】

2016 年 1 月 25 日，某公司向原宁波市江东区房屋征收管理办公室（以下简称江东征管办）提交潜龙危旧房改造项目国有土地上房屋征收申请。2016 年 1 月 26 日，潜龙社区居民委员会出具说明，内容为该社区房屋多建于 20 世纪 80 年代，房龄老旧，基础设施落后，房屋存在安全隐患，是城区积水最严重的社区之一。

江东征管办审核相关申请资料后，组织房屋权属等情况的调查登记，向被征收人公布调查登记结果，后拟定了房屋征收补偿方案上报原宁波市江东区人民政府（以下简称江东区政府）。2016 年 3 月 10 日，江东区政府组织有

---

* 作者简介：石佳乐，中国政法大学法学院宪法学与行政法学专业 2022 级硕士研究生。

关行政主管部门对上述房屋征收补偿方案进行了论证，认为需征收项目符合《国有土地上房屋征收与补偿条例》（本文以下简称《征补条例》）第 8 条第 5 项公共利益情形的规定。

2016 年 3 月 15 日，江东区政府和江东征管办在拟征收范围内分别张贴征求意见公告和征询意愿公告。同年 3 月 23 日，江东征管办在征收范围内张贴征收意愿征询结果公告，明确该次意愿征询投票权数为 175 票，同意率为 99.4%。2016 年 4 月 15 日，江东区政府召开该项目社会稳定风险评估会议，认为涉案项目社会稳定风险等级为低风险。2016 年 4 月 19 日，江东区政府召开常务会议，会议原则同意潜龙棚改地块征收决定。同年 4 月 20 日，江东区政府作出东政房征决〔2016〕第 5 号房屋征收决定，并于次日在征收范围公告及《宁波日报》上刊登。

此外，因行政区划调整，江东区政府的行政职权变更由鄞州区人民政府行使。

郭鸿昌的房屋处在征收范围内，其认为该项目的征收不属于公共利益项目，遂诉至浙江省宁波市中级人民法院，一审判决驳回郭鸿昌的诉讼请求。

一审法院认为，江东发改局等机关出具的相关材料等反映出涉案项目地块属于旧城区，危房集中、基础设施落后，江东区政府基于改善市民居住条件、完善市政设施，推进旧城改造的需要作出被诉房屋征收决定，符合《征补条例》第 8 条第 5 项确需征收房屋的规定。涉案项目已被纳入宁波市江东区 2016 年国民经济和社会发展年度计划，其土地的使用符合土地利用总体规划，被诉房屋征收决定的作出符合国民经济和社会发展规划、土地利用总体规划、城乡规划和专项规划、控制性详细规划。江东征管办收到宁波市建东置业有限公司的房屋征收申请后，对征收范围内的房屋权属、用途、建筑面积等情况进行调查登记并公布结果后，拟定房屋征收补偿方案，上报区政府。……涉案项目的征收意愿同意率达 99.4%。江东征管办及时将征询意愿征询结果进行公告，江东区政府组织有关部门对征收补偿方案进行论证后予以公布征求公众意见，而后及时公布了征求意见情况及征收补偿方案修改情况，并进行了社会稳定风险评估。被诉房屋征收决定作出前，江东征管办已书面通知有关部门暂停办理征收范围内有关房屋新扩建等相关手续。江东区政府经政府常务会议讨论决定后，作出被诉房屋征收决定，并在《宁波日报》和征收范围内公告，程序合法。

郭鸿昌不服，提起上诉，浙江省高级人民法院以基本相同的事实和理由，判决驳回上诉，维持一审判决。郭鸿昌向最高人民法院申请再审。最高人民法院裁定驳回郭鸿昌的再审申请。

【裁判要旨】

国有土地上房屋征收决定的审查，应当按照《征补条例》的规定依法进行。一般应审查建设项目是否基于公共利益的需要、建设活动是否符合一系列规划、征收补偿方案是否已经公布并根据公众意见修改公布、是否已进行社会稳定风险评估，征收补偿费用是否已经足额到位、专户存储、专款专用。

由于公共利益属于典型的不确定法律概念，建设项目是否符合公共利益的需要，一方面，应主要由立法判断，即只有立法明确列举的建设项目才属于公共利益的需要；另一方面，对于立法规定不明确或者可能认识有分歧的，则宜尊重通过正当程序而形成的判断，地方人大及其常委会、绝大多数被征收居民同意的建设项目，应当认为属于公共利益的需要。尤其在以征收形式进行旧城区改建，既交织公共利益与商业开发，也涉及旧城保护与都市更新，更应尊重拟征收范围内被征收人的改建意愿；大多数或者绝大多数被征收人同意改建方案的，即可以认为建设项目符合公共利益的需要。[1]

【裁判理由与论证】

最高人民法院在说明征收决定合法性审查的要素后，着重通过正当程序说明公共利益这一典型的不确定法律概念具体化的合法性，并说明本案中的征收行为是否满足其他要件。

一、征收决定的合法性审查要素

最高人民法院首先说明应当从哪些方面审查征收决定的合法性："国有土

---

〔1〕 参见最高人民法院第三巡回法庭编著：《最高人民法院典型行政案件裁判观点与文书指导》，中国法制出版社 2018 年版，第 534-535 页。

地上房屋征收决定影响众多被征收人合法权益，事关建设项目的顺利推进和社会和谐稳定，人民法院对征收决定的审查，应当按照《征补条例》的规定依法进行。人民法院一般应审查建设项目是否基于公共利益的需要、建设活动是否符合一系列规划、征收补偿方案是否已经公布并根据公众意见修改公布、是否已进行社会稳定风险评估、征收补偿费用是否已经足额到位、专户存储、专款专用。"

二、本案是否满足公共利益要件

最高人民法院其次说明本案是否满足公共利益要件："由于公共利益属于典型的不确定法律概念，建设项目是否符合公共利益的需要，一方面应主要由立法判断，即只有立法明确列举的建设项目才属于公共利益的需要；另一方面，对于立法规定不明确或者可能认识有分歧的，则宜尊重通过正当程序而形成的判断，地方人大及其常委会、绝大多数被征收居民同意的建设项目，应当认为属于公共利益的需要。尤其是以征收形式进行的旧城区改建，既交织公共利益与商业开发，也涉及旧城保护与都市更新，更应尊重拟征收范围内被征收人的改建意愿；大多数或者绝大多数被征收人同意改建方案的，即可以认为建设项目符合公共利益的需要。本案中，江东征管办就涉案项目征询了被征收人的征收意愿，并由浙江省宁波市永欣公证处对征询工作进行公证。经统计，涉案项目的征收意愿同意率达 99.4%，充分证明案涉项目反映了公共利益。郭鸿昌有关涉案地块不属于公共利益项目的再审申请，不能成立。"

三、本案是否满足征收的其他要件

最高人民法院最后说明本案是否满足其他法定要件："案涉项目已根据《征补条例》的规定，事先被纳入国民经济和社会发展年度计划。江东区政府在一审中也提供了建设符合相关规划的证据材料，项目申请材料中已经包括：符合江东区国民经济和社会发展规划的证明（一般性项目）、符合江东区国民经济和社会发展年度计划的证明（旧城区改建项目）、符合城乡规划（专项规划）、符合土地利用总体规划的证明等。江东区政府在发布房屋征收范围公告后，也组织有关部门对征收补偿方案进行论证，并将征收补偿方案予以公布并征求公众意见，公布征求意见情况和修改情况，并进行了社会稳定风险评估，也对征收范围内房屋权属、建筑面积等情况进行调查登记并公布结果，相关房屋征收补偿资金专款已足额存入专户；江东区政府经常务会议讨论通过后作出被诉征收决定并依法予以公告。该征收决定符合《征补条例》的规定，一、二审法院分别判决驳回郭鸿昌的诉讼请求和上诉，符合法律规定。"

基于以上理由，最高人民法院裁定，郭鸿昌的再审申请不符合《行政诉讼法》第91条规定的情形，法院依照《行政诉讼法》第101条、《民事诉讼法》第204条第1款之规定，裁定驳回再审申请人郭鸿昌的再审申请。

【涉及的重要理论问题】

本案中，原告以征收不满足公共利益要件为由，请求法院撤销案涉征收行为，而最高人民法院裁判以征收决定经过的特定程序为由认定本案征收决定满足公共利益的要求。本案涉及的核心问题即为作为不确定法律概念的公共利益的解释路径与法院的审查方式。对不确定法律概念的要件研究旨在服务于规范适用，行政法的适用包括行政适法和司法复审两个层面。以下将以服务规范适用为导向，在说明不确定法律概念构造的基础上，结合本案中公共利益这一不确定法律概念的认定，说明行政适法如何具体化不确定法律概念和司法如何对行政机关具体化的不确定法律概念进行复审。

一、不确定法律概念的内外部构造

不确定法律概念的构造包括内外两个方面，前者指不确定法律概念与行政裁量的关系，后者指不确定法律概念自身的结构。厘清前者旨在服务于对照裁量说明不确定法律概念具体化和审查方法，说明后者则服务于在不确定法律概念的谱系中"公共利益"的定位。

（一）不确定法律概念与裁量的关系

完整的法律规范包括要件与效果两部分，立法者往往于效果部分通过"可以"等设置决定裁量，并通过不同效果的选择性并列设置选择裁量，此属于立法者设置的规范适用者根据个案进行灵活处理的空间，故法院对行政机关的裁量不进行代为实体判断的审查。而构成要件部分中的法律概念的内涵亦非完全确定，即所谓的不确定法律概念。科赫认为，对不确定法律概念的理解困难是因为存在多义性或模糊性的障碍，前者指概念因其本身具有的多重可能意涵而具有不确定性，后者指概念存在的肯定判断和否定判断较为明晰，但在可否之间存在中立性的模糊地带。[1]

而学界就不确定法律概念是否为所谓要件裁量这一问题争论已久。认为裁量和不确定法律概念存在本质差别的观点起源于德国。[2]该说认为行政裁量仅限于效果裁量，进而对不确定法律概念原则进行全面审查，而对裁量原则仅作适当性判断。日本通说则承认不确定法律概念属于裁量，[3]但也因裁量所处位置的不同而采取差异化的审查力度和对应的审查方法。[4]在德国及继受其法学体系的国家之外，学说普遍不承认不确定法律概念和裁量的区分，如法国法自裁量与行政机关自由评价选择理论形成之始，即未将要件事实的评价判断与法律后果的选择相区分。[5]除通说外，尚有多种学说争议。以德国为例，其存在对通说进行批判的统一裁量理论和统一法适用理论，前者又包括区分要件裁量和效果裁量、只承认要件裁量和将裁量作为法的具体化三种学说。[6]

是否将不确定法律概念作为裁量的一种，实际上是在处理行政和司法的权限分配。在区分二者的情况下，不确定法律概念的解释只是法律问题，行政和司法都是在探寻唯一正解，司法享有最后判断权。在不区分二者的情况下，不确定法律概念的解释也是裁量的一种，法院审查行政机关就不确定法律概念的解释和审查行政机关就法律后果的裁量别无二致，需要尊重行政机关的首次判断权，在明显不当情形下方可予以变更。与之类似，前述学理争

---

〔1〕 参见王天华：《行政法上的不确定法律概念》，载《中国法学》2016年第3期，第76-78页。

〔2〕 参见［德］哈特穆特·毛雷尔：《行政法学总论》，高家伟译，法律出版社2000年版，第132-144页。

〔3〕 参见［日］盐野宏：《行政法总论》，杨建顺译，北京大学出版社2008年版，第82-86页。

〔4〕 参见王贵松：《行政裁量的构造与审查》，中国人民大学出版社2016年版，第153页。

〔5〕 参见黄源浩：《法国战前行政裁量理论：以行政任务与司法审查之范围为中心》，载《台湾大学法学论丛》2007年第4期，第189-192页。

〔6〕 参见盛子龙：《行政法上不确定法律概念具体化之司法审查密度》，台湾大学1998年博士学位论文，第24-79页。

议中的统一法适用理论将行政机关进行的效果裁量，视为一种不断补充构成要件的过程，[1]此亦有强化法院对行政裁量权限拘束的作用。

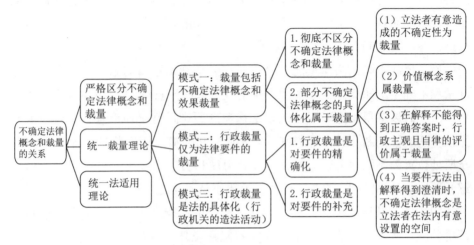

图1　不确定法律概念和裁量的争议（盛子龙教授归纳）

应当承认区分不确定法律概念和裁量的观点具有妥当性。一方面，绝大部分法律概念都存在模糊地带，不仅"危害后果轻微""公共利益""重大影响"等概念的含义并不清晰，连"地热"这一看似确定的概念的内涵也存在相当争议。若都将其视为裁量的一种，会使得法院在审查上过于处于劣势，不利于行政法限权目的的实现。并且裁量所适用比例原则等难以适用于不确定法律概念的解释，而适用于不确定法律概念解释的文义、体系、目的和历史的解释方法也不契合于指导裁量权的行使。另一方面，如果将要件和效果都视为法律适用的一种，进而对之进行最大程度审查，又会压缩行政积极形成的空间。是故，仍需对要件和效果的审查进行合理区分，以妥当划定行政和司法的权限分配，德国学界区分不确定法律概念和裁量的通说有其合理性。

（二）不确定法律概念的内部构造

由于部分不确定法律概念涉及高度专业性或属人性的判断，行政机关应

---

〔1〕　参见盛子龙：《行政法上不确定法律概念具体化之司法审查密度》，台湾大学1998年博士学位论文，第39-43页。

享有类似裁量的不容司法机关代为判断的空间，即所谓判断余地。比较法上沃尔夫的估测特权理论、乌勒的接受可能性理论均指向如何确定行政机关适用不确定法律概念时享有的不受司法审查的空间，与巴霍夫的判断余地理论殊途同归。法院对于具有判断余地的不确定法律概念并非完全不予审查，而是不进行其他不确定法律概念审查时采取的代为实体判断方式的审查。法院在行政机关就不确定法律概念的解释具有可接受性时，即予以尊重。[1]

而就何种不确定法律概念具有判断余地，存在从事物本质出发的适当性理论和评价特权理论与从实体法规授权观点出发的规范授权理论等观点。前者强调在概念本身不存在唯一正确解释或法院无能力就不确定概念进行判断时存在判断余地，后者强调判断余地的存在与否取决于立法者对行政活动的权限安排，在立法者将部分概念的解释最终授权于行政机关时存在判断余地。尽管不同学说均具有一定说服力，但亦均存在模糊之处，未能提出确切的区分标准。实践中，就何类不确定法律概念具有判断余地，是在司法判决中得以确定和类型化的，如考试成绩等不可代替的决定，又如独立专家及委员会作出的决定，还如预测决定、计划决定与具有高度专业性和技术性的决定。[2]

（三）公共利益属于具有判断余地的不确定法律概念

本案中的公共利益属于典型的不确定法律概念。公共利益这一概念在利益内容和受益对象两个方面均具有不确定性，前者指向利益存在与否的判断，后者指向利益是否归属于公共的判断。就利益内容而言，利益是否存在与主体的观念存在密切关系，不同主体就同一对象中是否存在利益的认识可能并不相同，并且国家和社会发展也会使得利益内容发生变迁，故是否存在公共利益本质是在进行价值判断。就受益对象而言，有观点以地区的绝大多数人的利益作为公共利益，还有观点以公共利益的不确定性和其与国家任务的关系判断公共性的有无。而行政机关作为公共利益在房屋征收中，不仅促进经

---

〔1〕 参见张福广：《德国行政判断余地的司法审查》，载《行政法学研究》2017年第1期，第131-144页。

〔2〕 参见陈清秀：《依法行政与法律的适用》，载翁岳生主编：《行政法》，元照出版公司2020年版，第261-267页。

济发展或优化区域环境等是否属于此处的利益并不确定，且以何种方式分配的利益才满足公共性的要求亦不确定。是故，公共利益属于不确定法律概念。

并且，本案中公共利益这一不确定法律概念具有专属于行政机关的判断余地。在裁量理论的发展史上，就法院为何不能对行政机关的裁量进行全面审查，有观点认为法官进行的法律适用是以法为前提，以维持法律秩序为目的，而行政机关的法律适用则是以公共利益为前提，以实现公共利益为目的，而裁量赋予了行政机关积极追求公共利益实现的空间。贝尔纳齐克即认为立法者将裁量赋予行政机关就是因为行政机关能就何者与公共利益相一致作出最佳判断。[1]尽管以是否追求公共利益区分行政适法和司法适法亦受到了相当批判，但行政机关在公共利益判断上具有的优势这一点并无疑义。尽管司法也通过法律适用最终指向公共利益的实现，但维护法秩序是其首要目的，故合法性审查是行政诉讼的核心原则，公共利益仅在必要时得以出场，如以实现公益而适用情况判决。但行政机关不仅在法拘束范围下仍有相当广阔的活动空间，其在自主空间内的积极活动即为了公共利益的实现。且行政机关在行政过程中掌握公共利益判断所需的各类信息，在公共利益的判断上具有独特优势。是故，应当认为公共利益具有专属于行政机关的判断余地，法院不宜代为进行实体判断。

二、不确定法律概念的具体化方式

不确定法律概念的具体化是指如何明晰概念内涵，使之能够明确适用于个案。尽管具体化更多指向概念解释，但由于涵摄本身是在概念解释和案件事实归入之间来回往复的过程，个案事实也是应当概念解释的结果，所谓个案规范理论即指向此。[2]故本处主要说明作为不确定法律概念的解释方式，但亦附带说明如何将案件事实涵摄进入概念之中。

---

〔1〕 参见 ［日］田村悦一：《自由裁量及其界限》，李哲范译，中国政法大学出版社 2016 年版，第 11 页、第 16-17 页。

〔2〕 参见 ［德］托马斯·M. J. 默勒斯：《法学方法论》，杜志浩译，北京大学出版社 2022 年版，第 181-184 页。

（一）具体化基础：不确定法律概念的三分

对不确定法律概念进行具体化需要在对不确定法律概念类型化的基础上进行，一般认为不确定法律概念可以分为经验概念和价值概念，[1]也有观点采三分法，将不确定法律概念分为经验概念、价值概念和倾向概念。其中经验概念指基于经验判断的概念，前述"地热"即为所谓经验概念。价值概念指需要进行价值评价而非客观事实描述的概念，如"良好的政治素质和道德品行"。倾向概念指对于未来某种情况的预测，如"可能危及国家安全、公共安全、经济安全、社会稳定的政府信息"。倾向概念并不能为价值概念和经验概念所完全涵盖，其指未来某种情形发生的可能和就既存对象进行描述及评价存在差异，故后一种分类更为周延。

当然，前述概念的分类并非绝对，三者存在交叉空间和转化可能。第一，评价概念本质上是面向未来的价值概念和经验概念的结合，一方面，判断未来是否可能发生某种情形需要依据既有资料和现实状况，带有经验判断的色彩。另一方面，倾向概念就未来某情形的描述往往带有评价色彩，如某一情形是否危及三安全一稳定，即取决于不同的安全观。第二，经验概念和评价概念也非截然二分，经验概念的判断的展开往往是存在价值预设的，而价值概念也可以转化为经验概念。比如，就某一类资源属于"地热"还是属于"地下水"的判断，本属经验概念的判断，但决定了该类资源的利用和保护方式，进而进行了不同的利益分配，也并非完全去价值化的。又如，"良好的政治素质和道德品行"这一评价概念的具体化也可以借助经验概念，如具有犯罪记录这一事实即可成为判断该价值概念是否满足的排除性事由。

（二）具体化的两个层面：解释基准和个案适用

不确定法律概念的具体化包括解释基准和个案适用两个层面，具体方式则包括实体进路和程序进路，于此先说明具体化的两个层面。

第一，行政机关通过以规范性文件出现的解释基准对不确定法律概念进行具体化，解释性基准仅具事实效力，可被逸脱适用。

---

[1] 参见王贵松：《行政裁量的构造与审查》，中国人民大学出版社2016年版，第60页。

解释基准主要以规范性文件的形式出现，对不确定法律概念进行一般性的具体化。尽管法规规章可以对上位法中的概念进行解释，但由于二者本身即属于法的一种，不仅对相对人具有规范效力，而且可以拘束行政诉讼中的法院。故其对上位法中不确定法律概念进行的解释，毋宁说是一种具有法效性的细化规定，而非仅供个案参考的基准。

和裁量基准相似，以规范性文件出现的解释基准仅具有事实效力，并不具有法效性。[1]就基准的效力如何，学说争议颇多。具体而言，包括认为基准对内外都具有法的拘束力，对内有法的拘束力和对内外均无法拘束力三种学说。第一种观点认为，基准对内、对外都具有法效力。[2]第二种观点认为，基准对内具有法律拘束力，进而对外具有间接效力。[3]第三种观点认为，基准对内对外都无法律拘束力，但基于平等原则和信赖保护而具有事实的拘束力，相对人亦可以通过援引三原则使得基准被适用。[4]

我国《立法法》仅就法律、法规和规章进行了规定，规范性文件未被纳入法源，其在行政诉讼中亦无法成为裁判依据。故以规范性文件形式制定的基准并不能普遍约束法院和相对人。前述主张基准具有内部的法律拘束力的观点，忽视了法律拘束力强调的是一种被普遍遵循和适用的能力，难言某一规范对执行者具有法律拘束力，而对被执行者则无法律拘束力，亦即不能将法律拘束力割裂开来。故裁量基准不具有法律拘束力。但是由于以下两点，基准对内对外都具有事实拘束力。基准的内部事实拘束力直接来自科层制内上级对下级机关的约束，间接来自前述三个原则的转化。裁量基准的外部事实效力，在于相对人可以以前述原则主张基准的适用。[5]之所以称其效力为事实拘束力，而非法律拘束力，是因为基准的效力源于其他有拘束力原则和

---

[1] 由于实践中常以裁量基准概括指称不确定法律概念的解释基准与效果裁量基准，二者基本具有相似的效力，于此将其并称为基准。

[2] 参见王锡锌：《自由裁量权基准：技术的创新还是误用》，载《法学研究》2008年第5期，第40页。

[3] 参见周佑勇：《作为行政自制规范的裁量基准及其效力界定》，载《当代法学》2014年第1期，第36-37页。[日] 平冈久：《行政立法与行政基准》，宇芳译，中国政法大学出版社2014年版，第204-205页。

[4] 参见王贵松：《行政裁量的构造与审查》，中国人民大学出版社2016年版，第105-111页。

[5] 参见王贵松：《行政裁量的构造与审查》，中国人民大学出版社2016年版，第105-111页。

规则的转介，是其适用的反射效果。

第二，行政机关在个案法律适用中，不论是否存在基准均应当就个案是否能被涵摄进概念中进行判断。不确定法律概念的适用包括解释和涵摄两部分，解释基准只是对不确定法律概念进行了具体化。在个案中，行政机关不仅要解释未纳入解释基准的不确定法律概念，而且需要对解释基准中的不确定法律概念进行再解释。在解释之外，行政机关还需要将个案情形涵摄入概念之中，故解释基准的出现不能免除行政机关在个案中进行法适用的义务。在存在解释基准的情形下，由于基准仅基于反射效果而具有事实效力，直接发挥效力的行政法原则，如果解释基准的适用有违前述原则，则基准不必被严格适用。

（三）　具体化的两条进路：实体进路和程序进路

行政机关就不确定法律概念的具体化存在实体和程序两条进路，后者特别适用于具有判断余地的不确定法律概念的具体化。

第一，实体进路指行政机关通过下定义或案例类型化的方式具体化经验概念和通过去价值化的方式具体化价值概念，以及以两类方式的结合具体化倾向概念。首先，通过精确数字等方式对如"地热"等概念进行定义，可以消除概念的模糊地带的存在，使得是与非之间的边界便不再模糊。此外，对于部分不宜通过精确数字定义的经验概念，通过稳定的法律适用可以形成案例类型，进而基于合理预期保护原则和平等原则对行政机关形成拘束，以保障相对人对规范一致性适用的合理预期。[1]其次，去价值化，亦称除规范化，是对价值概念做预先处理，使其可以通过事实判断推定价值判断的满足。前述将犯罪记录作为品德良好消极要件即去价值的一种处理方式。

第二，程序进路指行政机关并不着力于说明不确定法律概念的内涵以及其如何进行涵摄，而通过设置恰当的判断过程，以过程的合理性说明其对不确定法律概念适用的正确性，如根据专家委员会的意见作出具有带有高度技术性的判断。

程序进路本质是发挥了正当程序的实体判断妥当性确保功能。英美法治

---

〔1〕　参见王贵松：《行政裁量的构造与审查》，中国人民大学出版社 2016 年版，第 61 页。

下的正当程序原则经历了从普通法上的不成文规则到进入美国宪法文本，从仅具程序内涵的正当程序到实体性正当程序，从实体性正当程序以经济为主要适用领域到以社会为主要适用领域三个阶段。在这个过程中，正当程序发挥了超越程序的多种功能，一是实现程序的正当，此即程序目的价值；二是控制实体决定的作出过程以保障实体决定的正当，此即程序的工具价值；三是作为实体决定的实体妥当性审查基准，此即实体性正当程序发挥的功能。本处的程序进路，使得正当程序成为判断实体正当与否的标准，属于前述程序具有的第二种功能。之所以会将程序作为部分不确定法律概念适用适当与否的判断标准，是因为部分不确定法律概念的适用需要高度专业的技术知识，不仅法院无力作出实体正当性的判断，行政机关亦无力仅凭其能力作出妥当判断，而需借助程序设置确保判断过程的合理，以过程的合理推定结果的适当。

（四）本案涉及个案适用层面公共利益具体化的程序进路

具体到公共利益这一概念，其属于典型的价值概念，可在前述两个层面上，通过两种路径予以具体化。拆迁过程中何种情态属于利益，且归属于何种主体的利益属于公共利益并非客观事实的描述，而需要法律适用者进行价值判断。并且，尽管公共利益是经由此后拆迁行为实现的，但此并非或然性的预测，而更多是对必然发生情形的评价。例如，拆迁过后居住环境的改善并非或然，需要评价的是居住环境改善是否属于公共利益。故公共利益并非经验概念或倾向概念，而是价值概念。本案中，法院所审查的行政机关对公共利益的具体化，处于个案适用层面。而行政机关未采取对公共利益进行实体解释，而是通过征询意见等程序进路判断个案中公共利益的满足。

三、司法对不确定法律具体化的审查

行政适法是法律第一次适用，司法是对行政适法的复审。复审行政机关在个案中就不确定法律概念适用时，法院应当采取何种方法进行审查成为需要进一步说明的问题。不同的审查方法对应差异化的审查力度，背后是行政和司法的不同关系。

（一）原则采代为实体判断的实体审查进路

在采严格区分不确定法律概念和裁量的情况下，对不确定法律概念原则上应进行最大力度的审查，即全面审查。具体而言，法院可以代为进行实体判断，在与行政机关判断不同时可以径直认定行政适法错误。当然，法院在代为实体判断时，行政机关就不确定法律概念的解释可以被视作具有说服力的材料。从软法的视角观察，行政机关对于不确定法律概念的具体化过程是在增强其说服力以使法院认为行政机关的解释为不确定法律概念的唯一正解。而前述解释基准即属于一般化的理由，和个案中的解释的理由共同构成了增强说服力的实体要素；前述诉诸专家判断，或交由多数公众决定则共同构成了增强说服力的程序要素。行政机关解释的说服力在不同不确定法律概念具体化过程中的作用存在差异，价值评判因素越重，行政解释的理由在说服法院认可其解释的过程中的重要性越大，此即所谓法院对行政机关进行的价值判断的尊重。[1]

（二）存在判断余地时采程序性审查进路

法院对存在判断余地的不确定法律概念，并不具有予以代为实体判断的能力。但法院对具有判断余地的不确定法律概念的适用并非完全不予审查，只是不进行代为实体判断方法，而是进行中等或较低力度的审查，采取具有程序色彩的审查进路，具体包括只关注判断程序的程序正当审查进路，和关注判断因素是否正当性的程序性实体审查进路。第一，法院可以通过审查行政机关适用不确定法律概念是否履行了正当程序，以具体化程序的正当性推定解释结论的正当。第二，法院还可以审查行政机关具体化不确定法律概念考虑的因素是否正当，判断解释结论的正当性。此路径因不仅着眼于程序也着眼于实体要素，不同于前述程序正当审查进路，虽关注实体判断要素但不代为作出最终实体结论而不同于代为实体判断的进路，是一种介入程序审查和实体审查中间的审查进路。

---

〔1〕　参见王贵松：《行政裁量的构造与审查》，中国人民大学出版社 2016 年版，第 66 页。

（三）本案中法院对公共利益的认定进行了程序性审查

本案中，公共利益属于具有判断余地的不确定法律概念，因此法院并未采取代为实体判断的审查方法，而从程序角度进行审查，并提出了两类可能的正当判断程序。一是经由立法程序明确列举的建设项目被推定属于公共利益的需要，二是以代议制机构的同意或绝大多数被征收人的同意也可推定公共利益的满足。本案即属于以绝大多数被征收人同意推定公共利益满足的倾向。尽管法院于此采取了适当的审查方式，但就为何通过被征收人同意这一程序即可推定公共利益的满足并未做进一步的说明。此程序一方面将公共利益的范围限缩为被征收区域的利益；另一方面将公共利益等同于大多数被征收人个人利益的加总。该程序至多只说明了公共利益的某一类情形，完全存在因更大范围内的公共利益而在该区域绝大多数人不同意的情况下进行征收的可能。法院所称立法明确理解的建设项目或地方代议制机构同意的建设项目即可适用于此情形下公共利益的判断，以更大范围内公共意志的同意推定公共利益要件的满足。

【后续影响及借鉴意义】

本案对带有判断余地的不确定法律概念进行了审查，并提出了以程序正当推定解释结论正当的审查方式，将征询程序纳入公共利益的判断中。

第一，本案裁定中，最高人民法院明确指出"由于公共利益属于典型的不确定法律概念"，并予以宽松审查。法院的谦抑态度暗示其认为，行政机关在公共利益判断上具有一定的优越地位，承认该概念属于具有判断余地的不确定法律概念，体现出法院对于行政判断在一定程度上的尊重。

第二，本案裁定中，最高人民法院创设了审查公共利益的满足与否的新进路。此前，最高人民法院在部分裁定中对公共利益作出实体性解释，强调征收项目具有公益目的即可推定公益要件的满足。例如，在关溪兰诉海口市美兰区人民政府等征收决定案中，最高人民法院指出，"在……商业开发的形式来补充旧城改造资金的不足，其目的仍是改善被征收人的居住环境、提高生活品质。商业开发仅是房屋被征收后土地利用的一种手段，……不能据此否定征收的公共利益目的"[1]，此观点为最高人民法院众多裁判所采纳。如在熊伟等 140 人诉湖北省武汉市武昌区人民政府房屋征收决定、湖北省武汉市人民政府行政复议决定案中，最高人民法院亦指出"此类项目的实施既改善了城镇居民居住、工作条件，又改善了城市环境，提升了城市功能，不能因为其中包含必要的商业服务设施等商业开发因素或采用市场化的运作模式就否定其公共利益属性"。[2]但本案中，法院开创了通过程序审查公共利益要件满足与否的新进路，将正当程序运用到实体判断中，在适当密度的司法审查和尊重存在判断余地情况下行政机关的判断权中取得了平衡。嗣后，有学者亦将本案中的程序审查进路和此前最高人民法院采取的就目的进行实体审查的进路并列为司法进行积极判断的两种方式，对本案的创新意义给予了肯定。[3]

第三，本案裁定在以下两个方面可以进一步完善。一方面，《征补条例》第 8 条已经明确列举了五类满足公共利益的情形，并加以兜底规定"法律、行政法规规定的其他公共利益的需要"。但法院既未就前五项逐一进行检验，也未说明本案中公共利益是否有法律和行政法规的规定。另一方面，如前所述，本案中的征询程序，将公共利益缩减为被征收区域内大多数人个人利益的集合，既可能不当限制公共的范围，还可能导致非必要征收对象的纳入。故不宜仅以征询程序的满足推定公共利益要件的满足，还需要结合其他或程序或实体要素进行进一步判断。

（指导教师：成协中　中国政法大学法学院教授）

---

[1]　最高人民法院（2017）最高法行申 6955 号裁定书。
[2]　最高人民法院（2016）最高法行申 2310 号裁定书。
[3]　参见凌维慈：《旧城区改建征收中的公共利益判断》，载《华东政法大学学报》2022 年第 6 期，第 125-127 页。

二 征收补偿程序与标准

案例五　征收集体土地和国有土地上房屋的程序选择
——王贤武诉安顺市西秀区人民政府房屋征收纠纷案

李炫钰 *

【案例名称】

王贤武诉安顺市西秀区人民政府房屋征收纠纷案［最高人民法院（2020）最高法行再 276 号］

【关键词】

房屋征收程序　土地性质　公共利益　撤销判决

【基本案情】

2007 年 1 月 26 日，贵州省人民政府以黔府用地函〔2007〕56 号《关于西秀区 2006 年度第三批次城镇建设用地的批复》（以下简称 56 号批复）文件，批复同意将西秀区东关办事处麒麟村、头铺村的集体农用地转为建设用地，同时批准将该集体农用地、两村的集体建设用地及集体未利用地征收为国有，作为西秀区 2006 年度第三批次城镇建设用地。

2015 年 5 月 20 日，西秀区人民政府（以下简称西秀区政府）向西秀区棚

---

* 作者简介：李炫钰，中国政法大学法学院宪法学与行政法学专业 2022 级硕士研究生。

改办作出西府函〔2015〕115号，告知其经西秀区政府研究，原则同意将包括头铺麒麟一期棚户区改造项目在内的22个城市棚户区作为西秀区2015年度棚户区改造项目计划。2017年7月30日，贵州省安顺市西秀区住房和城乡建设局制作了《西秀区头铺麒麟城市棚户区改造项目社会稳定风险评估报告》，提交西秀区政府。同年8月8日，西秀区政府作出19号征收决定及《西秀区头铺麒麟城市棚户区改造项目房屋征收补偿安置方案》（以下简称补偿安置方案）并予以公示。19号征收决定所确定的征收范围均为集体土地上的房屋，且绝大部分集体土地未经省级人民政府批准征收为国有；虽有小部分在贵州省人民政府作出的56号批复范围内，但并未按集体土地征收法定程序组织实施征收和补偿，其中即包括王贤武等人的房屋。

王贤武认为，西秀区政府作出的征收决定违法，损害其合法权益，遂向贵州省安顺市中级人民法院提起诉讼，请求判决撤销19号征收决定。

贵州省安顺市中级人民法院经审理，判决驳回王贤武的诉讼请求。王贤武不服，向贵州省高级人民法院提起上诉。贵州省高级人民法院经审理，判决撤销一审行政判决，并确认西秀区政府针对王贤武作出的19号征收决定违法。

王贤武向最高人民法院申请再审，请求撤销一、二审行政判决，撤销西秀区政府作出的19号征收决定。

【裁判要旨】

行政征收需严格遵守法定程序。根据土地性质不同，行政机关实施征收可分为对国有土地上房屋的征收与集体土地（及地上房屋）的征收，二者受不同的法律、法规调整，在征收程序方面均存在明显区别。因此，行政机关应当区分土地性质，适用相应的征收程序。

在对行政行为的合法性进行判断后、对案件作出最终处理前，法院还需考虑平衡依法行政原则和行政相对人信赖利益及国家利益、社会公共利益的保护。此时，法院不宜将涉及征收的相关事由归入公共利益的法定范畴，而应考虑撤销征收决定是否将真正损害公共利益及是否具备撤销征收决定的现实基础。一般而言，在征收范围内的大多数当事人已经达成补偿协议，或者多数已实际履行的情况下，可以判决确认征收决定违法，但不撤销征收决定。相反，在征收决定尚未具体实施，或者虽已启动实施但因各种原因而停滞的情况下，则征收决定可以予以撤销。

【裁判理由与论证】

本案的争议焦点包括两个问题：（1）19号征收决定对集体土地上房屋实施征收是否具有法律依据；（2）19号征收决定是否应予撤销。对于第一个问题，法院认为王贤武的房屋所在土地虽经56号批复批准征收为国有，但此前未经过集体土地征收程序，故该房屋仍为集体土地上的房屋，应适用集体土地征收程序。因此，19号征收决定依国有土地上房屋征收程序征收王贤武的房屋超越法定职权，缺乏法律依据。对于第二个问题，法院认为无足够证据证明撤销19号征收决定会给国家利益、社会公共利益造成重大损害，故被诉征收决定具备撤销的现实基础。

一、19号征收决定的合法性

最高人民法院认为，19号征收决定确定的征收范围涉及两类土地：一是未取得省级人民政府征地批复的集体土地；二是在省级人民政府征地批复范围的土地。对于未取得省级人民政府征地批复的集体土地，西秀区政府直接按国有土地上房屋征收的程序对集体土地实施征收，已超越法定职权且缺乏法律依据。对于属于56号批复范围的土地，虽已经批准征收为国有，但此前并未进行土地征收程序，西秀区政府直接实施房屋征收，误将国有土地上房屋征收程序适用于集体土地征收，属适用法律错误。

二、19号征收决定是否应予撤销

法院对行政行为的合法性进行判断后，对案件作出最终处理时，还需考虑平衡依法行政原则和行政相对人信赖利益及国家利益、社会公共利益的保护。首先，法院不能模式化认定公共利益，以《国有土地上房屋征收与补偿条例》第8条为依据，将征收行为一概认定为涉及公共利益，进而作出情况判决。其次，法院不宜简单认定维持征收决定有利于保护公共利益，而应考虑撤销征收决定是否将真正损害公共利益及是否具备撤销征收决定的现实基础。这需要法院对依法行政原则和行政相对人信赖利益及国家利益、社会公共利益的保护进行衡量。情况判决是撤销判决的例外情形，法院对此应当采取审慎的态度。滥用情况判决必将损害原告起诉要求撤销行政行为的请求权，也会导致法院司法监督的功能得不到充分发挥，使"公共利益"成为违法征收行为的"保护伞"，使情况判决制度偏离了保障行政相对人合法权益的立法目的。

本案中，最高人民法院认为，案涉项目当前存在推进困难、征收项目范围内实际拆除房屋较少、无明确可实施的计划等情况，判决撤销西秀区政府作出的 19 号征收决定，既有利于保护当事人的合法权益，又有利于化解项目久拖不决的困境。另外，西秀区政府所称改善城市交通、改善人居环境和新型城镇化建设发展等公共利益的需要，不足以证实其不经过法定的省级人民政府审批即进行集体土地征收的正当性和紧迫性。因此，19 号征收决定具备撤销的现实基础。

【涉及的重要理论问题】

土地征收是涉及多个行政主体与行政相对人的行政行为，对于国家发展与社会民生保障具有重大意义。如何让土地征收在法治轨道内进行，既保障被征收人的合法权益，又保障公共利益，是行政机关在进行土地征收时需要考虑的重中之重。在程序的维度上，要求征收部门根据法律的规定适用正确的征收程序。即根据土地性质不同，对集体土地及地上房屋适用《土地管理法》规定的征收程序，而对国有土地上房屋适用《国有土地上房屋征收与补偿条例》规定的征收程序。实践中，由于征收过程往往涉及将农村集体土地转变为国有土地，征收主体可能因为对被征收土地的性质判断有误而对土地上的房屋适用了错误的征收程序。因此，亟须明确土地性质转变的时间节点，作为选择适当征收程序的依据。

另外，法院在确定征收程序违法后，既可以选择撤销违法的征收决定，也可以基于公共利益的考量，仅确认该征收决定违法而予以保留，即适用情况判决。在征收案件中，如何区分撤销判决和情况判决的适用场景，也是本文探讨的重点。

一、征收房屋的法定程序

（一）两种征收程序

在我国，以国有土地和集体土地的划分为标准，存在两种征收程序：一是《土地管理法》所规定的集体土地征收程序；[1]二是《国有土地上房屋征收与补偿条例》规定的国有土地上房屋征收程序。二者虽同为征收，但是受不同的法律、法规调整，在征收主体、征收对象、征收程序、征收补偿安置内容和方式等方面均存在明显区别。（见表1）

表1 征收程序的分类与区别

	国有土地征收程序	集体土地征收程序
征收主体	市、县级人民政府	省级人民政府或国务院
征收对象	国有土地上的房屋	集体土地
法律依据	《国有土地上房屋征收与补偿条例》	《土地管理法》及《土地管理法实施条例》
征收补偿、安置的内容与方式	房屋价值补偿、搬迁临时安置补偿、停产停业损失补偿等通过评估确定房屋价值	土地补偿费、安置补助费、地上附着物和青苗的补偿标准以及住房安置

学界与司法实践中对于两种征收程序的定位是对立还是兼容，所持观点不尽相同。最高人民法院指出："新《土地管理法》对集体土地征收程序作了进一步修改，加强了对被征地农民的权益保障，无论是征收程序还是补偿标准，相关规定都进一步靠近《国有土地上房屋征收与补偿条例》。因此，在司法实践中更没有必要将两种征收程序对立起来，非此即彼，互相排斥，而应根据实际情况灵活处理，以实现征收程序正当有据、补偿安置合理到位，公共利益与个人权益得以兼顾的核心目标。"安徽省高级人民法院在（2019）皖行终1014号判决书中认为："根据《国有土地上房屋征收与补偿条例》和《土

---

〔1〕《土地管理法》第45条、第47条与第48条。

地管理法》的相关规定，国有土地上房屋与集体土地上房屋的征收分别适用不同的法律程序，国有土地上房屋与集体土地上房屋的补偿、安置亦适用不同的标准，两者的征收、补偿不能交叉、混同。"[1]由此可见，法院将国有土地上房屋征收程序与集体土地征收程序视为两种不同的程序，不可混淆适用。

由于国有土地与集体土地的征收程序存在显著区别，所以征收部门应当基于被征收土地的性质选择不同的征收程序。其中的难点在于判断征收房屋时房屋所附着土地的性质。尤其是在集体土地转换为国有土地的情形下，集体土地征收决定何时生效，何谓"完成集体土地征收程序"？

（二）集体土地征收决定的生效时间

我国目前尚未建立明确的集体土地征收决定制度。2019 年《土地管理法》对此采取了"有意的制度模糊"的立法策略，继续维持了"经省级以上政府批准后由县级以上地方人民政府予以公告并组织实施"的征收制度。《土地管理法》仅在第 47 条第 1 款规定："国家征收土地的，依照法定程序批准后，由县级以上地方人民政府予以公告并组织实施"，而未对什么是集体土地征收决定以及征收决定何时生效等问题作出明确规定。

集体土地征收决定的生效时间，在学理上存在着一定的争议。主要存在"批复说""公告说"和"补偿说"三种观点。[2]

1. 批复说

"批复说"认为征收决定在征收申请获得"批复"时生效。因为在省级以上政府批准征地时被征收集体土地的所有权即刻灭失并产生新的国有土地所有权。实际上直接影响了行政相对人的权利义务。这一观点的支持者认为，在多阶段行政行为理论中，征收审批行为属显名主义原则的例外，在性质上应被认定为具体行政行为，故能独立对外产生效力。从司法救济角度而言，批复应当具有一定的可诉性。在"陈光士、郑佑忠诉温州生态园管理委员会城乡建设行政管理案"[3]中，浙江省温州市中级人民法院认为："上诉人的

---

[1] 安徽省高级人民法院（2019）皖行终 1014 号。
[2] 方涧：《论集体土地征收决定的生效时点》，载《行政法学研究》，2023 年 6 月 26 日网络首发。
[3] 浙江省温州市中级人民法院（2020）浙 03 行终 72 号行政裁定书。

房屋坐落的集体土地经浙江省人民政府作出《浙江省建设用地审批意见书》被批准征收为国有，相关物权灭失，故上诉人与被诉行政行为之间不存在法律上的利害关系。"通过类案检索可得，大多数法院在集体土地征收案件中均选择采用"批复说"。

2. 公告说

"公告说"主张征收决定的生效时点应始于公告送达之日。因为征收批复以发布公告的方式送达被征收人后，才能对被征收人发生法律效力，才能导致土地性质的改变，也才能引发安置补偿等一系列后续法律关系。支持这一观点的理由在于：首先，从多阶段行政行为理论角度出发，告知批复文件只是征收公告的一项功能，更关键的是这意味着县级以上地方人民政府正式以自己的名义对外进行征收的意思表达，产生了与相对人设定具体征收法律关系之效果。其次，从司法救济角度而言，区别征收批复与征收决定更符合文义解释，利于征收决定接受司法审查。最后，从集体土地征收程序再造角度来看，预征补协议的引入很大程度上能够有效衔接征收决定生效与物权转移这两者的关系。在"周德均、重庆市人民政府资源行政管理再审案"[1]中，最高人民法院认为，"从行政行为的效力层面来看，行政行为自送达时起对被送达相对人的权利义务产生实际影响，因此，在理论和实践当中，一般均将'送达'作为行政行为生效的始点"。可见，在此案中，最高人民法院对于集体土地征收决定的生效时点采用了"公告说"。

3. 补偿说

"补偿说"主张只有在安置补偿已经到位的前提下，被征收人的物权才得以变更或者消灭，此刻征收决定才生效，这是应"征收"与"补偿"同时性原则之要求。尤其现行法并未规定如何处理协议补偿与决定补偿的关系，可能导致征收时点与补偿时点间隔长的风险较高。也有学者认为，有关司法解释实际上已明确只有土地使用权人依法取得补偿安置，行政机关才能申请法院强制执行责令交出土地决定，从而使补偿成为征收机关实现土地所有权的要件。还有学者提出征收决定是附条件的行政行为，在补偿金支付时生效，

---

〔1〕 最高人民法院（2016）最高法行再82号行政判决书。

既符合行政法原理又能充分保护被征收人的合法权益。[1]

类似地,司法机关对于集体土地征收决定的生效时间也尚未形成统一的观点。法院在裁判文书中通常会回避学理上的争议,说理侧重于征收决定的合法性审查。尤其当征收决定的作出未按法律强制性规定经过省级人民政府或国务院批准时,法院将认为属超越法定职权且缺乏法律依据。例如,在"胡岳明与舟山市定海区人民政府房屋征收纠纷上诉案"中,定海区人民政府未按照法定程序作出征收决定,两审法院均认定区人民政府不具备法定职权,违反法定程序,适用法律、法规错误。[2]在"刘达雄与横州市人民政府强制清除地上物及行政赔偿上诉案"中,二审法院认为,横州市人民政府已经完成了征收、补偿程序,征收行为符合法律规定;土地权利人刘达雄拒不交出土地,应先由土地行政主管部门作出责令交出土地决定,再申请人民法院强制执行。[3]在法院看来,横州市人民政府将补偿款提存即已完成补偿,足以导致土地性质发生转变,符合"补偿说"的要求。

在本案中,再审法院并未指出集体土地征收决定的生效时间具体为何时,而是否定了一审法院和二审法院采用的"批复说",指出集体土地经过集体土地征收程序才能转变为国有土地,更类似于"补偿说"。

(三)集体土地征收程序完成

集体土地征收决定的生效时间与集体土地征收程序的完成是一体两面的问题,二者在确定被征收土地的性质方面息息相关、相辅相成。根据《土地管理法》和《土地管理法实施条例》的规定[4],集体土地征收程序的包括发布征收土地公告、补偿方案、签订补偿协议和(或)作出补偿决定等主要步骤(见表2),但征收程序进行至哪一步骤为完成征收程序仍存争议。具体来讲,集体土地征收程序的完成分为两种形态:一种形态是形式上的完成,即完成《土地管理法》中集体土地征收程序的所有步骤;另一种形态是实质

〔1〕 方涧:《论集体土地征收决定的生效时点》,载《行政法学研究》,2023年6月26日网络首发。
〔2〕 浙江省高级人民法院(2014)浙行终字第00120号判决书。
〔3〕 广西壮族自治区高级人民法院(2021)桂行终20号行政判决书。
〔4〕 《土地管理法实施条例》第26—31条、第62条。

上的完成，即作出征收决定或者完成征收补偿。

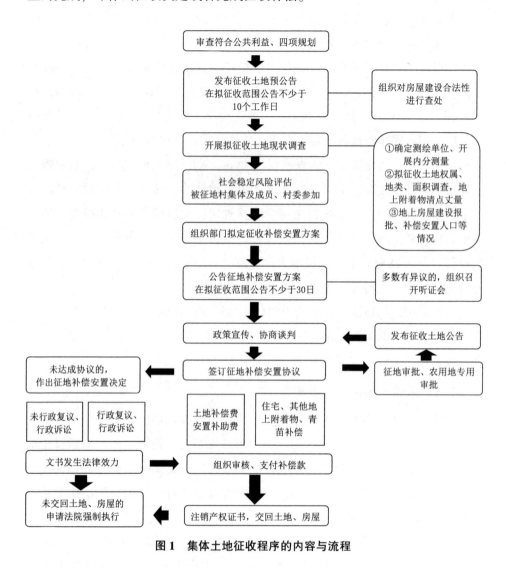

图1　集体土地征收程序的内容与流程

《国有土地上房屋征收与补偿条例》第 27 条第 1 款规定，实施房屋征收应当先补偿、后搬迁。由此可见，补偿被包含在集体土地征收程序当中，签订征收补偿安置协议与作出征收补偿安置决定并不是土地征收程序的终结。虽然本条例仅适用于国有土地上房屋的征收，但是其规定相较于《土地管理法》的规定更为完善，能够更好地保护被征收人的权利。因此，法院在审查集体土地征收程序的完成时可以参照适用《国有土地上房屋征收与补偿条例》。

目前，虽然司法机关对于"完成集体土地征收程序"的理解尚未形成共识，但实践中多将"完成征收补偿"作为完成征收程序的标志。例如，在"广东省中山市坦洲镇永一村合兴村民小组等与中山市人民政府国有土地使用权发证行政纠纷上诉案"中，广东省高级人民法院认为，案涉土地经广东省人民政府批复，可以由集体农用地转为建设用地，但中山市人民政府没有提供证据证明其向合兴村民小组支付了征地补偿款，且现涉案土地仍然由合兴村民小组进行耕种，故应认定征收程序尚未完成。[1]换言之，只有当征收机关将补偿款支付完毕时，征收程序方才完成。

在本案中，最高人民法院也持上述观点。最高人民法院认为，19 号征收决定所确定的征收范围"虽有小部分在贵州省人民政府作出的 56 号批复范围内，但并未按集体土地征收法定程序组织实施征收和补偿"，因此仍属于集体土地。这再次表明，法院认为完成集体土地征收程序的标志已支付征收补偿款。

二、征收集体土地上房屋时的法律适用

（一）征收集体土地上房屋的法律依据

根据《土地管理法》与《土地管理法实施条例》的相关规定，对集体土地上房屋进行征收应当适用集体土地征收程序，而非国有土地上房屋征收程序。征收农村集体土地，法律首先要求经过审批。《土地管理法》第 44 条规定："建设占用土地，涉及农用地转为建设用地的，应当办理农用地转用审批手续。"根据《土地管理法》第 46 条的要求，征收永久基本农田、永久基本农田以外的耕地超过三十五公顷的、其他土地超过七十公顷的，由国务院批准，征收其他土地的，由省、自治区、直辖市人民政府批准。

具体到土地征收程序中，需包括以下步骤：（1）预公告。县级以上地方

---

〔1〕 广东省高级人民法院（2014）粤高法行终字第 1025 号行政判决书。

人民政府应当发布征收土地预公告，征收土地预公告应当包括征收范围、征收目的、开展土地现状调查的安排等内容，预公告时间不少于十个工作日（《土地管理法实施条例》第 26 条第 2 款）。(2) 拟征收土地现状调查和社会稳定风险评估。土地现状调查应当查明土地的位置、权属、地类、面积，以及农村村民住宅、其他地上附着物和青苗等的权属、种类、数量等情况。社会稳定风险评估应当对征收土地的社会稳定风险状况进行综合研判，确定风险点，提出风险防范措施和处置预案。社会稳定风险评估应当有被征地的农村集体经济组织及其成员、村民委员会和其他利害关系人参加，评估结果是申请征收土地的重要依据（《土地管理法实施条例》第 26 条第 3 款、第 4 款）。(3) 拟定征地补偿安置方案并公告。征地补偿安置方案应当包括征收范围、土地现状、征收目的、补偿方式和标准、安置对象、安置方式、社会保障等内容。征地补偿安置方案拟定后，应在拟征收土地所在的乡（镇）和村、村民小组范围内公告至少三十日，听取被征地的农村集体经济组织及其成员、村民委员会和其他利害关系人的意见。多数被征地的农村集体经济组织成员认为拟定的征地补偿安置方案不符合法律、法规规定的，县级以上地方人民政府应当组织听证（《土地管理法》第 47 条，《土地管理法实施条例》第 27 条、第 28 条）。(4) 签订补偿安置协议。县级以上地方人民政府与拟征收土地的所有权人、使用权人就补偿、安置等签订协议。（《土地管理法》第 47 条，《土地管理法实施条例》第 29 条）。完成以上步骤以后，县级以上地方人民政府方可申请征收土地。有批准权的人民政府应当对征收土地的必要性、合理性、是否符合公共利益、是否符合法定程序进行审查。(5) 公告和实施。征收土地申请经依法批准后，县级以上地方人民政府应当发布征收土地公告，公布征收范围、征收时间等具体工作安排；对个别未达成征地补偿安置协议的应当作出征地补偿安置决定，并依法组织实施（《土地管理法实施条例》第 31 条）。

部分地方政府在开展集体土地上房屋征收工作时，为了提高行政工作的效率和贯彻高效原则，无视征收程序之间的差异，直接适用国有土地上房屋征收审批程序开展集体土地上房屋征收补偿工作，发布房屋征收决定和房屋征收补偿决定，甚至向申请法院强制执行房屋征收补偿决定。混用损害被征收人的合法权益，也违背了区分不同征收程序的立法初衷，属于适用程序错误。

在本案中，19号征收决定涉及两类土地：一是未取得省级人民政府征地批复的集体土地；二是在省级人民政府征地批复范围的土地。后者虽经56号批复批准征收为国有，但此前并未进行土地征收程序，故依然属于集体土地。因此，西秀区政府"误将国有土地上房屋征收程序适用于集体土地征收，属法律适用错误"。

（二）征收程序和征收补偿标准的关系

适用不同的征收程序还导致征收补偿标准的不同。在集体土地征收程序中，原则上按照被征收土地的"原用途"给予补偿。征收耕地的补偿费用包括土地补偿费、安置补助费以及地上附着物和青苗的补偿费。其中，土地补偿费和安置补助费的总和至多不得超过土地被征收前3年平均年产值的30倍（《土地管理法》第47条）。而在国有土地上房屋征收程序中，补偿的范围包括被征收房屋价值的补偿，因征收房屋造成的搬迁、临时安置的补偿和因征收房屋造成的停产停业损失的补偿。被征收人在特定情况下，还可以获得补助和奖励（《国有土地上房屋征收与补偿条例》第17条）。不难发现，若集体土地已纳入城市规划区并取得征地批复，国有土地上房屋征收补偿的标准实际高于集体土地征收补偿标准，参照国有土地上房屋征收程序实施征收补偿能够充分保障被征收人的补偿权益、实现实质公平。因此，最高人民法院《关于审理涉及农村集体土地行政案件若干问题的规定》第12条第2款规定，"征收农村集体土地时未就被征收土地上的房屋及其他不动产进行安置补偿，补偿安置时房屋所在地已纳入城市规划区，土地权利人请求参照执行国有土地上房屋征收补偿标准的，人民法院一般应予支持，但应当扣除已经取得的土地补偿费"。

实践中，某些征收部门对该司法解释的理解存在偏差，会以征收过程中已参照适用较高的国有土地上房屋征收补偿标准为由，主张可以通过国有土地上房屋征收程序代替集体土地征收程序。但是，这种观点遭到了最高人民法院的拒绝。在（2017）最高法行申6218号行政裁定书中，最高人民法院指出："'集体土地上房屋拆迁，要参照新颁布的《国有土地上房屋征收与补偿条例》的精神执行'的规定，意思是要参照国有土地上房屋征收补偿的精神，充分保障被征收土地农民的合法权益。不能将其理解为集体土地征收过程中，应当按照国有土地征收补偿的程序和标准对被征收土地农民予以安置补偿。"

在（2020）最高法行申 10763 号行政裁定书中，最高人民法院认为："牡丹区政府作出被诉征收决定，将征收范围内的集体土地上房屋按照国有土地上房屋予以征收，违反《国有土地上房屋征收与补偿条例》的规定，确有不妥。原审亦查明，被征收地块位于城市总体规划确定的城市建设用地范围之内，征收项目为公益设施建设。牡丹区政府对位于城市规划区内的该集体土地房屋的征收补偿标准，参照国有土地上房屋征收补偿标准执行，并没有损害包括申请人在内的被征收人的实际利益"。此案为适用程序错误，应当适用集体土地征收程序却错误地适用了国有土地上房屋征收程序，但参照国有土地上房屋征收补偿标准保障了被征收人的合法权益，因此法院作出确认违法判决。

因此，上述司法解释不能被解释为默许征收部门在执行国有土地上房屋征收补偿标准的情况下，可以在征收集体土地时适用国有土地上房屋征收的相关补偿标准。首先，司法解释中"参照适用"的内容为国有土地房屋征收补偿标准，而非国有土地上房屋征收程序。参照适用较高的征收补偿标准是考虑到保障被征地农民的合法权益所做的原则性、政策性规定，征收程序并不因此而混同、替代。其次，参照适用的前提是征收部门已经实施的集体土地征收程序，但未及时对集体土地上房屋及不动产进行补偿，且补偿时房屋所在地已纳入城市规划区。此时，参照国有土地上房屋征收补偿标准对被征收人进行补偿，可以保障被征收人的合法权益、实现实质公平。

本案中，被告西秀区政府亦混淆了征收程序和征收补偿标准。西秀区政府根据上述司法解释之规定，参照执行国有土地上房屋征收补偿标准，对于王贤武的房屋按照国有土地上房屋征收程序进行征收。这种行为侵犯了王贤武的合法权益，不利于实质公平的实现。故最高人民法院对西秀区政府的理由不予支持。

三、征收程序错误后的判决选择

（一）概述

《行政诉讼法》第70条规定："行政行为有下列情形之一的，人民法院判决撤销或者部分撤销，并可以判决被告重新作出行政行为：（一）主要证据不足的；（二）适用法律、法规错误的；（三）违反法定程序的；（四）超越职权的；（五）滥用职权的；（六）明显不当的。"因此人民法院应当对违法征收决定作出撤销判决。《行政诉讼法》第74条第1款规定："行政行为有下列情形之一的，人民法院判决确认违法，但不撤销行政行为：（一）行政行为依法应当撤销，但撤销会给国家利益、社会公共利益造成重大损害的；（二）行政行为程序轻微违法，但对原告权利不产生实际影响的。"根据前述规定，人民法院对行政行为的合法性进行判断后，对案件作出最终处理时，还需考虑平衡依法行政原则和行政相对人信赖利益及国家利益、社会公共利益的保护。在司法实践中，法院往往基于公共利益考量，极少对于违法的征收行为作出撤销判决，转而作出情况判决。情况判决表明此征收行为虽然违反了法律规定，但是撤销该征收行为会损害公共利益，基于对公共利益的保护，对该违法征收行为的违法性进行确认。

（二）公共利益的界定

对于错误适用征收程序的行政行为，人民法院在对其合法性进行判断并得出否定性结论后，首先需要对案涉因素是否涉及公共利益进行判断与界定。因此，公共利益的界定是人民法院作出判决的关键，也是适用撤销判决或情况判决的依据。

1. 不确定法律概念

公共利益是行政法上的不确定法律概念，所谓不确定概念是指意思不确定、具有多义性的法律概念。不确定法律概念的多义性并不等同于模糊性[1]，不确定法律概念是各个部门法都广泛存在的现象，但只有在行政法上，不确

---

〔1〕 蔡琳：《不确定法律概念的法律解释——基于"甘露案"的分析》，载《华东政法大学学报》2014年第6期，第18—29页。

定法律概念才成为特别的问题。不确定法律概念分为经验性不确定概念与价值性法律概念，根据其含义可知，公共利益为价值性不确定法律概念。法学是追求确定的学科，司法裁判中法院也需要在个案中对不确定的概念作出确定的解释，故不确定概念的具体化是本文讨论的重点。价值性概念不存在真实性的问题，而只有妥当与否的问题。价值性概念的特色之一就在于"须于个案依价值判断予以具体化"[1]。这种价值性概念又被称为"须价值补充的概念。具体化的价值判断，应参酌社会上可探知、认识的客观伦理秩序及公平正义原则，期能适应社会经济发展，以及道德价值观念的变迁"。[2]因为法律本身极为抽象，须于具体的个案中予以价值判断，使之具体化，而后其法律功能才能充分发挥。为了避免具体化的随意性，价值性概念的具体化应当包含两个方面。一方面要去价值化，也就是将其转化为经验性内容；另一方面也要在无法去价值化的地方再进行价值补充或判断。

从司法审查实践来看，我国的行政裁量基准，既包括了对不确定法律概念的解释，也包括了对法律效果的裁量。[3]对不确定法律概念的司法审查，学界存在不同的看法，主流观点认为，原则上法院应进行全面审查，但应给行政机关留有一定空间。不确定法律概念给了行政机关适用的空间，但不确定法律概念仍是"法律"概念，并非抛给行政机关的法外自由。不确定法律概念在给行政机关授权的同时，也对其进行一定的约束。这种约束需要法院在事后加以审查。而法院作为法律适用者的一种，虽然肩负着监督行政机关的任务，但一个方面要尊重不确定法律概念的意旨，立法者通过设定亦此亦彼的中间状态为法律适用者提供了一定限度的自由空间；另一个方面也可能囿于法院自身的能力和非政治机关的属性，不能对行政机关的具体化活动一律进行严格审查。反对观点认为，这种"原则—例外"的审查模式忽视了行政法上不确定性法律概念具体化的方法的多元性，以及各种方法背后所预设

〔1〕 王贵松：《行政法上不确定法律概念的具体化》，载《政治与法律》2016年第1期，第144-152页。

〔2〕 王贵松：《行政法上不确定法律概念的具体化》，载《政治与法律》2016年第1期，第144-152页。

〔3〕 王青斌：《行政裁量基准的法律属性及其效力分析》，载《政治与法律》2023年第7期，第18-33页。

的不确定性法律概念的规范约束性程度和这种规范约束性程度所对应的行政司法裁判的审查密度。[1]

不确定法律概念并非立法技术不成熟的表现，与之相反，不确定概念是立法技术发达后的产物，多义性的法律概念存在于一般性、普遍性的法律中才能解决不同的法律问题、规范各种各样的具体案件。以"公共利益"为例，若"公共利益"在每个案件中都具有相同且确定的含义，那么最高人民法院就无法在本案中根据项目的具体推进情况作出撤销判决，只能以确定的"公共利益"为由作出情况判决。正是因为"公共利益"是不确定概念，法院在个案中才能够根据不同的案情作出不同的裁量以维护公共利益。立法者将不确定概念应用于法律条文中，不确定的法律概念以自身的多义性和涵括力辐射现实生活与具体问题，在个案中通过法官造法，解决个案中的法律问题。因此，采制定"规范性文件"等方式"将不确定法律概念确定下来"都是一个难以完成的任务，甚至可能有违法意，在遵守语言规则的前提下补充判断基准才是题中应有之义。[2]

综上，"公共利益"作为一个行政法上不确定的法律概念，对于它的解释适用应当首先着眼于它的语义，并且"公共利益"的多义性和模糊性并不是法律漏洞的体现，而是为行政与司法预留政策空间。以规范性文件的方式给"公共利益"下定义，并不是将"公共利益"明确化的有效方式。正确地将"公共利益"进行具体化的方式应当是在遵守语言规则的前提下补充判断基准。

2. 本案中的考量因素

在集体土地征收案件中，各地、各级人民法院往往将公共利益作为作出何种判决的考量因素，但因"公共利益"为不确定法律概念，缺乏统一的界定标准，各地、各级法院往往发挥自由裁量权对案涉因素进行界定，作出情况判决或撤销判决，故呈现同案不同判的现象。通过类案检索可得，各地、各级法院大多将案涉因素界定为"公共利益"并作出情况判决，一定程度上

〔1〕 郑智航：《行政法上不确定性法律概念具体化的司法审查》，载《政治与法律》2018 年第 5 期，第 111-121 页。

〔2〕 王天华：《行政法上的不确定法律概念》，载《中国法学》2016 年第 3 期，第 67-87 页。

造成了情况判决的滥用。

在本案中，一审法院贵州省安顺市中级人民法院以"西秀区政府作出的 19 号征收决定，征收主体合法，符合公共利益需要，虽然程序上存在瑕疵，但不足以影响房屋征收决定的整体合法性"为由驳回了原告的诉讼请求。二审法院贵州省高级人民法院认定涉案征收决定的作出违反了重大法定程序，应当予以撤销，后以"安顺市西秀区棚户改造项目是政府重要的安居保障性工程，公益属性明显"为由作出情况判决，确认西秀区政府征收决定违法。再审法院最高人民法院并未以征收决定有利于城市发展为由认定征收决定有关公共利益而采情况判决，而是综合考虑案涉项目的实际推进情况、是否有明确可实施的计划、实际拆除房屋数量等实际因素，作出撤销判决，一定程度上对"公共利益"的考量因素进行了细化，扭转了法院滥用情况判决、"公共利益"成为"保护伞"、违法征收行为一度不能撤销的现状。

在"黄吉川诉犍为县人民政府土地行政征收案"中，一审法院认为："依据《土地管理法》第 2 条第 4 款，被诉行政行为属于为公共利益的需要而实施的征收行为，因此适用情况判决而非撤销判决。"[1]在"李爱民等诉驻马店市驿城区人民政府案"中，一审法院认为被诉行政行为违反法定程序应当被撤销，但依据《国有土地上房屋征收与补偿条例》第 8 条，认定被诉房屋征收行为属于促进国民经济和社会发展等公共利益的需要，因而适用情况判决。[2]由此可见，各地、各级人民法院存在简单界定"公共利益"的情况，甚至存在简单引用"公共利益"所在条款，并未对案涉因素属于"公共利益"的原因进行说理的情况。在上述案件中，法院没有实质上对"公共利益"进行判断与界定，而是使"公共利益"成为违法征收行为形式上的"保护伞"，将案涉因素扩大解释为"公共利益"从而适用情况判决。

在本案中，最高人民法院指出，案涉项目推进困难，西秀区政府作出 19 号征收决定后，案涉征收决定红线范围内，大多数被征收人并没有签订征收补偿协议，签约率低，因资金缺口大，导致项目无法继续推进，已经停滞较

---

〔1〕 四川省乐山市中级人民法院（2015）乐行初字第 16 号行政判决书。
〔2〕 河南省高级人民法院（2018）豫行终 4040 号行政判决书。

长时间；案涉征收项目范围内实际拆除房屋较少。因案涉征收项目推进困难，而实际签约并兑付的户数并不多；案涉征收项目无明确推进计划。经查明，案涉征收项目工作计划表现为同步配套基础设施建设，吸收开发企业参与该棚户区改造，均系宏观的计划和打算，并无针对性解决当前案涉征收项目停滞困境的具体方案和举措；就社会效果来看，判决撤销西秀区政府作出的 19 号征收决定，既有利于保护当事人的合法权益，又有利于化解项目久拖不决的困境。故本案被诉 19 号征收决定具备撤销的现实基础，撤销不会对公共利益造成损害。

根据《土地管理法》第 45 条与《国有土地上房屋征收与补偿条例》第 8 条关于公共利益的规定，人民法院在个案中除了考量上述因素，还应当考量征收集体土地是不是出于军事和外交的需要、基础设施建设的需要、公共事业的需要或者建设保障性安居工程的需要等。将考量征收需要与考量案涉项目实际情况并重才能作出最适合个案的判决。

（三）撤销判决与情况判决的选择

在行政征收案件中，法院往往以保护公共利益为由，在征收决定违法的情形下适用情况判决。例如，在（2019）最高法行申 3095 号行政裁定书中，最高人民法院认为"本案中该协议已经实际履行过半，且补偿协议签订后，湖南省政府和衡阳市政府分别作出 1883 号审批单和 1 号公告，撤销该协议会给国家利益、社会公共利益造成重大损害"，并以此为由驳回了再审的申请。在本案的二审阶段，贵州省高级人民法院以"安顺市西秀区棚户改造项目是政府重要的安居保障性工程，公益属性明显"为由，确认西秀区政府征收决定违法。[1]通过对更大范围的类案进行梳理，也可以发现法院通常会认定征收决定具有公共利益属性，进而适用情况判决来保留违法征收决定的效力。

然而，在本案再审阶段，最高人民法院并没有基于维护公共利益而作出情况判决，而是在对公共利益进行界定与判断的基础上作出了撤销判决，一定意义上打破了各地法院机械采用情况判决的局面。在行政征收案件中，征收机关往往已开展了具体的征收工作，且多以推进征收工作进度、服务地方

---

〔1〕 贵州省高级人民法院（2018）黔行终 2293 号行政判决书。

发展大局、涉及面较广等作为主张公共利益的理由。但是，法院不宜简单将该类事由归入公共利益的法定范畴而不撤销违法的征收决定。相反，由于《行政诉讼法》第1条将"保护公民、法人和其他组织的合法权益"作为行政诉讼的目的之一，故法院在审查征收决定的过程中，需要兼顾公共利益和被征收人的合法权益，考虑撤销征收决定是否将真正损害公共利益及是否具备撤销征收决定的现实基础。具体而言，法院不仅需要考虑征收决定是否涉及公共利益，还需要衡量公共利益和被征收人的私人利益。只有当该征收决定涉及公共利益，且公共利益大于被征收人的合法权益时，法院方能对违法的征收决定作出情况判决。

最高人民法院在本案中适用的权衡标准体现了成本—效益分析的要求。成本—效益分析是判断行政活动有效性的重要标准之一。具体而言，行政机关需要在成本与收益之间进行比较，选择最小成本取得最大效益的实施方案。类似地，司法机关在审查行政行为的过程中也应当考虑成本—效益分析的要求，力求实现行政诉讼的法律效果与社会效果的统一。具体到行政征收案件中，诚然征收活动往往伴随着社会公益，但这并不意味着该社会公益必然大于被征收人的合法权益。相反，不同案件中公共利益与私人利益的对比情况可能截然不同。因此，法院应当在个案中具体地考察案涉公共利益和私人利益的情况，切忌以简单、宽泛的理由确认公共利益并在此基础上机械地作出裁判。

【后续影响及借鉴意义】

程序合法是判断征收决定合法性的要素之一。本案中，最高人民法院首先确认了征收房屋的程序规则。根据土地的性质，行政机关应当分别适用国有土地上房屋征收程序与集体土地征收程序。对于集体土地上的房屋，只有先经过集体土地征收程序，将土地性质转化为国有土地，才能适用国有土地上房屋征收程序。最高人民法院《关于审理涉及农村集体土地行政案件若干问题的规定》第12条第2款所规定的集体上的房屋及其他不动产的安置补偿可以"参照执行国有土地上房屋征收补偿标准"，仅涉及补偿标准的计算和执行，不影响征收程序的选择；征收机关仍然应当经过法定的集体土地征收程序进行。

　　其次最高人民法院明确了行政征收案件中撤销判决的适用规则。就行政征收案件而言，法院不能因行政机关提出推进征收工作进度、服务地方发展大局、涉及面较广等理由而概括地认定公共利益，进而适用情况判决，仅确认征收决定违法。相反，法院应当根据个案，严格遵循成本—效益分析，具体地判断撤销征收决定是否将真正损害公共利益及是否具备撤销征收决定的现实基础。在界定"公共利益"时，法院需考虑案涉项目推进情况、推进计划、实际拆除的房屋数量等诸多现实因素，同时应考虑案涉项目是否涉及军事、外交、保障性工程等需要，只有当公共利益明显大于被征收人的个人利益时，才可以适用情况判决，确认征收决定违法。

（指导教师：庆启宸　中国政法大学法学院讲师）

案例六　房屋征收补偿案件中的房屋价格评估时点问题

——居李、李琼、居文诉福州市鼓楼区人民政府房屋征收补偿决定案

李俊瑞 *

【案例名称】

居李、李琼、居文诉福州市鼓楼区人民政府房屋征收补偿决定案［最高人民法院（2018）最高法行再202号］

【关键词】

房屋征收补偿　公平补偿　房产评估时点

【基本案情】

2013年7月19日，福州市鼓楼区人民政府作出《房屋征收决定书》（以下简称32号《征收决定书》）并公告，《鼓楼第二中心小学以西地块旧屋区改造项目国有土地上房屋征收补偿方案》（以下简称《征收补偿方案》）作为附件也于同日公布，明确补偿实行货币补偿和产权调换相结合的方式。居李、李琼、居文（以下简称居李等3人）共同居住使用的鼓楼区南营××号××座×××单元房屋位于征收决定的红线范围之内。因居李等3人在征收补偿方案确定的签约期限内未与房屋征收部门达成补偿协议，涉案项目选定的房地产价格评估机构君健公司对被征收房屋价值进行了评估，评估时点为房屋征收

＊ 作者简介：李俊瑞，中国政法大学法学院宪法学与行政法学专业2022级硕士研究生。

决定公告之日即 2013 年 7 月 19 日。君健公司于 2013 年 11 月 5 日作出《房地产估价报告》［君健房评字（2013）054 宸号，以下简称 054 宸号《估价报告》］，确定被征收房屋房地产市场价格为 1 244 814 元，单价为 12 697 元/平方米，并注明估价报告使用有效期为 1 年。征收实施单位鼓楼区房屋征收处于 2015 年 4 月 15 日将 054 宸号《估价报告》送达李琼。后君健公司于 2015 年 9 月 15 日作出《房地产估价报告》［君健房估字（2015）126 号］，确定产权调换的位于鼓楼区杨桥××楼××单元拟建安置房屋房地产市场价格为 1 381 749 元，单价为 11 364 元/平方米。鼓楼区房屋征收处于 2016 年 3 月 31 日完成向居李等 3 人的送达。2016 年 5 月 23 日，鼓楼区政府对居李等 3 人作出鼓房征偿字［2016］13 号《福州市鼓楼区人民政府房屋征收补偿决定书》（以下简称 13 号《补偿决定书》），决定对被征收房屋以产权调换方式安置现房鼓楼区杨桥××楼××单元，建筑面积 121.59 平方米的住宅，产权调换差价款为 136 935 元（计算方法：1 381 749 元−1 244 814＝136 935 元）。居李等 3 人对补偿决定不服，于 2016 年 7 月 28 日向法院提起行政诉讼。

一审法院认为，居李等 3 人在房屋征收决定规定的征收期限内未能与征收部门达成补偿安置协议，在对居李等 3 人的房屋进行评估后，鼓楼区房管局报请鼓楼区人民政府作出补偿决定。鼓楼区人民政府作出 13 号《补偿决定书》，确定了房屋产权调换差价、产权调换安置地点、搬迁费、过渡费用等相关内容，认定事实清楚，适用依据正确，程序合法。据此，居李等 3 人的诉讼请求及主张均不能成立，判决驳回其诉讼请求。

二审法院认为，在被征收人无法协商选定房地产价格评估机构的情况下，鼓楼区房管局通过公开抽号的方式选定评估机构，符合《国有土地上房屋征收与补偿条例》（以下简称《征补条例》）第 20 条的规定。根据《征补条例》第 19 条和《国有土地上房屋征收评估办法》第 10 条规定，被征收房屋价值评估时点为房屋征收决定公告之日。二审法院生效的（2016）闽行终 664 号行政裁定已经认定，鼓楼区人民政府于 2013 年 7 月 19 日作出 32 号《征收决定书》，同日在征收范围内进行了张贴公告。因此，本案评估机构作出的评估报告采用 2013 年 7 月 19 日作为评估时点，符合法律规定。本案房屋补偿价格评估机构由鼓楼区房管局通过公开抽号选定，被征收房屋和拟安置房屋经房地产价格评估机构评估，最终均经过房地产价格评估专家委员会鉴定，并依法向居李等3人送达。居李等3人主张房地产价格评估机构未经双方协商，由鼓楼区人民政府单方选定违法，缺乏事实和法律依据。本案相关评估报告已经依法送达居李等3人，居李等3人未依照法律规定向房地产价格评估机构申请复核评估，没有证据证明相关评估报告对涉案房屋价值的评估结果明显不当，相关评估结果应作为鼓楼区人民政府作出征收补偿决定的依据。居李等3人关于评估报告反映情况不实，违背公平原则的主张，缺乏事实根据，不予支持。因此，鼓楼区人民政府作出的征收补偿决定并无不当。一审判决认定事实清楚，适用法律正确，程序合法，应予维持。居李等3人的上诉理由不能成立，据此，判决驳回其上诉，维持一审判决。

居李等3人向最高人民法院申请再审，请求：（1）依法撤销二审判决并发回重审；（2）撤销13号《补偿决定书》。居李等3人申请再审的主要事实和理由为：本案《建设项目选址意见书》已过期，即"鼓楼第二中心小学以西地块旧屋区改造"项目已不存在，32号《征收决定书》中列出的征收范围无法律法规依据，13号《补偿决定书》违法。本案用地不是公益建设用地，鼓楼区人民政府以"旧城区改造"为名实施征收，有借旧城区改造之名实施低成本征收公民房屋的嫌疑。房地产价格评估机构压低评估价，且未入户查勘，评估报告没有体现房屋价值。房地产价格评估机构于2013年11月5日作出的第一份评估报告注明的使用有效期是一年。2015年9月5日作出的第二份评估报告注明的使用有效期是从报告出具之日起算，到该项征收工作结束之日，而两份评估报告的评估时点、房屋单价、总价均相同。

被申请人鼓楼区人民政府辩称，涉案土地确系"鼓楼第二中心小学以西地块旧屋区改造"项目，且涉案征收决定合法性问题不属于本案再审审查范畴。鼓楼区人民政府在2013年3月1日发布房屋征收告知书，由于被征收人在规定的期限内没有选定评估机构，房屋征收部门在3月8日通过公开抽号方式选定了评估机构，程序合法。关于入户调查的问题。因为居李户拒不配合，调查人员无法进入被征收房屋，遂参照同类型房屋进行评估。鼓楼区人民政府虽然在2016年5月23日才作出13号《补偿决定书》，但由于被征收房屋与用于产权调换的房屋的评估时点均为2013年7月19日，且以此为基准对居李户进行产权调换并结算差价款，并不违反法律规定；且后来两处房屋价格均已上涨，并无不公平之处。第一份评估报告存在估价师注册证有效期已过等问题，所以进行鉴定以及重新评估。鼓楼区人民政府依据新评估报告以及补偿安置方案等作出补偿决定，并向居李等3人送达并公告，程序合法。居李等3人的再审申请不符合法律规定，请求驳回居李等3人的再审申请。

【裁判要旨】

房屋征收部门与被征收人在征收补偿方案确定的签约期限内无法达成补偿协议的，由政府按照征收补偿方案作出补偿决定并予以公告。因被征收人所提要求明显不符合法律规定双方无法协商一致的情形下，政府应当及时依法作出补偿决定，而不能怠于履行补偿安置职责。实践中，政府因自身原因未在合理期限内作出补偿决定，拖延时间较长，被征收房屋与产权调换房屋的价格波动较大的，以征收决定公告时点作为房屋价值的评估时点不利于实现公平补偿，故应当以补偿决定作出时点作为评估时点。

【裁判理由与论证】

最高人民法院认为本案的争议焦点为：征收人在原评估报告载明的一年应用有效期内，未与被征收人签订补偿安置协议，也不及时作出补偿决定又无合理理由，作出补偿决定时点与征收决定公告时点明显不合理迟延，且同期被征收房屋价格上涨幅度明显高于产权调换房屋的，是否仍应以征收决定公告时点作为评估时点，并以此结算被征收房屋与产权调换房屋的差价款。

一、明确裁判依据

首先，最高人民法院详细梳理了《征补条例》《国有土地上房屋征收评估办法》《房地产估价规范》《房地产抵押估价指导意见》以及《城市房屋拆迁估价指导意见》（已失效）的相关规定，认为确定被征收房屋价值的评估时点时，除《国有土地上房屋征收评估办法》第10条确定的"被征收房屋价值评估时点为房屋征收决定公告之日。用于产权调换房屋价值评估时点应当与被征收房屋价值评估时点一致"的具体规则外，还应当适用《国有土地上房屋征收与补偿条例》第 2 条和第 19 条确立的公平补偿原则。

二、具体规则与原则间存在冲突

最高人民法院认为，在补偿明显延迟、被征收房屋价值又明显上涨的情形下，机械适用被征收房屋价值评估时点为房屋征收决定公告之日的规则，"难以保障被征收人得到的货币补偿金能够购买被征收房屋类似房地产，无法体现公平补偿原则"。虽然《征补条例》等法律文件也未规定如何判断相应的"合理期限"，但不能据此就认为法律是将补偿时间完全交由行政机关自由裁量。《房地产估价规范》中的"时点原则"以及《房地产抵押估价指导意见》（已失效）第 26 条"估价报告应用有效期从估价报告出具之日起计，不得超过一年"的规定，都表明在公平补偿原则之中实际上包含了关于补偿时间的一定要求。据此，最高人民法院认为，鼓楼区人民政府 2013 年 7 月 19 日作出征收决定，2016 年 5 月 23 才作出补偿决定，又不能对补偿迟延作出合理说明，再坚持以 2013 年 7 月 19 日作为评估时点，将不利于实现公平补偿。

三、二者冲突的权衡

《国有土地上房屋征收评估办法》第 10 条以房屋征收决定公告之日作为被征收房屋价值评估时点的目的是督促市、县级人民政府尽可能快速地通过签订补偿安置协议或者作出补偿决定的方式，及时对被征收人进行补偿并固定双方的权利义务，确保补偿的实质公平。但从本案来看，如果仍坚持房屋征收决定公告之日为评估时点，有可能放纵征收人怠于履行补偿安置职责，甚至以拖待变以致久拖不决，造成补偿安置纠纷经年得不到解决。这样既损害被征收人补偿安置权益，又提高相应补偿安置成本，还损害政府依法行政的形象。

四、提出权衡方案

基于权衡的结果，最高人民法院认为，为了实现个案争议的解决，有必要依据公平补偿原则对房屋征收补偿迟延情形下的价值评估时点进行校正。

具体言之，在"征收决定公告之日"或者估价报告出具之日起的一年后作出的补偿决定是否仍应继续坚持以"征收决定公告之日"为确定补偿的评估时点,应结合以下因素综合判断:一是注意当地房地产市场价格波动的幅度并考虑评估报告的"应用有效期"。参考《房地产抵押估价指导意见》第26条规定。二是市、县级人民政府未在一年内作出补偿决定,是否存在可归责于被征收人的原因。例如,被征收人以种种理由拒绝配合征收补偿工作致使征收与补偿程序延误的,在此等情形下,人民法院不宜以补偿决定未在一年内作出而另行确定补偿评估时点。三是补偿决定时点明显迟延且主要归责于市、县级人民政府与其职能部门自身原因的,同时房地产市场价格发生剧烈波动,按照超过"应用有效期"的评估报告补偿,明显不利于被征收人得到公平补偿的,则不宜再坚持必须以"征收决定公告之日"为确定补偿的评估时点。四是坚持《征补条例》第27条规定的实施房屋征收应当先补偿、后搬迁。即作出房屋征收决定的市、县级人民政府对被征收人给予补偿后,被征收人应当在补偿协议约定或者补偿决定确定的搬迁期限内完成搬迁。此处的"对被征收人给予补偿后"应当作限缩性理解,即不仅仅是签订协议或者作出补偿决定,而应理解为补偿协议约定或者补偿决定确定的款项已经交付、周转用房或者产权调换房屋已经交付。此时,市、县级人民政府申请强制搬迁的条件才符合《最高人民法院关于办理申请人民法院强制执行国有土地上房屋征收补偿决定案件若干问题的规定》。五是征收房屋范围是否过大,难以在一年内实施完毕,并存在分期实施征收决定情形,且被征收房屋在强制搬迁前仍然继续由被征收人正常使用等因素。

最终法院适用新规则,判决责令福州市鼓楼区人民政府以征收补偿决定作出的2016年5月23日作为评估时点重新启动评估,依法确定被征收房屋与产权调换房屋之间的差价款。

【涉及的重要理论问题】

本案是最高人民法院在如何对待公平补偿原则与被征收房屋价值评估时点确定规则冲突适用上阐明立场的一个重要判例。涉及两个主要问题,一是公平补偿原则与被征收房屋价值评估时点确定具体规则二者间的冲突适用问题。二是被征收不动产价值评估基准日的确定判断问题。

一、公平补偿原则与被征收房屋价值评估时点确定规则间的冲突适用

（一）公平补偿原则的内涵

1. 现行法的规定

我国《宪法》第 10 条规定："国家为了公共利益的需要，可以依照法律规定对土地实行征收或者征用并给予补偿。"尽管我国宪法中仅用了"补偿"二字，而非采用"公正补偿"或者"公平补偿"的表述，但不可否认的是，"公共利益"和"公正补偿"早已成为世界通行的征收要件。

现行《征补条例》第 2 条规定："为了公共利益的需要，征收国有土地上单位、个人的房屋，应当对被征收房屋所有权人给予公平补偿。"学界通说观点认为，该条明确了城市房屋征收的公平补偿原则。[1]

理解何为公平补偿必须同时结合上位法规定。依我国《民法典》总则编第 117 条规定，为了公共利益的需要，依照法律规定的权限和程序征收、征用不动产或者动产的，应当给予公平、合理的补偿。依此，公平补偿的内涵可以进一步理解为公平、合理的补偿。但这并不能完全解决问题，"公平、合理的补偿"概念也并不清楚。

2. 学说争论

关于何为公平、合理的补偿，学界存在全额补偿说、适当补偿说以及衡平补偿说三种主流观点。全额补偿说认为，征收补偿与民事赔偿是相通的概念和制度，应当根据受害人的全部损害来确定补偿的具体数额。[2]基于此，对于因征收而造成的非财产损失以及后续的损失等第三人损失亦应纳入补偿的范围。

适当补偿说则奉行公共利益优先原则，认为给予被征收人相当或妥当之补偿即可。其理由在于，完全补偿涉及直接损失和间接损失，如果这两类损失都同时赔偿，也会导致征收的成本过高，不能够起到维护公共利益的目的。

---

〔1〕 叶必丰：《城镇化中土地征收补偿的平等原则》，载《中国法学》2014 年第 3 期，第 130 页。

〔2〕 参见张玉东：《公益征收若干法律问题研究》，载房绍坤、王洪平主编：《不动产征收法律制度纵论》，中国法制出版社 2009 年版，第 202 页。

其批驳了完全补偿说征收补偿与民事赔偿是相通的概念的说法，认为征收系对私有财产的合法剥夺，而侵权损害则具有违法性，两者性质完全不同。[1]基于此原则，仅被征收人的直接损失可得受偿。

衡平补偿说认为，需在斟酌公益与关系人利益后，公平决定补偿。此种利益衡量主要体现在征收补偿的范围上，就征收补偿的标准而言，则通常以市价为标准进行衡量。[2]而关于市场价值，美国联邦最高法院的定义是：一个有意愿的购买者愿意支付给一个有意愿的出卖人的现金价格。[3]

3. 观点选择

本文认为，衡平补偿说相较而言更为科学。

首先，适当补偿标准对财产权人保护力度过弱。基于征收的公益性和强制性，被征收人转让财产的自由受到限制，即必须、只能移转所有权于征收人。因此，对于被征收人的此种特别牺牲，国家应给予高度重视。表现于补偿原则上，应体现公平公正，而不是仅仅给予适当补偿。

其次，如上文所述，完全补偿说已然被适当补偿说批驳，其受私法损害赔偿理念影响最大，然而征收补偿不同于损害赔偿，前者为公法上合法行为的补偿，后者则是私法上不法行为的赔偿。

再次，从域外法律经验来看，衡平补偿说取代上述两种学说已成主流。譬如肇始于19世纪德国古典征收之完全补偿，后为魏玛宪法之"适当补偿"所取代。虽然实务上仍因循以往的完全补偿见解，但在希特勒国社主义政权时期，法院即发展出"公益权衡"之主张。此后，德国基本法即确立公平补偿原则。[4]美国法和英国法现行征收标准同样为"公平补偿"原则标准。

最后，除前述考量外，财产主观价值的不可衡量性、防止被征收人的过度投资，以及防止征收腐败等实践理由，也是坚持公平补偿、反对完全补偿的

---

〔1〕 参见王利明：《物权法与国家征收补偿》，载《上海城市管理职业技术学院学报》2007年第2期，第10-14页。

〔2〕 参见张千帆：《"公正补偿"与征收权的宪法限制》，载《法学研究》2005年第2期，第25-37页。

〔3〕 Berenholz v. United States, 1 Cl. Ct. 620, 632 (1982).

〔4〕 陈新民：《德国公法学基础理论》（下册），山东人民出版社2001年版，第492页。

原因，并且获得了学者们的认可。[1]

4. 房屋征收公平补偿的范围之厘清

（1）征收补偿的对象。

此处的问题在于国有土地上的房屋征收是否包含土地使用权。依《征补条例》这一法规名称判断，似乎补偿的对象仅限于房屋。该法第 17 条第 1 款规定："作出房屋征收决定的市、县级人民政府对被征收人给予的补偿包括：（一）被征收房屋价值的补偿；（二）因征收房屋造成的搬迁、临时安置的补偿；（三）因征收房屋造成的停产停业损失的补偿。"可见该法并未规定对土地使用权的补偿。

但学界观点与此并不一致，征收补偿包含了土地使用权的补偿。理由在于，从体系解释上看，《征补条例》第 13 条第 3 款规定"房屋被依法征收的，国有土地使用权同时收回"，本款的"同时收回"不应理解为独立补偿，而是计算在"房屋补偿"之内。同时，征收的目的并非取得房屋所有权，而是获得土地使用权，征收、拆除房屋只是实现征收目的的必要手段。[2]

（2）直接损失的补偿。

关于直接损失的范围，一般认为应包含被征收土地及其房屋等建筑物、构筑物的市场价值，以及其他财产损失和负担补偿三大部分。公平补偿所谓的市场价值主要就是指被征收土地及其房屋的市场价值。就具体的计算方法而言，美国法上存在三种主流方法。第一种为可比销售法，即参考可比的同类财产销售价格。第二种为总体收入法，即根据财产的现有价值而计算的净收入来决定财产价值。第三种为复制成本法，即计算在当前市场上更换或重新购置被征收财产但减去折旧的成本。通常来说，比较销售价格法是经常采用的方法，评估者也通常综合采用数种评估方法进行评估。[3]

其他财产损失，是一种与被征收物之价值无关，因征收而产生之直接及

---

〔1〕 房绍坤、曹相见：《论国有土地上房屋征收的"公平、合理"补偿》，载《学习与探索》2018 年第 10 期，第 92-93 页。

〔2〕 参见朱广新：《房屋征收补偿范围与标准的思考》，载《法学》2011 年第 5 期，第 21-23 页。

〔3〕 参见宋志红：《美国征收补偿的公平市场价值标准及对我国的启示》，载《法学家》2014 年第 6 期，第 162 页。

必然之损害。对其补偿主要分为两个部分：一是有害补偿，包含残余土地补偿、相邻土地价值贬损的补偿；二是侵扰补偿，包括房屋所有者的重新安置费用，以及重新安置造成的商业损失，因迁居所引起的迁徙费用等。我国《征补条例》第 17 条仅规定了对"因征收房屋造成的搬迁、临时安置的补偿；因征收房屋造成的停产停业损失的补偿"。

负担补偿，主要是指存在于被征收物上之租赁关系和地役权关系。

（3）主观价值的补偿。

市场价值补偿是一种相对来说一般的、客观的补偿，它对于权利人具体的、主观的损失补偿方面原则上不予补偿，尤其是权利人对其不动产的情感价值在市场价值补偿下更是得不到有效补偿。[1]究其根本在于主观价值虚高评估的真实性审查迄今仍存在无法克服的困难。

关于美国法上主观价值的补偿，2005 年"凯洛诉新伦敦市案"具有标杆意义。在该案中，美国联邦最高法院判决基于经济目的的征收不违宪。判决后，部分州的改革法令增加了部分征收行为的补偿数额，其对象或是基于经济目的的征收，或是针对住宅的征收，可视为依比例补偿主观价值的典范。[2]

关于主观损失的补偿，我国法律尚未有所规定，但权利人对其不动产的情感价值补偿在我国具有非凡的意义，这与我国传统文化中对房屋、土地的重视是一脉相承的。有学者即认为，对主观损失的补偿实践中存在予以保护的需要。征收补偿应当对特定类型（如国有土地上房屋征收）作出例外规定。尤其是考虑到防止征收权滥用、人民分享经济发展之成果时，尤为如此。但为了克服主观价值的不可估价性，不宜由立法作出刚性规定，而应留待程序来解决。[3]

---

〔1〕 参见范振国：《论市场价值补偿标准的限度及超越：基于我国国有土地上房屋征收背景的考察》，载《社会科学战线》2013 年第 12 期，第 181 页。

〔2〕 参见邹爱华：《美国土地征收法的新发展及其对我国的启示》，载《现代法学》2013 年第 4 期，第 152–154 页。

〔3〕 房绍坤、曹相见：《论国有土地上房屋征收的"公平、合理"补偿》，载《学习与探索》2018 年第 10 期，第 95 页。

（二）公平补偿原则与房屋价值评估时点确定具体规则间的冲突

依《国有土地上房屋征收评估办法》第 10 条规定，被征收房屋价值评估时点为房屋征收决定公告之日。用于产权调换房屋价值评估时点应当与被征收房屋价值评估时点一致。该规定预设的场景是正常的征收补偿情形，并没有考虑征收补偿间断、拖延的情形。相较而言，2003 年《城市房屋拆迁估价指导意见》第 11 条"一般+例外"[1]的表述反倒更加合理，但其业已失效。

在房屋征收补偿明显延迟、被征收房屋价值又明显上涨的情形下，如果仍然机械适用《国有土地上房屋征收评估办法》第 10 条确定评估时点显然会有违公平补偿原则。

此时，法院有两种选择：第一种选择为，认定《国有土地上房屋征收评估办法》存在规则空白，而后依据公平补偿原则填补规则漏洞，为处理待决案件提供裁判标准。第二种选择为，认定存在可适用规则即《国有土地上房屋征收评估办法》第 10 条，但在待决案件中适用该规则会导致"既损害被征收人补偿安置权益，又提高相应补偿安置成本，还损害政府依法行政的形象"的不利后果，此时需借助公平补偿原则对该规则的适用范围进行限制，即创制规则适用的例外。在本案中，法院选择了后一种方式。

（三）公平补偿原则与房屋价值评估时点确定具体规则之间的冲突适用

上述问题的实质其实在于法律原则与法律具体规则存在冲突时如何适用。法理学界通说观点认为，法律原则的适用必须遵守两个严格条件：其一，穷尽法律规则，方得适用法律原则。即在有具体的法律规则可供适用时，不得直接适用法律原则。即使出现了法律规则的例外情况，如果没有非常强烈的理由，法官也不得以一定的原则否定既存的规则。只有在无规则可用的情形下，法律原则方可作为弥补规则漏洞的手段出现而发挥作用。[2]其二，除非为了个案正义，否则不得舍弃规则而直接适用原则。这是因为在任何特定国

---

〔1〕《城市房屋拆迁估价指导意见》第 11 条规定：拆迁估价目的统一表述为"为确定被拆迁房屋货币补偿金额而评估其房地产市场价格"。拆迁估价时点一般为房屋拆迁许可证颁发之日。拆迁规模大、分期分段实施的，以当期（段）房屋拆迁实施之日为估价时点。拆迁估价的价值标准为公开市场价值，不考虑房屋租赁、抵押、查封等因素的影响。

〔2〕参见舒国滢主编：《法理学导论》，北京大学出版社 2019 年版，第 116 页。

家的法律人最先理当崇尚的是法律的确定性。

据此，通常情形下，司法裁判应当优先适用法律规则，只有当法官能通过说理证明，在个案中实现一般法律原则的重要性超过支持适用规则的实质理由与形式理由时，才能为规则创制例外。而这种依据一般法律原则为法律规则创制例外的做法也并未逾越法院的角色。

其通常的论证过程分为五步：（1）案件存在规则，同时判断哪些原则可能适用于待决案件；（2）判断规则与原则是否冲突；（3）如果冲突，对相冲突之原则与规则背后的理由进行权衡；（4）基于权衡结果，依据原则宣告相应的规则不适用，同时建构新规则即提出原规则的例外规则；（5）将新规则适用于待决案件。[1]

上文分析的最高人民法院裁判思路即大致遵照此论证过程而进行。

二、被征收不动产价值评估基准日的确定判断

（一）问题的提出

本案涉及的第二个关键问题即在于被征收不动产价值评估基准如何判断。

如前所述，公平补偿原则早已成为世界通行的征收要件。而在考虑计算公平补偿具体价值的技术手段之前首先无法回避的一个关键问题便是如何确定交易的时间节点。因为不动产征收补偿的核心是计算被征收不动产的价值，而价值计算的关键因素之一在于明确反映公平补偿原则的市场价值的时间。[2]任何财产的交易都必须需要明确的财产的价值并非一成不变，不同的评估基准时间在很大程度上能够影响到财产的评估价值，进而影响补偿。

基于我国两种土地所有制的特殊性，集体土地的征收补偿几乎不存在市场评估的程序，因此目前成文法仅对国有土地上房屋的征收与补偿的评估时点有所规定，并集中体现在《征补条例》第2条、第13条、第19条、第26条；《国有土地上房屋征收评估办法》第8条、第10条、第11条、第30条；

---

〔1〕 雷磊：《法律原则如何适用?》，载舒国滢主编：《法学方法论论丛》第1卷，中国法制出版社2012年版，第260页。

〔2〕 参见孙丽岩：《美国不动产征收的价值补偿问题研究》，载《现代法学》2017年第1期，第145页。

《国家标准——房地产估价规范》5.7.3;《房地产抵押估价指导意见》第26条。概括而言，市、县人民政府因公共利益征收国有土地上被征收人房屋时，应当对被征收人给予"公平补偿"，而"公平补偿"的基本要求为"不得低于房屋征收决定公告之日被征收房屋类似房地产的市场价格"。《征补条例》第19条和《国有土地上房屋征收评估办法》第10条均规定，被征收房屋价值评估时点为房屋征收决定公告之日。该时间节点以征收之日为基准，但单纯以征收之日为基准并不科学。

（二）以征收之日为单一基准存在之局限

第一，征收乃是一个持续性行为，涉及规划、论证、测量、公告等各种阶段性行为，前期的论证、准备等阶段，也可能出现具有实质性征收效果的政府行为，准确把握何时为征收之日变得极为困难，因此很难准确定义何谓"征收之日"。[1]

第二，即便可以确定征收之日，在整个征收过程中，基于规划、舆论环境等征收预期因素的变化，被征收财产有时会在征收之日到来之前就呈现出明显的溢价或者贬值，此时如若机械地固定"征收之日"为征收时间基准也会有违反"公正补偿"原则之嫌。[2]

第三，虽然《国有土地上房屋征收评估办法》将"征收决定公告之日"作为不动产价值计算的基准日，但现实的拆迁活动由于各种原因会出现"征收决定公告之日"与"补偿协议签订日"等相差较远的情况，也因此引起了大量的纠纷。

实践中，政府未及时签订补偿协议或作出补偿决定的原因主要有以下几种情形：其一，因为政府建设项目用地需求不迫切抑或并没有建设项目；其二，建设项目安置补偿资金不到位而暂时无力补偿；其三，征地后建设规划有所调整，暂时不宜补偿；其四，政府征收行为本身不规范，行政相对人提起相关诉讼，以致补偿问题被搁置；其五，被征收人提出不合法不合理的补

---

[1] 高鲁嘉、齐延平:《论美国征收法上的"公平补偿"原则——兼论中国征收补偿法律制度之完善》，载《学习与探索》2018年第4期，第96页。

[2] 方涧:《论被征收不动产价值评估基准日的确定——美国模式与中国方案》，载《北方法学》2020年第2期，第82页。

偿要求，征收单位依法履职不力；其六，个别项目因维稳需要以拖待变，最终造成在征收决定公告数年后，安置补偿问题仍未得到解决；其七，有些项目经过旷日持久的复议、诉讼，最终仍未有效解决补偿问题。这些特殊案件的裁判只能因案而宜，不能一律以征收决定公告之日评估价格作为补偿的基准，否则可能会显著降低被征收人的住房保障条件，背离《征补条例》保障被征收人合法权益的立法精神；也不能一律以法院裁判时点的市场价格作为基准，否则必然造成补偿标准不统一，甚至会变相诱导当事人通过诉讼拖延征收补偿过程。[1]

综上，单一以征收决定公告之日作为评估基准日存在局限，更适宜的方案应当是原则上以征收决定公告之日为评估基准，但允许逸脱征收日，采取较为多元化的价值评估时间节点界定方案，下文详述之。

（三）我国土地征收不动产价值评估时间节点的界定方案

在我国司法体系内，在成文法的标准之外，几乎不存在通过援引我国《宪法》第13条第3款的"补偿"规定而改变评估时点的可能。更多情况下，法院援引的是《征补条例》第2条、第19条的内容，要求征收国有土地上单位、个人的房屋，应当对被征收房屋所有权人给予公平补偿。[2]对被征收房屋价值的补偿，不得低于房屋征收决定公告之日被征收房屋类似房地产的市场价格。因此，这一问题的本土表达即为如何正确解释和理解"不得低于"与"公平补偿"之间的法律关系。

首先，我国《征补条例》《国有土地上房屋征收评估办法》等对于被征收房屋价值评估时点"房屋征收决定公告之日"的具体规定应当结合《征补条例》中有关"公平补偿"条款的规定作出更加客观准确的体系解释，而不能机械地理解和适用"房屋征收决定公告之日"的规定，无视具体的征收项目中实施日期的差异，人民政府可能存在的单方责任以及补偿协议签订日、

---

〔1〕 参见耿宝建：《国有土地上房屋征收与补偿的十个具体问题——从三起公报案例谈起》，载《法律适用》2017年第9期，第91-92页。

〔2〕 参见孔庆丰诉泗水县人民政府房屋征收决定案，载《人法院报》2014年8月30日，第3版。居李等诉福州市鼓楼区人民政府房屋征收补偿决定案，最高人民法院（2018）最高法行再202号行政判决书。

补偿决定作出日和实际货币补偿款支付日之间存在的差异，一味地将"征收决定公告之日"作为评估的时点。

其次，补偿虽然可以适当滞后但仍需在合理期限。对"合理期限"的判断，必须综合建设项目范围大小、被征收房屋是否仍由被征收人正常实际使用等因素综合判断。如无其他正当理由，合理期限可参考《房地产抵押估价指导意见》第26条有关规定，即政府一般应在征收公告之日起一年内解决补偿问题。[1]但如若政府未依法公告房屋征收决定的，则可以自向被征收人送达征收决定之日起计算。

再次，法院不宜在"公正补偿"的指引下轻率地否定以"征收决定公告之日"作为价值评估的时点，对政府在合理期限内作出的补偿决定，人民法院一般不宜以裁判时点作为补偿基准时点。在我国宪法规定的国家机关分工与合作框架下，司法权与行政权地位平等，即使人民法院认为补偿决定遗漏相关内容，也不宜从根本上否定行政机关对补偿时点的认定。人民法院撤销补偿决定、责令政府重新作出的，对补偿时点的确定，仍属于行政机关裁量的范围，只要不严重背离相对合理的期限，一般仍宜参考征收公告时点的评估价格，以免造成整个征收范围内被征收人补偿标准的不公平。

最后，当政府未在一年内与被征收人签订补偿协议或者作出补偿决定的，此时应当重点考察出现延迟的原因是否可归责于被征收人。如果主要是被征收人的原因导致补偿迟延的，以"征收决定公告之日"作为价值评估的时点为佳。

而对政府超过合理期限且无正当理由未予补偿，又不能证明被征收人同意延期协商补偿的，人民法院可将实际作出补偿决定的时点或者双方协商的时点作为评估时点，此时不宜再坚持将"征收决定公告之日"作为价值评估的时点。

对于政府严重违法，在无征收决定、无补偿决定的情况下强制搬迁，且

---

[1] 《房地产抵押估价指导意见》第26条规定："估价报告应用有效期从估价报告出具之日起计，不得超过一年；房地产估价师预计估价对象的市场价格将有较大变化的，应当缩短估价报告应用有效期。超过估价报告应用有效期使用估价报告的，相关责任由使用者承担。在估价报告应用有效期内使用估价报告的，相关责任由出具估价报告的估价机构承担，但使用者不当使用的除外。"

长期拒绝解决补偿问题，对被征收人合法权益造成重大损害的案件，此时可以考虑将评估时点延后至一审审理时，或在各评估时点中选择对当事人最有利之时点，以此使得判决带有一定惩戒性，通过司法审查倒逼政府依法征收。[1]

三、征收与补偿同时性问题

本案中其实还涉及一个隐藏性问题，即征收与补偿二者的同时性问题。本案中征收决定和最终补偿决定之间间隔较久，拖延时间较长。

我国《宪法》第 13 条第 1 款、第 2 款规定："公民的合法的私有财产不受侵犯。国家依照法律规定保护公民的私有财产权和继承权。"该条第 3 款又规定："国家为了公共利益的需要，可以依照法律规定对公民的私有财产实行征收或者征用并给予补偿。"这些规定明确了我国公民享有的财产权及国家对财产权的国家保护性职务义务。我国宪法坚持并明确了征收与补偿的同时性，坚持"有征收必有补偿"原则，禁止只征收不补偿或者低补偿。[2]

但值得警惕的是，《征补条例》并未能在相关条文中明确"征收"与"补偿"的同时性。特别是《征补条例》将征收决定与补偿决定分别作为两章单独规定，并且明显划分为先后两个不同阶段，此种结构设计容易被误读为市、县级政府可以先征收后补偿；或者可以只征收不补偿。由于《征补条例》在立法技术上对征收、补偿单独分别规定，给了地方政府嗣后再解决补偿问题的空间。[3]本案中，被告福州市鼓楼区人民政府作出最终补偿决定与征收决定作出之日即已间隔多年，征收决定与补偿决定的分离，也同时造成了房屋补偿时点严重滞后于征收时点，从而可能出现被征收人取得的货币补偿款无法购买同类房屋，严重侵害行政相对人的房屋财产权，甚至诱发恶性事件。

---

〔1〕　参见耿宝建：《国有土地上房屋征收与补偿的十个具体问题——从三起公报案例谈起》，载《法律适用》2017 年第 9 期，第 91-92 页。

〔2〕　参见陈国栋：《法律关系视角下的行政赔偿诉讼》，中国法制出版社 2015 年版，第 146 页。

〔3〕　房绍坤、曹相见：《论国有土地上房屋征收的"公平、合理"补偿》，载《学习与探索》2018 年第 10 期，第 90 页。

事实上，《征补条例》虽然从立法技术上将征收决定与补偿决定相分离，但其第 27 条明确规定了实施房屋征收应当先补偿、后搬迁。由此观之，《征补条例》仍然坚持了征收与补偿的同时性原则。

据此，"补偿"的具体时间节点也应当理解为补偿协议或者补偿决定确定的款项已经交付或者依法提存、周转用房或者产权调换房屋已经交付或者已经依法提存相关凭证与钥匙，而不应将签订补偿协议等认定为"补偿"的具体时间节点。[1]

【后续影响及借鉴意义】

本案是最高人民法院在如何对待公平补偿原则与被征收房屋价值评估时点确定规则冲突适用上阐明立场的一个重要判例。通过对本案裁判理由的分析，我们可以看到最高人民法院提供了一个被征收房产价值评估时点的确定的多元化规则：首先，通常情形下，应当适用《国有土地上房屋征收评估办法》第 10 条，即被征收房屋价值评估时点为房屋征收决定公告之日。但在补偿明显延迟被征收房屋价值又明显上涨的情形下，应结合前述裁判要旨中指明的要素进行综合判断，可以考虑评估时点后移，以作出补偿决定或者签订补偿协议之日为评估时点，甚至可以以一审审理时点作为评估时点。

（指导教师：胡斌　中国政法大学法学院讲师）

---

[1] 方涧：《论被征收不动产价值评估基准日的确定——美国模式与中国方案》，载《北方法学》2020 年第 2 期，第 88 页。

案例七　集体土地征收中"住改非"房屋的
停产停业损失补偿问题
——杨仕琴与贵州省息烽县人民政府等土地征收纠纷案

陈依雯 *

【案例名称】

杨仕琴与贵州省息烽县人民政府等土地征收纠纷案［贵州省贵阳市中级人民法院（2017）黔 01 行初 660 号、贵州省高级人民法院（2017）黔行终 1768 号、最高人民法院（2019）最高法行申 965 号］

【关键词】

集体土地　土地征收　"住改非"房屋　停产停业损失

【基本案情】

杨仕琴拥有在集体土地上的自建房屋，房屋结构为砖混及砖木结构，附近有天然温泉，故用于开办"农家乐"，经营范围包括住宿、餐饮，并拥有合法的餐饮服务许可证。2012 年，贵州省息烽县人民政府（以下简称息烽县政府）作出《房屋征收决定》和公告，杨仕琴的房屋位于征收范围内。息烽县政府参照《国有土地上房屋征收与补偿条例》相关规定开展征地补偿工作，经测绘、评估，作出《房屋征收与安置补偿方案的批复》，但杨仕琴未签字认可。双方多次协商征收补偿事项，未达成一致意见，息烽县政府遂于 2014 年

* 作者简介：陈依雯，中国政法大学法学院宪法学与行政法学专业 2022 级硕士研究生。

作出《房屋征收补偿决定书》，为杨仕琴提供货币补偿及产权调换两种方式供其选择。货币补偿包括：房屋补偿款、附属设施补偿款及装饰装修补偿款、搬迁补助费、过渡费；产权调换为杨仕琴提供了相应的房屋，并包括装饰装修及附属设施补偿款、搬迁费、过渡费。杨仕琴不服《房屋征收补偿决定书》，申请复议。贵州省贵阳市人民政府作出了维持决定。杨仕琴不服，遂向人民法院提起诉讼，请求撤销《房屋征收补偿决定书》及复议决定书。经审查，息烽县政府作出的《房屋征收与安置补偿方案的批复》中规定有停产停业补助。此外，负责该征收范围开发建设的指挥部于 2013 年编印的《土地房屋征收补偿宣传手册》也明确规定，对于具有营利性质的被征收人，根据被征收人所提供的缴纳社会保险费的人员数进行计算待工人员补助费。经协调，息烽县政府向人民法院书面承诺一并补偿杨仕琴的待工人员补助费。

【裁判要旨】

《土地管理法》规定，征收土地应当给予公平、合理的补偿，保障被征地农民原有生活水平不降低，长远生计有保障。人民政府征收集体土地上房屋时参照执行国有土地上房屋征收补偿标准的，对于被征收房屋因"住改非"而实际用于经营的情形，应当对被征收人的停产停业损失酌情给予合理补偿。[1]

【裁判理由与论证】

最高人民法院经审查认为，本案的争议焦点是息烽县政府对杨仕琴户作出的 12 号征补决定书是否正当。具体言之，本案的法律问题是，对于农村集体土地上房屋因"住改非"而用于经营，征收时对于停产停业损失是否应当进行补偿，如何补偿。

一、贵州省高级人民法院的论证

贵州省高级人民法院认为，根据 2004 年《土地管理法》第 47 条第 4 款

---

〔1〕 参见刘杰、谢承浩、杨军：《征收集体土地上"住改非"房屋时应补偿停产停业损失》，载《人民司法》2021 年第 2 期，第 100-104 页。

"被征收土地上的附着物和青苗的补偿标准，由省、自治区、直辖市规定"和2017年修正的《贵州省土地管理条例》第20条第（三）部分第2点"被征用土地上的建筑物、构筑物、树木等，按有关规定或双方约定的标准给予补偿；没有规定、约定或约定不成的，由县级人民政府根据实际损失价值确定"的规定，对被征收土地上的房屋，原则上作为地上附着物按上述规定进行补偿。

但在对地上附着物的补偿标准、程序等无明确规定的情况下，息烽县政府参照《国有土地上房屋征收与补偿条例》的有关规定，对涉案房屋作出征收补偿决定，其合理性在于：

一是在程序上更为规范，尤其是对征收范围内房屋进行了评估，通过评估程序确定的补偿价格比行政机关单方制定的补偿标准更公正、更具有合理性。

二是通过作出书面房屋征收补偿决定，对杨仕琴的房屋，根据测量机构测定的面积，房屋的性质也认定为"住改非"，且已按评估区间价格中的最高价格2787元每平方米进行补偿，对装修附属设施、搬迁费、过渡费等均按安置补偿方案的标准进行补偿；亦提供了货币补偿和产权调换两种补偿方式的选择。该房屋补偿决定对涉及的各项补偿均已进行明确，并告知了诉权等，更有利于保护相对人的各项权利。

三是从结果上更有利于保护当事人的利益，也能促进行政机关依法行政。该补偿决定对上诉人已经进行了较为合理的补偿，虽存在部分瑕疵，但对上诉人权益不产生实质性损害，结果并无不当。贵阳市人民政府作出维持该征收补偿决定的行政复议决定亦无不当。

二、最高人民法院的补充

在此基础上，最高人民法院强调，基于参照《国有土地上房屋征收与补偿条例》以更好地保护当事人各项权利的行政目的，虽然杨仕琴未能举示工商业执照、税务登记证等证据证实其从事经营，但是，根据原审查明其办有餐饮经营许可证并实际经营旅社的具体情形，对于实际从业人员，息烽县政府还应当予以核实，参照息府函（2014）138号《关于息烽温泉疗养院片区开发建设项目房屋征收与安置补偿方案的批复》规定的标准，进一步予以补助。

【涉及的重要理论问题】

一、集体土地征收中"住改非"房屋的定性及补偿问题

分析集体土地征收中"住改非"房屋补偿问题的前提是，对"住改非"房屋的性质进行界定。只有在论证"住改非"行为是合法行为，即对"住改非"应当进行补偿的前提下，才能进一步探究在集体土地征收中"住改非"房屋如何补偿。

（一）"住改非"房屋的性质认定

"住改非"，通常是指在国有土地上的住宅利用其特有的区位优势，实际用作经营的情况，该房屋产权证上登记为住宅用房。[1]探究"住改非"房屋补偿问题的前提是，先明确"住改非"行为是合法行为，还是非法行为？是实体上的非法行为，还是仅为程序上的非法行为？

在理论层面，从公民私权利的角度而言，公民的房屋属于公民的私有财产，在不危害公共利益和他人利益的前提下，有权对自己的房屋使用作出处分。并且，"住改非"的行为本身也具有一定的合理性，"住改非"现象的存在，说明房屋的住宅性质与其占用的土地性质不相协调，如果要达到土地的最高最佳使用，住宅房屋必将被拆除改建为非住宅房屋，而在统一拆迁改建之前，将住宅改为商业用房，符合土地最高最佳使用原则。

在实践层面，在征收补偿过程中，由于不同用途的房屋安置补偿价格不同，相关权证载明的用途与实际用途发生矛盾，会导致征收人和被征收人对补偿标准不能达成一致。基于此，2003年国务院办公厅《关于认真做好城镇

---

〔1〕 参见李少平主编：《最高人民法院第五巡回法庭法官会议纪要》，人民法院出版社2021年版，第363页、第369页。本案中是集体土地上的"住改非"房屋，在司法审查确认属于合法建筑的情况之下，对于认定农村房屋的实际用途，可以参照国有土地上房屋征收补偿的相关规定进行，应当审查：是否办理经营手续（营业执照、税务证照、组织机构代码证、卫生许可证），是否缴纳税款（具有完税证明），有无购销协议、发票，经营时间及场所情况等进行综合判断。

房屋拆迁工作维护社会稳定的紧急通知》第 4 条规定："……对拆迁范围内产权性质为住宅，但已依法取得营业执照经营性用房的补偿，各地可根据其经营情况、经营年限及纳税等实际情况给予适当补偿。对拆迁范围内由于历史原因造成的手续不全房屋，应依据现行有关法律法规补办手续……"所以，在实践中，无论是实体上，还是程序上，"住改非"行为均被认定为合法行为。虽然各地对"住改非"的认定和补偿政策存在差异[1]，但是并未将"住改非"房屋认定为违法建筑。

总而言之，目前，我国还没有法律法规规定禁止将住房改作生产经营用房，只是有些地方规定"住改非"前需征得相邻权人的同意，方能办理相关生产经营手续。根据"法无明文规定即可为"的民事行为规则，在不损害他人利益、公共利益和不违反法律法规强制性或禁止性规定的前提下，只要当事人对进行商业经营的房屋取得了营业执照登记，进行了税务登记，即使没有办理房屋权属变更，此商业行为也可在法律层面上被认定为合法行为。

（二）集体土地征收中"住改非"房屋的补偿问题

在论证"住改非"房屋的性质应当认定为合法的基础上，进一步探究集体土地征收中"住改非"房屋的补偿问题。具体到本案中，即为对于农村集体土地上房屋因"住改非"而用于经营，征收时对于停产停业损失是否应当进行补偿，如何补偿。

在现行法律制度中，对于国有土地上征收补偿有明确的规定。《国有土地上房屋征收与补偿条例》第 17 条第 1 款规定："作出房屋征收决定的市、县级人民政府对被征收人给予的补偿包括：……（三）因征收房屋造成的停产

---

[1] 2015 年《湖北省国有土地上房屋征收与补偿实施办法》第 41 条规定："征收个人住宅，被征收人自行改变房屋用途作为经营性用房使用的，应当按照住宅房屋给予征收补偿；已依法取得营业执照的，对其实际用于经营的部分，可以根据经营情况、经营年限及纳税等实际情况给予适当补助，具体补助办法由市、县级人民政府制定。"《沈阳市国有土地上房屋征收与补偿办法》第 40 条规定："对利用地面一层住宅从事经营房屋符合下列条件的经营部分，选择货币补偿，可以按照经营性非住宅房屋房地产市场评估价格的 70%标准补偿，并可享受住宅房屋临时安置补助费、搬迁奖励费，但不给予停产停业损失费补偿：（一）房屋征收决定公告时，正在经营且依法取得营业执照，连续经营时间超过两年以上；（二）依法取得税务登记证并有两年以上纳税记录；（三）营业执照的营业地点与被征收房屋的位置相一致；（四）2011 年 8 月 1 日《沈阳市城乡规划条例》施行前，已实际经营的房屋。选择产权调换的，按照住宅房屋计算补偿。"

停业损失的补偿。"第 23 条规定："对因征收房屋造成停产停业损失的补偿，根据房屋被征收前的效益、停产停业期限等因素确定……"据此，如果征收国有土地造成了被征收人停产停业，需要对被征收人的待工待业人员进行补偿。

参照国有土地上房屋征收补偿所进行的集体土地上房屋征收补偿中，征收住宅不会导致被征收人待工待业；但对于"住改非"的房屋，停产停业损失是否应当酌情给予补偿或补助的问题，需要在司法实践中思考。因此，本文第二部分对集体土地征收中"住改非"房屋参照《国有土地上房屋征收与补偿条例》补偿停产停业损失的合理性进行深入分析。

二、集体土地征收中"住改非"房屋补偿停产停业损失的合理性

对于农村集体土地上房屋因"住改非"而用于经营，征收时是否补偿停产停业损失，审判中存有争议。对于集体土地上征收安置补偿比照国有土地征收补偿进行，除司法解释的原则性规定外[1]，如何准用国有土地上房屋征收补偿法律法规进行，对哪些项目比照参照适用，全国范围内并无明确而详细的程序性和实体性规定，更多见于各地政府出台的地方性法规或规范性文件中。

一种观点认为，本案当事人主张的相关损失基于公平合理和可信赖的原则应予补偿。对于已经"住改非"的农村住房，在征收时与其他的农村住房按照同样的标准进行补偿，有失公平。农民在取得合法的经营证的前提下，通过经营活动获取收入来源，对其房屋进行征收严重影响了农民的收入来源，实质上造成了农民的待工待业。为保障被征收农民的原有生活水平不降低，应基于公平合理的原则在征收补偿中酌情给予待工人员补助。

另一种观点认为，本案当事人主张的相关损失因不属于法定停产停业损失而不应予以补偿。法律并没有明确规定，在征收农村集体土地时应当补偿待工人员补助费。《土地房屋征收补偿宣传手册》所规定的项目是参照国有土

---

〔1〕 详见最高人民法院《关于审理涉及农村集体土地行政案件若干问题的规定》第 12 条第 2 款规定：征收农村集体土地时未就被征收土地上的房屋及其他不动产进行安置补偿，补偿安置时房屋所在地已纳入城市规划区，土地权利人请求参照执行国有土地上房屋征收补偿标准的，人民法院一般应予支持，但应当扣除已经取得的土地补偿费。

地上房屋征收补偿中对取得合法经营资格的经营者的停产停业损失补偿，本案的情况不属于法定停产停业损失补偿范围。征收土地时，对于被征收人的补偿要有明确的依据及统一的标准，因此要严格依据《土地使用权证》上载明的土地性质对被征收人予以补偿，不能以被征收人对于房屋的实际使用方式作为补偿的标准。[1]

最高人民法院认为，行政合理性原则和信赖保护原则要求为了公共利益征收集体土地时，要给予当事人公平合理的补偿，保障被征收人的生活水平不降低。《土地管理法》第 48 条第 1 款规定："征收土地应当给予公平、合理的补偿，保障被征地农民原有生活水平不降低、长远生计有保障。"为使农村集体土地上房屋因"住改非"而用于经营的被征收人原有生活水平不降低、长远生计有保障，本案应按照政府制定的《房屋征收与安置补偿方案的批复》和《土地房屋征收补偿宣传手册》给予待工人员公平、合理的补偿。

（一）行政合理性原则的要求

集体土地征收中"住改非"房屋补偿停产停业损失，是行政合理性原则的要求。行政合理性原则，其内涵主要表现为比例原则和平等对待。[2]

1. 平等对待

平等对待的基本含义是，非有正当理由不得区别对待，即非歧视原则。在行政法领域，平等对待的具体要求之一是，行政主体应平等对待行政相对人。具体言之，在行政权的行使过程中，行政主体应平等地、无偏私地行使行政权，平等地对待一切当事人。当然这种平等对待，也需要行政主体做到：相同的情况作出相同的对待，不相同的情况作出有差别的安排。[3]

---

〔1〕 李少平主编：《最高人民法院第五巡回法庭法官会议纪要》，人民法院出版社 2021 年版，第 360-361 页。

〔2〕 参见《行政法与行政诉讼法学》编写组：《行政法与行政诉讼法学》，高等教育出版社 2018 年版，第 31 页。

〔3〕 参见《行政法与行政诉讼法学》编写组：《行政法与行政诉讼法学》，高等教育出版社 2018 年版，第 32-33 页。也有学者将"平等对待"表述为"平等原则"。对平等原则的解读，则可从形式平等与实质平等两个方面来展开，平等原则可分解为同等对待和差别对待两项子原则，可分别适用于不同的具体情形。参见杨解君：《行政法平等原则的局限及其克服》，载《江海学刊》2004 年第 5 期，第 112-116 页。唐忠民、翟翌：《作为现代行政法基本原则的平等原则》，载《河南省政法管理干部学院学报》2010 年第 2 期，第 53-59 页。

一方面，集体土地上"住改非"房屋和城市"住改非"房屋本质上具有一致性。其一致性体现为，二者都是利用住宅生产经营获得收入来源。就立法目的而言，立法者之所以规定征收国有土地上房屋，要给予被征收人因征收房屋造成的待工人员补助费，是因为征收城市房屋如果导致被征收人失去收入来源，需要对其停止生产及营业所造成的损失进行弥补，以保障被征收人的生活水平不降低。集体土地上"住改非"房屋与自住房的不同之处在于，"住改非"房屋的主要用途是生产经营，而一般农村房屋的主要用途是居住。"住改非"房屋结构、装修水平、养护程序以及从业人员来源收入、征税社保等方面与普通农民存在差异，[1]如果在征收时一律不给予待工人员补助费，则存在与国有土地上同类型房屋征收补偿未平等对待的问题。

另一方面，《行政许可法》《食品安全法》等均未对城乡经营作出区别对待的规定。以餐饮服务为例，对房屋的要求并没有因位置在城市还是在农村而有所区别。无论是在城市从事餐饮服务，还是在农村从事餐饮服务，住所只需要满足行政许可条件即可。从事餐饮服务的房屋一旦被征收，都可能涉及待工待业问题，不会因为在集体土地上还是国有土地上而有所区别。

综上所述，本案参照《国有土地上房屋征收与补偿条例》给予被征收人待工人员补助费，有利于实现对当事人的平等保护，是行政合理性原则中平等对待的具体要求。

2. 比例原则

比例原则具体由三个子项构成：适当性、必要性和衡量性。[2]其中，"必要性"是指，为了达到法定的行政目的，该项措施是给人民造成最小侵害的措施。比例原则中的必要性要求，行政权力在行使时，必须选择对人民侵害最小的措施来达到目的。如果存在多项措施可以选择，行政自由裁量权的行使必须受到必要性要求的拘束，否则会因违反必要性要求而违反比例原则。申言之，比例原则中的必要性是从"法律后果"上来规范行政权力与其所采

---

〔1〕 参见刘杰、谢承浩、杨军：《征收集体土地上"住改非"房屋时应补偿停产停业损失》，载《人民司法》2021年第2期，第100-104页。

〔2〕 《行政法与行政诉讼法学》编写组：《行政法与行政诉讼法学》，高等教育出版社2018年版，第32页。

取的措施之间的比例关系的。[1]

根据比例原则中"必要性"的要求，在农村集体土地被征收人存在客观损失的情况下，需要给予被征收人公平合理的补偿。其原因在于，政府只有基于公共利益才可以征收农民集体所有的土地，而征收行为会侵害农民个人利益，因此政府需要对公共利益与农民个人利益进行平衡。在征收能实现公共利益，并且公共利益大于个人利益时，应将农民的损失降到最低，给予农民充足且合理的补偿，以实现给人民造成最小侵害的目的。

需要强调的是，《土地管理法》也已将行政法基本原则中的比例原则贯彻到了土地征收领域，将《国务院关于深化改革严格土地管理的决定》[2]中的精神上升到了法律层面。其具体体现在《土地管理法》第48条，明确将"给予公平、合理的补偿，保障被征地农民原有生活水平不降低、长远生计有保障"作为基本要求，规定"征收农用地的土地补偿费、安置补助费标准由省、自治区、直辖市通过制定公布区片综合地价确定"，要求"制定区片综合地价应当综合考虑土地原用途、土地资源条件、土地产值、土地区位、土地供求关系、人口以及经济社会发展水平等因素"。《土地管理法》以区片综合地价替代原来的年产值倍数法，且在土地补偿费、安置补助费、地上附着物和青苗补偿费的基础上，增加农村村民住宅补偿和被征地农民社会保障费的规定，这一重大制度安排，其主要目的是保障被征地农民原有生活水平不降低、长远生计有保障，以更好地保护被征收农民的权益。[3]

---

[1]　参见马怀德主编：《行政法学》，中国政法大学出版社2019年版，第52-53页。

[2]　《国务院关于深化改革严格土地管理的决定》第12条规定："完善征地补偿办法。县级以上地方人民政府要采取切实措施，使被征地农民生活水平不因征地而降低。要保证依法足额和及时支付土地补偿费、安置补助费以及地上附着物和青苗补偿费。依照现行法律规定支付土地补偿费和安置补助费，尚不能使被征地农民保持原有生活水平的，不足以支付因征地而导致无地农民社会保障费用的，省、自治区、直辖市人民政府应当批准增加安置补助费。土地补偿费和安置补助费的总和达到法定上限，尚不足以使被征地农民保持原有生活水平的，当地人民政府可以用国有土地有偿使用收入予以补贴。省、自治区、直辖市人民政府要制订并公布各市县征地的统一年产值标准或区片综合地价，征地补偿做到同地同价，国家重点建设项目必须将征地费用足额列入概算。大中型水利、水电工程建设征地的补偿费标准和移民安置办法，由国务院另行规定。"

[3]　参见魏莉华：《新〈土地管理法实施条例〉释义》，中国大地出版社2021年版，第198-208页。

（二）信赖保护原则的要求

信赖保护原则，是指受国家权力支配的人民，如果信赖公权力措施的存续而有所规划或者有所举措的，其信赖利益应当受到保护。现代福利国家中，国家和人民之间应该存在信赖关系，公民必须信任行政机关所作出的决定，以此来安排自己的生活，否则社会秩序的稳定性和社会生活的可预测性便会遭到破坏。当公民信赖行政行为，并且这种信赖值得保护时，为保护行政相对人的信赖利益，该行政行为受到存续保护而不得任意撤废。[1]

部分学者对行政法中信赖保护原则的适用要件进行了考察，将信赖保护原则在行政法中得以适用的审查过程，整合为一个"四适用要件审查体系"。四项适用要件为信赖基础、信赖表现、信赖基础的偏离、利益权衡。[2]但在我国学界，论述信赖保护原则常采用"三要件审查体系"，所以本文采用三要件对本案进行审查。

其一，信赖基础，即须行政机关作出了一定的行政行为。[3]本案中，2014年8月5日，息烽县政府作出《关于息烽温泉疗养院片区开发建设项目房屋征收的决定》和征收公告，决定征收息烽温泉疗养院片区开发建设项目规划范围内房屋，杨仕琴的房屋在征收范围内。2016年9月19日，息烽县政府作出息府征决字（2016）12号房屋征收补偿决定书。需要强调的是，息烽县政府作出的《房屋征收与安置补偿方案的批复》中规定有停产停业补助。此外，负责该征收范围开发建设的指挥部于2013年编印的《土地房屋征收补偿宣传手册》也明确规定，对于具有营利性质的被征收人，根据被征收人所提供的缴纳社会保险费的人员数计算待工人员补助费。所以，本案符合要件一，即息烽县政府作出征收决定及其补偿决定，且已明确规定针对具有营利性质被征收人的停产停业补助。

其二，信赖表现，即人民须因信赖行政行为而有客观上具体表现信赖的

---

〔1〕 参见马怀德主编：《行政法学》，中国政法大学出版社2019年版，第53页。

〔2〕 参见刘飞：《行政法中信赖保护原则的适用要件——以授益行为的撤销与废止为基点的考察》，载《比较法研究》2022年第4期，第128-141页。

〔3〕 参见《行政法与行政诉讼法学》编写组：《行政法与行政诉讼法学》，高等教育出版社2018年版，第37页。

行为。如果纯属人民的主观愿望或期待而没有已生信赖的客观事实表现，尚不足以主张信赖保护。[1]本案中，对集体土地上已经"住改非"的房屋进行征收，对于被征收人而言，造成了停产停业损失，使其失去了收入来源，行政相对人杨仕琴已有信赖表现。

其三，信赖值得保护，即人民的信赖须值得保护，如果信赖有瑕疵而不值得保护，即适用无信赖保护原则。[2]本案中，行政机关作出的该授益行政行为使行政相对人具备了信赖基础，行政相对人对行政机关产生的信赖也具备正当性，信赖值得保护。司法对此予以尊重也是贯彻信赖保护原则的体现。

综上所述，经三要件审查，本案满足信赖保护原则的适用要件。参照《国有土地上房屋征收与补偿条例》给予本案被征收人待工人员补助费，是信赖保护原则的具体要求。在《房屋征收与安置补偿方案的批复》《土地房屋征收补偿宣传手册》已经规定相关项目的情况下，人民法院应支持给予被征收人待工人员补助费。息烽县政府在作出房屋征收补偿决定书时，存在被征收人未按时提供待工人员名单，故行政机关无法计算待工人员补助费的客观情况。在人民法院司法审查过程中，经协调，息烽县政府向人民法院书面承诺，根据实际从业人数、办理健康证人数，最大化确定待工待业人员数量，给予被征收人足额补偿。

三、集体土地征收中"住改非"房屋停产停业损失的补偿标准

在分析集体土地征收中"住改非"房屋参照《国有土地上房屋征收与补偿条例》补偿停产停业损失具有合理性的基础上，结合司法实践，分析集体土地征收中"住改非"房屋停产停业损失的补偿标准。

停产停业损失补偿费的具体计算标准，应遵循公平、合理的补偿原则。例如，《北京市国有土地上房屋征收停产停业损失补偿暂行办法》第5条中规定："非住宅房屋停产停业损失补偿评估的计算公式为：停产停业损失补偿

---

〔1〕　参见《行政法与行政诉讼法学》编写组：《行政法与行政诉讼法学》，高等教育出版社2018年版，第37页。

〔2〕　参见《行政法与行政诉讼法学》编写组：《行政法与行政诉讼法学》，高等教育出版社2018年版，第37页。

费＝（用于生产经营的非住宅房屋的月租金+月净利润×修正系数+员工月生活补助）×停产停业补偿期限……"第8条规定："用住宅房屋从事生产经营活动，按照实际经营面积每平方米给予800元至3000元一次性停产停业损失补偿费，具体标准由各区县房屋征收部门结合本地区实际情况确定。被征收人对一次性停产停业损失补偿费有异议的，可以在规定期限内申请参照本办法有关规定评估确定。"[1]

对于国有土地上"住改非"房屋，各地政府对于停产停业损失有不同的计算标准。对农村"住改非"参照补助停产停业损失，因存在系自有住房而非租房经营，经营可能具有季节性等特点，而和国有土地上房屋征收与补偿有所区别，应当允许行政机关行使自由裁量权，并和被征补对象达成合意。"关于'住改非'房屋征收补偿标准确属各地政府的自由裁量权范围的事项，原则上人民法院应当尊重各地政府在其地方性法规、规章或者征收补偿方案中确立的补偿标准。只要这个标准对被征收房屋是按照市场价格进行评估定价补偿，补偿数额高于同类普通住宅房屋的补偿标准，即应当予以认可。"[2]本案中，息烽县政府根据《房屋征收与安置补偿方案的批复》《土地房屋征收补偿宣传手册》中规定的补偿项目，参照所规定的停产停业损失标准，承诺进行补助，人民法院应当予以尊重。

【后续影响及借鉴意义】

本案作为典型案例，被收录在《最高人民法院第五巡回法庭法官会议纪要》中。最高人民法院第五巡回法庭2020年第6次法官会议纪要中，对农村"住改非"房屋参照国有土地上房屋标准进行征收时的补偿问题进行了深入分

---

[1] 其他省份，如《重庆市国有土地上房屋征收与补偿条例实施细则》第46条规定，"征收非住宅房屋，且在征收项目公布前2年内有合法有效营业执照及完税凭证的，应当给予停产停业损失补偿。被征收人选择货币补偿的，按照房屋评估价值的6%一次性支付停产停业损失补偿费；被征收人选择产权调换的，停产停业期间每月按照房屋评估价值的5‰支付停产停业损失补偿费，停产停业期限按照协议约定计算。已提供临时周转房的，不支付停产停业损失补偿费。区县房屋征收部门未按协议约定日期交付产权调换房屋，导致过渡期限延长的，自逾期之月起每月按照房屋评估价值的5‰加付停产停业损失补偿费。被征收房屋符合前款规定，且用于生产制造的，停产停业损失的补偿标准可以适当提高，提高的幅度不超过前款规定补偿标准的50%"。

[2] 郭修江、蔡小雪主编：《行政典型案例及审判经验》，人民法院出版社2019年版，第293页。

析，因此本文"涉及的重要理论问题"部分多次引用该会议纪要中的论述。本案的借鉴意义包括以下方面：

首先，对集体土地上房屋按国有土地上房屋征收程序作出征收决定，需要先审查是否符合《土地管理法》及《土地管理法实施条例》中关于征收集体土地的强制性规定。虽然集体土地上房屋参照《国有土地上房屋征收与补偿条例》作出征收补偿决定，在程序上更规范，更有利于保护当事人的利益，但是无论采用哪种征收方式，都应当符合法律对不同性质土地（或房屋）征收所设的强制性规定。人民法院可以依照国有土地上房屋征收程序审查案涉征收决定的合法性，但应同时审查是否符合《土地管理法》及《土地管理法实施条例》中关于征收集体土地的强制性规定。

其次，集体土地征收中"住改非"房屋参照《国有土地上房屋征收与补偿条例》补偿停产停业损失，在现行政策法律框架内具有可行性，并且是行政法基本原则中行政合理性原则、信赖保护原则的要求。所以，本案裁判要旨中强调，人民政府征收集体土地上房屋时参照执行国有土地上房屋征收与补偿标准的，对于被征收房屋"住改非"实际用于经营的情形，应当对被征收人的停产停业损失酌情给予合理补偿。

最后，《土地管理法》规定，征收土地应当给予公平、合理的补偿，保障被征地农民原有生活水平不降低、长远生计有保障——将行政法基本原则中的行政合理性原则贯彻到了土地征收领域。人民政府在征收土地时，应当落实《土地管理法》的规定，切实保障被征收人的利益。

（指导教师：蔡乐渭　中国政法大学法学院副教授）

案例八　征收补偿争议先行裁决制度
及其与行政复议、行政诉讼的衔接
—— 陈某等诉防城港市防城区人民政府征收补偿再审案

郝安琪 *

【案例名称】

陈某等诉防城港市防城区人民政府征收补偿再审案〔（2017）最高法行再96号〕

【关键词】

征收补偿协议　先行裁决　受案范围　诉讼时效

【基本案情】

一、民事关系基础：土地承包经营权的流转历史

1999年7月18日，邱淞、杨小华与防城区附城乡人民政府签订合同，约定由邱淞、杨小华承包位于大王江针鱼岭、长榄海滩处的鱼塘。2003年7月，邱淞、杨小华承包的独榄大塘堤坝被台风冲毁，委托大王江村村支书江朝贵召集人力、出资进行抢修，并由江朝贵负责管理。江朝贵召集了邓立信等人共同出资修建。2004年2月20日，经集资修塘人员协商，该塘由邓立信承包一年。2005年3月12日，江朝贵、邓立信与陈某签订协议，将该塘租给陈某

---

* 作者简介：郝安琪，中国政法大学法学院宪法学与行政法专业2023级博士研究生。

养殖使用。2010 年 1 月 1 日，经大王江村村委会同意，邱淞、杨小华与陈某签订协议，将独揽大围塘的经营权转让给陈某。

二、行政关系：土地征收补偿协议

因建设需要，防城港市人民政府征用上述土地。防城港市防城区防城镇人民政府（以下简称防城镇政府）与陈某签订了大围塘青苗补偿协议及征用大围塘补偿协议，补偿陈某青苗费及补偿费。2010 年 5 月 21 日，防城镇政府与邓立信签订征收大围塘补偿协议，补偿大围塘两座水门和抢修的大围塘塌缺堤坝，并由邓立信领取。陈某知悉后向防城港市防城区人民法院提起民事诉讼，请求判决邓立信返还相应补偿款。

2015 年 1 月 19 日，防城港市中级人民法院作出民事终审裁定，该裁定认为，陈某提出的诉讼请求实质上是认为原防城镇政府补偿对象错误而对补偿行为有异议，不属于民事诉讼的受案范围，遂驳回陈某的起诉，并告知陈某先向政府相关部门申请解决。

2015 年 5 月 19 日，陈某向防城区人民政府提出申请，请求撤销防城镇政府与邓立信签订的补偿协议，将上述补偿款确认给自己所有。2015 年 7 月 6 日，防城区人民政府给陈某答复称，原防城镇政府与邓立信签订的补偿协议属法院调整或双方当事人协调的范畴，若申请人认为补偿协议的约定侵犯其合法权益，建议申请人到经侦大队报案。

2015 年 12 月 1 日，陈某提起本案行政诉讼，请求判令防城区人民政府向其支付大围塘水门防海堤补偿款，邓立信承担连带责任。在庭审中，陈某增加诉讼请求，请求确认防城镇政府与邓立信签订的补偿协议无效。

一审法院防城港市中级人民法院认为，本案实质上是对补偿安置的争议。根据相关法律法规的规定，土地权利人对组织实施过程中确定的土地补偿有异议，未经行政协调和裁决，不具有可诉性，故裁定驳回陈某的起诉。二审法院广西壮族自治区高级人民法院维持一审裁定。

再审法院最高人民法院认为，本案中，陈某对案涉土地征收的补偿标准并无异议，其诉讼请求是请求确认防城区人民政府与邓立信签订的征收补偿协议无效，并对其进行补偿，属行政协议受案范围。陈某作为大围塘的实际经营权人，对于涉及该围塘的补偿协议具有利害关系，具备原告主体资格。一、二审裁定驳回陈某的起诉，适用法律错误。

【裁判要旨】

土地征收过程中的先行裁决程序仅适用于土地权利人对于征地补偿安置方案中确定的补偿标准存在异议的情况。若土地权利人对土地征收的补偿标准无异议，仅确认行政机关与第三人签订的征收补偿协议无效并对其进行补偿的，不适用上述先行裁决程序。土地权利人就土地征收补偿协议提起行政诉讼的，符合行政诉讼的受理条件，人民法院应当依法受理。

【裁判理由与论证】

本案历经防城港市中级人民法院一审、广西壮族自治区高级人民法院二审和最高人民法院再审，三次审理中，争议焦点均主要集中于土地权利人的诉讼请求是否属于《最高人民法院关于审理涉及农村集体土地行政案件若干问题的规定》（本文以下简称《农村集体土地行政案件若干规定》）第 10 条规定的先行裁决程序的适用范围。

最高人民法院认为，只有在土地权利人对于征地补偿安置方案中所确定的补偿标准不服的情况下，才能适用《农村集体土地行政案件若干规定》第 10 条规定，认定相关行政行为不符合行政诉讼的受理要件。而本案所涉及行政争议为土地权利人对于行政机关所签订的征收补偿协议的补偿对象的争议，原告的身份实际为行政协议的第三人，属于行政诉讼的受案范围。

此外，本案中亦涉及行政诉讼的起诉期限的计算问题，具体包含两大问题。即 2015 年《行政诉讼法》出台后新法与旧法的起诉期限的衔接问题和本案中行政相对人行政诉讼起诉期限的起算点和起诉期限的扣除问题。

一、关于本案中所涉征收补偿纠纷是否属于行政诉讼受案范围问题

一审法院认为，本案所涉及的行政争议是对于大围塘征收补偿的补偿标准、补偿对象的争议，实质上是对政府征地补偿的争议。针对农村征地补偿安置的争议，行政相对人应当先行向政府申请行政协调和裁决，未经行政机关裁决而直接提起诉讼的，人民法院不予受理。

二审法院认为，本案中，陈某在防城区人民政府针对大围塘的征收过程中的财产权益损失已经通过其与防城区人民政府签订的大围塘青苗补偿协议和征用大围塘补偿协议中获得了足额补偿，案涉争议的行政协议与陈某没有关系。防城镇政府和陈某的意见分歧表明双方当事人对补偿标准、范围和金额存在争议，属于应当适用先行裁决的情况。因此，陈某的起诉不符合行政诉讼的案件受理条件。

再审法院最高人民法院认为，根据司法解释的规定，公民、法人或其他组织就土地征收补偿协议提起行政诉讼的，人民法院应当依法受理。陈某作为大围塘的实际经营权人，对于涉及该围塘的补偿协议具有利害关系，符合法定立案条件，人民法院应当予以受理并进行实体审理。行政协调和先行裁决程序的适用，以土地权利人对于征地补偿方案所确定的补偿标准不服为前提，而陈某对于征地补偿标准并无争议，其诉讼请求是确认防城区政府与邓立信签订的征收补偿协议无效。因此，一、二审以陈某的起诉不符合行政诉讼案件受理条件为由，裁定驳回陈某的起诉，属于适用法律错误。

二、关于本案中行政诉讼的起诉期限是否届满问题

本案第三人邓立信在再审中提出，陈某的起诉已经超过 6 个月的起诉期限，法院不应受理本案。针对这一问题，再审法院最高人民法院认为，陈某的起诉期限需要根据 2015 年《最高人民法院关于适用〈中华人民共和国行政诉讼法〉若干问题的解释》第 26 条的相关规定进行计算，计算过程中需要扣除陈某因不属于自身原因耽误的起诉期限。

本案中，陈某所诉的征收补偿协议签订于 2010 年 5 月 21 日，由于被诉征收补偿协议签订时，行政机关并未告知陈某诉权和起诉期限，因此应当适用 2000 年《最高人民法院关于执行〈中华人民共和国行政诉讼法〉若干问题的解释》第 41 条第 1 款的规定，认定陈某的起诉期限为知道或者应当知道具体行政行为内容之日起两年。而根据 2015 年《最高人民法院关于适用〈中华人民共和国行政诉讼法〉若干问题的解释》第 26 条第 1 款的规定："2015 年 5 月 1 日前起诉期限尚未届满的，适用修改后的行政诉讼法关于起诉期限的规

定。"因此，2014 年修正的《行政诉讼法》于 2015 年 5 月 1 日实施后，当事人针对《行政诉讼法》实施之前的行政行为提起诉讼的，人民法院首先要审查其截至 2015 年 5 月 1 日时起诉期限是否届满，如果起诉期限已经届满，则该案已经超过法定起诉期限，人民法院不应立案受理；而未超过法定起诉期限的，则应按照修改后的《行政诉讼法》规定的起诉期限计算。其中，若根据修改前的《行政诉讼法》及其司法解释的相关规定，当事人的起诉期限超过 6 个月的，应当认定为当事人尚有 6 个月的起诉期限，若根据修改前的《行政诉讼法》及其司法解释的相关规定，当事人的起诉期限不足 6 个月的，原则上以剩余的起诉期限为限。

根据《行政诉讼法》第 48 条的相关规定，公民、法人或者其他组织因不可抗力或者其他不属于其自身的原因耽误起诉期限的，被耽误的时间不计算在起诉期限内。在本案中，陈某提起民事诉讼及等待政府作出答复的期间，均为不属于陈某自身原因所耽误的起诉期限，应当予以扣除。

适用《行政诉讼法》及司法解释对陈某的行政诉讼起诉期间进行计算可发现，2010 年 5 月 21 日防城镇政府与邓立信签订案涉征收补偿协议，签订过程中并未告知陈某诉权和起诉期限，因此，应当适用 2000 年《最高人民法院关于执行〈中华人民共和国行政诉讼法〉若干问题的解释》第 41 条的规定，认定陈某在知道或应当知道该行政行为具体内容的两年内有权提起行政诉讼。2013 年 5 月 14 日陈某获知该征收补偿协议的具体内容，此时，陈某的起诉期限开始计算，该起诉期限为 2013 年 5 月 14 日至 2015 年 5 月 14 日。其中，在 2013 年 6 月 16 日至 2015 年 1 月 19 日中，陈某提起民事诉讼，并等待民事判决结果，将上述期间扣除后，陈某的起诉期限延长至 2015 年 9 月 17 日。而根据 2015 年《最高人民法院关于适用〈中华人民共和国行政诉讼法〉若干问题的解释》第 26 条的规定，陈某的起诉期间应当调整为 2015 年 5 月 1 日后的 6 个月，因此，陈某的起诉期间至 2015 年 11 月 1 日截止。而在上述期限中，2015 年 5 月 19 日至 2015 年 7 月 6 日为陈某等待政府作出答复的期间，亦应从陈某的起诉期间中扣除，因此陈某的起诉期间至 2015 年 12 月 18 日截止。本案中，陈某于 2015 年 12 月 1 日提起诉讼，未超过法定起诉期限。

【涉及的重要理论问题】

伴随着我国城市化的快速发展，集体土地征收补偿安置争议数量亦迅速增长，并且不断涌入法院。集体土地征收及其补偿作为地方政府运用公权力批量征收公民财产的行为，具有较强的复杂性、专业性，特别是征收补偿标准的确定，需要综合参考当地的实际情况、地方政府的财政情况和被征收的公民集体的意愿等一系列因素。因此，为解决集体土地征收补偿安置争议，充分尊重行政机关的首次判断权，将这一争议及时解决，法律法规规定了针对土地征收补偿标准争议的行政裁决和行政复议前置程序。

但是，由于行政裁决程序的上位法和细化规则的缺失及其自身与行政复议程序的混乱，导致了补偿标准争议裁决案件的适用范围模糊不清，司法实践中亦难以区分补偿标准争议和其他类型的行政争议，由此亦影响了集体土地征收补偿安置争议正常地进入行政诉讼渠道，导致了一系列的问题。

伴随着 2019 年《土地管理法》的修正，立法机关和国务院在集体土地征收补偿程序领域进行了重大修改，对于集体土地征收补偿程序进行了全面的调整，调整后新法与旧法的衔接问题亦需要充分加以关注。

因此，需要整理有关集体土地征收补偿安置问题的相关法律、法规、司法解释规定，系统梳理集体土地征收补偿流程的阶段，明确其对应的行政与司法救济程序，并厘清这些行政争议救济程序之间应当如何衔接。

一、集体土地征收基本程序

2019 年《土地管理法》对于原有土地管理法中所规定的土地征收补偿程序进行了大幅的修改与扩充。具体而言，变化主要表现在如下方面：

（一）公共利益标准的具体化

根据《宪法》第 10 条第 3 款的规定，"国家为了公共利益的需要，可以依照法律规定对土地实行征收或者征用并给予补偿"，因此，从宪法的精神来看，县级以上地方人民政府只应出于公共利益的需要而征收土地。2019 年《土地管理法》修正前，原有的《土地管理法》对于公共利益标准的规定并不明确，导致地方政府为了经济利益，随意征收土地，带来了较大的危害。因此，新法第 45 条明确列举了能够征收土地的具体情形。这一规定对于原有规定中相对较为抽象、模糊的公共利益标准进行了具体化，明确何种类型的土地征收符合公共利益的需求，针对原有土地管理法制度体系下存在较大争议的因经济利益需要进行的征收进行了严格的限制，反映了立法者严格规范土地征收的立法目标。

（二）土地征收公告的前移

修法前，《土地管理法实施条例》《征收土地公告办法》中仅规定了两种法定公告程序：征收土地方案经批准后进行的"征收土地公告"、征收补偿安置方案经批准后进行的"征地补偿安置方案公告"。这两种公告均是在相关土地征收决定获得上级政府批准后才进行的公告，目的在于将行政机关的效果意思传达给相对人，从而起到直接变更行政法律关系的作用，属于典型的事后公告。在整个征收过程中，行政部门居于完全的主导地位，既没有规定立法机关通过程序确定征地的公益性后向行政机关的授权，也没有给予受影响的公众民主参与的权利，更没有司法审查的要求。[1]因此，征地公告制度的正当性基础长期遭受学界的诟病。

为解决这一问题，2004 年《国务院关于深化改革严格土地管理的决定》第 14 条规定了预公告制度，这一制度保障了公众对于征地行为的知情权和参与权，能够提高公众对于最终决策结果的接受度，减少因征地产生的社会矛盾，但是，由于该规定仅为国务院的规范性文件，效力层级较低，实践中存在选择适用问题。因此，2019 年《土地管理法》将土地预公告制度纳入法条规定，成为集体土地征收的法定程序。与预公告制度相同，补偿安置方案的公告制度亦从土地行政主管部门拟定、市县政府批准后的对外公告调整为市、县政府部门拟定补偿安置方案后即对外公告。补偿安置方案公告的前置使得被征收人能够在行政机关的征收补偿安置方案决定前，获得与行政机关就征收补偿安置方案展开沟通交流的机会，避免原制度结构下被征收人仅能单方获悉行政机关决定的被动情形。在多数集体经济组织成员均反对该征收决定

---

〔1〕 刘向民：《中美征收制度重要问题之比较》，载《中国法学》2007 年第 6 期，第 33-48 页。

的情况下，被征收的集体经济组织成员还能获得通过听证救济自身合法权利的机会。

预公告制度和补偿安置方案公告作为土地征收的法定程序，是县级以上地方人民政府的土地征收申请获得批准的前置条件，未经公告程序而实施的征收行为，应被认定为违反法定程序而撤销。被征收人若对于预征收决定不服的，可以向县级以上地方人民政府提出意见和建议；对补偿方案不服的，在满足人数要求的情况下，可以通过听证会来维护自身的合法权益。

（三）补偿安置方案的确定

根据2019年《土地管理法》第48条，土地被征收后的补偿不再按照被征收土地的原用途给予补偿，而是要对相对人给予公平、合理的补偿，以此来"保障被征地农民原有生活水平不降低、长远生计有保障"，避免原《土地管理法》施行过程中出现的个别地区征地后，失地农民因丧失生活来源、生活困难而引发激烈社会矛盾的情况。

（四）签订预征补偿协议

过去，由于城市发展建设的需要，地方政府对于土地征收补偿制度的落实相对较为不规范，各地对补偿安置协议的签约主体、协议效力、协议内容、协议的履行等很不统一，由此使得土地征收补偿的过程中，征收机关和相关的行政工作人员存在较大的权力寻租空间。在本案中，除基础的民事法律关系和行政法律关系外，尤为值得注意的是，本案的原告是因征收机关工作人员因受贿罪而入狱，方才得知防城港镇政府与原审第三人签订了被诉行政协议，将自己承包的大围塘的对应补偿款补偿给了第三人，据此提起了本案的行政诉讼。

本次修法后，创设了土地预征补偿协议制度，规定于《土地管理法》第47条第4款中。根据该条款的规定："拟征收土地的所有权人、使用权人应当在公告规定期限内，持不动产权属证明材料办理补偿登记。县级以上地方人民政府应当组织有关部门测算并落实有关费用，保证足额到位，与拟征收土地的所有权人、使用权人就补偿、安置等签订协议；个别确实难以达成协议的，应当在申请征收土地时如实说明。"这一条款将在土地征收程序末端的征收补偿安置问题前移，使其作为市县政府向国务院或者省级政府提出土地征收申请、上级政府批准征地申请的前置条件，由此使得被征收人享有更多的与实施征收的行政机关进行沟通交流的机会，避免了原《土地管理法》下被征收人仅能单方接受行政机关的补偿条件的情况。同时，这一预征补偿协议制度还对原《土地管理法》中模糊不清的土地征收补偿安置的具体组织实施方式进行了具体化，将实践中广泛运用的征收补偿协议正式确立为土地征收的正式流程，并明确相应的征收补偿协议应当在土地征收补偿方案报批之前签订。

关于预征补偿协议的效力问题，学界普遍认为，应当借鉴国有土地上房屋征收的成熟经验，将集体土地征收的预征补偿协议认定为附条件生效的协议，达到相应签约比例或在征收行为获得批准后生效。[1]但是，即便是签订了预征补偿协议的土地征收行为，依然有可能无法获得批准，在此情况下，征收行为被拒绝批准，亦可能成为该预征补偿协议失效的标志。

作为一个行政协议，土地征收协议的签订主体包括行政机关和行政相对人两方。因此，根据《土地管理法》的规定，签订预征补偿协议的主体应当为县级以上的地方人民政府和土地的所有权人和使用权人双方。

但是，在实践过程中，由于土地行政管理部门作为县级以上的地方人民政府中实际负责土地行政事务的部门，因此其往往为征收协议的签订主体，但是，这并不意味着该行政协议因主体越权而无效。在行政协议的签约过程中，签订行政协议的行政机关一般是管辖行政协议所涉及的行政法领域的主管机关，在行政协议的签订过程中，其更多作为政府的代表而存在，并非实际的合同相对人，行政协议签订后，为使得行政协议实现其公法目的，需要其他机关与实际签订机关联动配合，签订的其他机关也将依据行政协议产生作为义务。[2]

同时，该条款还规定了征收补偿协议的相对人应当是土地的所有权人和

---

[1] 参见张启江、宋璐：《土地征收民主协商视域下的预征收补偿安置协议》，载《时代法学》2022年第5期，第22-31页。江必新：《修改〈土地管理法〉应当处理好的几对关系》，载《法律适用》2019年第7期，第3-11页。

[2] 余凌云：《论行政协议无效》，载《政治与法律》2020年第11期，第2-12页。

使用权人,具体到我国的土地使用制度的实践来看,土地的所有权人一般是村集体经济组织或者村民委员会,而使用权人则包括土地承包经营权人、宅基地使用权人,伴随着土地所有权、承包权和经营权的"三权分离"改革,经营权人亦应当纳入签订征收补偿协议的相对人范围中。

在 2019 年《土地管理法》修正前,配套实施的 2014 年《土地管理法实施条例》第 26 条第 1 款规定:"土地补偿费归农村集体经济组织所有;地上附着物及青苗补偿费归地上附着物及青苗的所有者所有。"在实践中,由于我国村集体组织的行政化,村民自治机制无法充分发挥作用,村集体行为缺乏有效约束,由此导致了对被征地农民权利的广泛侵害,使得这一条款饱受诟病。2019 年《土地管理法》直接删除了这一条款,不再规定相应的土地补偿费的所有权人,并规定由省级政府来制定土地补偿费、安置补助费的分配办法,因此,针对土地补偿费和安置费的相关征收补偿协议的签订,需要根据省级政府所制定的分配方法中获得此类征收补偿费的主体来决定。而地上附着物和青苗等的补偿费用则依然归其所有权人,伴随着承包权和经营权的分离,地上附着物和青苗的所有权人亦有可能包含经营权人。

(五)征收土地公告

根据《土地管理法实施条例》第 31 条的规定,征收土地过程中的预公告并不能替代土地征收申请获得依法批准后的公告行为,行政机关在征地批复作出后依然需要进行公告。

二、配套的争议救济程序及其变化

修法后,2004 年《土地管理法》所规定的土地征收程序出现了重大调整,具体调整情况如表 1 所示。

表 1 2019 年《土地管理法》关于土地征收程序的重大调整

2004 年《土地管理法》	2019 年《土地管理法》
	发布土地征收预公告
	开展土地现状调查、开展社会稳定风险评估

续表

2004 年《土地管理法》	2019 年《土地管理法》
	拟定补偿安置方案 （多数反对情况下需要召开听证会）
	办理补偿登记
	签订补偿安置协议
拟定"一书四方案"并上报	征收申请报批
上级政府批准	上级政府批准征地申请
公告土地征收方案	发布土地征收公告
征地补偿登记	履行补偿安置协议 （对未达成协议的作出补偿决定）
拟定征地补偿安置方案并公告	强制执行
签订征地补偿安置协议或作出决定	
强制执行	

2019 年《土地管理法》将土地征收过程中行政机关所需履行的程序大量前移至行政机关报请上级政府批准征地申请这一程序前，这一行为不仅影响了行政相对人在行政机关作出相应行政决定中的议价权，也影响了行政相对人在行政机关作出相应行政决定的过程中寻求行政救济的方式。而为配合2019 年《土地管理法》的实施，《土地管理法实施条例》亦作出了相应的修改，进一步影响了行政相对人在行政机关的土地征收行为过程中的救济问题。

（一）征地补偿过程中公告的可诉性问题

在土地征收过程中的公告主要可以分为"征收土地公告"和"征地补偿安置方案公告"两类公告行为。在修法前，行政机关所作的上述两类公告均为经上级行政机关批准后作出的最终决定，对于行政相对人而言具有最终性，因此具有可诉性。

但是，修法后的两类公告作为行政机关作出最终征地方案的前置程序，行政机关可能需要根据行政相对人的意见与建议对公告内容进行修正，因此该公告不具有最终性，属于典型的程序性行为，不对相对人的权利义务产生决定性影响，因此，一般认为不可以对公告提起行政复议或行政诉讼。

（二）征收补偿安置方案不服的救济

征收补偿安置方案将直接决定被征收的相对人所获得的行政补偿数额，一直是征收类案件中争议的核心，因此，对于征收补偿安置方案的争议，土地管理法的规定亦是几经变化。本案中，原告的诉求较为明确，要求确认行政机关与本案第三人邓立信所签订的征收补偿协议属于无效行政协议，相应征收补偿应当归原告所有。诉讼过程案件的争议核心，集中于原告的上述诉求是针对征收补偿安置标准的争议还是针对签订的征收补偿安置协议的争议，这一争议的区别在诉讼中将决定原告的诉讼是否满足了提起行政诉讼的条件。

而伴随着《土地管理法》和《土地管理法实施条例》的陆续修改，立法机关亦对征收补偿安置方案不服的情况下的救济模式进行了修正。因此，有必要梳理修法前针对征收补偿安置方案的救济模式的制度设计，并将此与目前的土地管理法所确立的救济模式进行比较。

1. 修法前的救济模式

修法前，2014年《土地管理法实施条例》第25条第3款规定："……对补偿标准有争议的，由县级以上地方人民政府协调；协调不成的，由批准征收土地的人民政府裁决。征地补偿、安置争议不影响征收土地方案的实施。"这一规定明确了行政裁决作为征地补偿标准争议的解决途径。根据该规定，土地征收补偿安置争议中的先行裁决程序是公民、法人和其他组织对于土地征收补偿的标准存在争议且经县级以上地方人民政府协调不成的情况下，由批准征用土地的人民政府针对该补偿标准的争议解决的程序。

由于先行裁决程序是土地征收补偿安置领域出现的全新的行政争议解决程序，且《土地管理法实施条例》中对于程序的裁决机关、裁决程序、裁决范围、裁决后救济等一系列问题均并未进行明确的规定，其具体的制度建构需要在实践中予以落实。因此，在该法出台后，原国土资源部首先在湖南、安徽、重庆等地进行了试点，随后在2006年，根据《关于加快推进征地补偿安置标准争议协调裁决制度的通知》在全国范围内对于该制度进行了推广，但是实践中，先行裁决程序的实施效果并不乐观。

　　在各省探索先行裁决程序的实施的过程中，各省针对裁决的范围、裁决的申请人和申请协调、申请裁决的期限等方面均进行了差异性的规定，由此使得该制度始终无法实现全国范围内的统一施行。而将全部土地征收补偿标准争议交由省级政府进行裁决解决的方案，本意是希望能够借助省级政府的权威以解决行政争议，但是相较于地方政府而言，省级政府的人力、物力、财力限制亦使得其难以及时应对一省之内的全部征收补偿标准争议，许多争议未能得到依法及时处理，影响社会和谐稳定；对于被征收人而言，向省级政府申请裁决亦增加了被征收人的维权负担。整体制度运行情况较差。

　　为此，原国务院法制办公室发布了《国务院法制办公室关于依法做好征地补偿安置争议行政复议工作的通知》，允许对于被征地主体征地补偿、安置方案的争议申请行政复议，由此使得在土地征收补偿标准争议问题的行政性争议解决渠道中出现了法律规定上的冲突。

　　该通知的出台，进一步扩大了地方在土地征收补偿标准争议的纠纷解决渠道上的分歧。部分地方认为，该通知的本质在于指明针对土地征收补偿标准争议可以通过行政裁决和行政复议两类方式解决；部分地方认为，国务院的通知本质上是将土地征收补偿标准争议的行政性争议解决渠道由行政裁决转变为行政复议。该通知与《土地管理法实施条例》第 25 条第 3 款在裁决机关（复议机关）、裁决范围方面的规定不完全相同，且该通知在是否以行政复议完全取代该类裁决方面未能给予明确的界定，关于对裁决决定不服能否再行申请行政复议以及裁决期限与复议期限竞合选择的问题尚属空白。[1]规定的缺失造成了在征地补偿标准争议问题上行政争议解决渠道的重合，行政相对人对于救济途径选择的困惑和行政机关在行政争议受理和法律适用方面的迷茫，也为法院后续对于该类问题的受案和审查带来了挑战。

　　而针对这一问题，最高人民法院的观点则相对较为明确，2011 年《农村集体土地行政案件若干规定》第 10 条规定，要求土地权利人应当先行申请行政机关裁决后再提起行政诉讼。

---

　　〔1〕　参见冉依依、宋媛玉、张凌雲：《集体土地征地补偿安置标准争议裁决的司法审查规则》，载《人民司法（应用）》2020 年第 31 期，第 40 页。

2. 修法后行政机关的立法模式

2019 年《土地管理法》第 47 条同时适用了"补偿标准、安置方式"和"补偿安置方式"两种表述，从立法上不再刻意区分标准和方案之间的区别，而针对行政相对人对于补偿安置方案不服的情况，新法则规定了两类救济方式。

首先，若多数被征地的农村集体经济组织成员均认为征地方案不符合法律、法规的规定，县级以上的地方人民政府就应当召开听证会，并依据听证会的情况修改方案。其次，相对人亦可以通过一种相对较为间接的方式表达自己的意见，若相对人对于补偿安置方案不满意，可拒绝签订行政征收补偿协议，进而间接影响征地申请的获批。但是，由于征地申请的获批并不以政府与全部被征地相对人均签订了征收补偿协议为前提条件，而一旦征地申请获批，行政机关就可以通过作出征收补偿决定的方式在未签订征收补偿协议的情况下进行征收。因此，这一方式对于申请人的权利保障作用已存在相当大的不确定性。

（三）征收补偿协议的可诉性问题

不管是在修法后还是修法前，若行政机关与行政相对人就征收补偿问题签订了征收补偿协议，该征收补偿协议作为一个行政协议，当然属于行政复议和行政诉讼的受案范围。实践中，针对征收补偿协议的可诉性问题的争议，往往和本案的情形相类似，来源于无法在具体的征收补偿协议争议中区分争议的核心问题到底是对于补偿方案不服，还是对于补偿标准不服。[1]因为，在这一情况下，争议的标的将决定行政救济的途径。若是争议的标的是补偿方案，则行政相对人可以直接提起行政复议和诉讼；而若是争议的标的是补偿标准，则行政相对人必须先经历先行裁决程序，再提起行政复议和诉讼。

但是，这一争议已经伴随新《土地管理法》和《土地管理法实施条例》的出台而终结。修法后，不再存在独立的批准、公告补偿安置方案的行为，前期的补偿安置公告属于典型的过程性行政行为，而最终的补偿安置方案则

---

〔1〕　冉依依、宋媛玉、张凌雲：《集体土地征地补偿安置标准争议裁决司法审查规则研究》，载 http://suo.im/5MeBA0，最后访问日期：2023 年 9 月 15 日。

是包含于最终的征收补偿决定中的。[1]因此，行政相对人对于征收补偿协议的争议的标的不需要再区分是补偿标准还是补偿方案，行政相对人对于二者均可直接提起行政复议和行政诉讼。

（四）征收土地公告的可诉性问题

一般而言，省级以上的政府对于县级以上地方人民政府的征地申请的批复属于政府内部的审批事项，因此并非可诉的行政行为，而县级以上地方人民政府所作的公告，属于行政征收决定，因此行政相对人可以针对此类行政行为提起行政救济。但是，若省级以上政府的批复作出后，县级以上的地方人民政府并未再作出征收决定并公告，而是直接要求行政相对人履行义务，此时省级以上的政府批准行为直接外部化，因此相对人可以直接对该批复提起复议、诉讼。

三、总结

总体而言，以救济法的视角来观察，本次《土地管理法》及其实施条例的修改将原有的数个行政决定前移，在提高相对人参与度的同时，亦使得这些行政决定转变为对行政相对人的权利义务不产生最终影响的过程性行政行为，不再具有可诉性，使得土地征收程序从原有的多阶段行政行为转变为多程序行政行为，使得行政相对人提起行政复议和行政诉讼的标的聚焦于最终的征收补偿协议或征收决定。但是，由于新法删去了原有的先行裁决这一争端解决程序，带来了一定的争端解决程序间的衔接问题，需要进一步加以论证来解决。

【后续影响及借鉴意义】

伴随着 2019 年《土地管理法》的修改，2021 年《土地管理法实施条例》亦予以修改，修改后的《土地管理法实施条例》删去了 2014 年《土地管理法实施条例》第 25 条中所规定的针对征地补偿标准争议的先行裁决条款。这一

---

[1] 参见江必新：《修改〈土地管理法〉应当处理好的几对关系》，载《法律适用》2019 年第 7 期，第 3—11 页。

先行裁决条款的删去使得各地方政府所设置的征地补偿争议裁决程序失去了行政法规的依据，因此，各地纷纷废止了其所制定的《征地补偿争议裁决办法》。但是，与此同时，2011 年《农村集体土地行政案件若干规定》第 10 条中依然保留了先行裁决条款。由于该规定尚未废止，行政机关的裁决仍属于征地补偿标准争议类案件的受案前提。由此使得在针对征地补偿标准争议领域存在这样一个现象：最高人民法院的司法解释将要求土地权利人必须通过一个实际上已经并不存在的行政争议解决程序后才能向法院提起行政诉讼。

本案的情况与此类似，《农村集体土地行政案件若干规定》中对土地权利人应当先行裁决的案件范围为"对土地管理部门组织实施过程中确定的土地补偿有异议"，这一范围明显大于 2014 年《土地管理法实施条例》中所规定的行政裁决的适用范围。适用范围的不一致可能导致部分土地补偿争议始终无法进入行政诉讼中。而在本案中，最高人民法院明确指出，《农村集体土地行政案件若干规定》中所规定的裁决先行案件的适用范围亦应遵循相应行政实体法的规定。

在修法后，亦存在相关司法解释与行政实体法之间关于先行裁决案件的适用范围不一致的情况，而目前针对安置补偿存在异议的情况，部分法院依然运用现行有效的《农村集体土地行政案件若干规定》驳回土地权利人针对征地补偿领域的行政争议，这一情况显然并不合理。因此，亦应遵循本案所确立的基本原则，保持《农村集体土地行政案件若干规定》第 10 条中的裁决先行案件的适用范围与《土地管理法实施条例》中确立的需要展开行政裁决的案件的适用范围相一致，即针对土地征收补偿类案件，法院亦可以直接受理。

（指导教师：罗智敏　中国政法大学法学院教授）

案例九　行政征收中历史无证房屋的合法性认定及违法强拆赔偿

——梁承志诉广西壮族自治区贵港市港北区人民政府强制拆除房屋及行政赔偿案

王晓宇 *

【案件名称】

梁承志诉广西壮族自治区贵港市港北区人民政府强制拆除房屋及行政赔偿案 [（2018）最高法行申 5425 号]

【关键词】

违法建筑　强制拆除　行政补偿　行政赔偿

【基本案情】

1996 年 4 月 1 日，贵港市贵城镇三合村民委员会同意划拨一块长 10 米、宽 4.4 米、面积 44 平方米的集体宅基地给梁承志建房。1997 年 8 月 13 日，贵港市人民政府（以下简称贵港市政府）向梁承志颁发贵国用（1997）字第××号国有土地使用证。2000 年 1 月 10 日，贵港市土地管理局给梁承志换发新证，该证注明土地类型为国有划拨土地，土地使用人为梁承志，土地用途为住宅，土地等级为一等三级，使用权面积为 44 平方米。

2013 年 11 月 10 日，贵港市政府作出贵政通（2013）23 号《关于征收高铁站前广场建设项目范围内房屋的决定》并附补偿安置方案，主要内容：贵

---

* 作者简介：王晓宇，中国政法大学法学院宪法学与行政法学专业 2022 级硕士研究生。

港市中心城区房屋建设市场指导价格，砖混结构一等价格为 2200 元每平方米，二等价格为 2050 元每平方米；贵港市中心城区级别基准地价，住宅类三级均价为 1179 元每平方米，上限为 1449 元每平方米，下限为 984 元每平方米。2014 年 2 月 28 日，贵港市政府印发贵政发（2014）5 号《贵港市人民政府关于印发贵港市中心城区房屋征收与补偿暂行办法的通知》。该通知第 7 条规定，对因历史原因造成手续不全的房屋，本着尊重历史、照顾现实的原则，只办理有国有（集体）土地使用证和属于本村组（社区）集体经济组织一户一宅的房屋征收，四层（含）以下建筑面积或四层以上的建筑总建筑面积 200 平方米（含）以内的部分，在房屋征收期限内签订协议书的，根据房屋建成的年限，按《贵港市中心城区房屋市场指导价格》规定的补偿标准给予一定比例补助；不签订协议书的，按违法建筑依法拆除。征收房屋过程中，梁承志不同意房屋征收补偿安置方案，未与征收部门签订房屋征收补偿协议。

自 2015 年 12 月起，贵港市住房与城乡规划建设委员会对项目范围内未签订房屋征收补偿协议的房屋进行评估。2016 年 11 月 1 日，山东贵恒信房地产土地评估经纪有限公司对梁承志的房屋作出《房屋征收补偿分户估价预评结果报告》，主要内容：估价对象的建筑面积为砖混结构 284.24 平方米，铁棚面积 58.52 平方米，房屋用途为住宅，总层数为六层。房屋建筑评估总价为 630 820.52 元（284.24×2180+58.52×191＝630 820.52），房屋土地评估总价＝土地面积×土地单价，即 72 044.28 元（49.72×1449＝72 044.28）。房屋总价格约为 702 864 元（630 820+72 044＝702 864）。2016 年 11 月 16 日，贵港市高铁广场项目建设指挥部作出《贵港市城区房屋征收调查表》并附《补偿汇总表》，主要内容为：梁承志被征收的住宅、土地及铁棚评估价 702 864 元，附属设施迁移 3910 元，房屋特殊装修费 84 597.85 元，搬迁费 2842.4 元，临时安置费 17 054.4 元，补偿金额共计 811 269 元。上述项目、价格与上述贵港市政府的 5 号通知规定的补偿项目价格一致。

2017 年 2 月 21 日，港北区政府将梁承志房屋强制拆除。实施强制拆除前，港北区政府对其屋内物品及房屋设施情况进行录像，并制作建筑物财物登记表。根据录像反映，在港北区政府对梁承志房屋进行强制拆除前，梁承志对室内物品已进行过清理和撤离，房内仅剩下抽油烟机、床等少量日常生

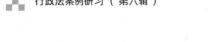

活用品。2017 年 3 月 3 日，梁承志提起本案行政诉讼，请求确认港北市政府强制拆除其房屋的行为违法，恢复房屋原状，无法恢复房屋原状的，应当按照现行市场价格，赔偿房屋价值损失 3 282 240 元及屋内物品损失 50 万元，包括电视机、微波炉、名贵药材、烟酒、名表、金银首饰等财物。

【裁判要旨】

在房屋征收过程中，对因历史原因形成的没有建设审批手续和产权证照的房屋，行政机关应当在征收之前依法予以甄别，作出处理，不能简单将无证房屋一律认定为违法建筑，不予征收补偿；违法拆除因历史形成的无证房屋造成损失的，也不能简单以无证房屋即为违法建筑为由，不予行政赔偿。在行政机关没有充分证据证明被拆除的无证房屋属于违法建筑的情况下，应当将该房屋视为合法建筑，依法予以行政赔偿。行政赔偿的项目、数额不得少于被征收人通过合法征收补偿程序获得的行政补偿数额。

《国有土地上房屋征收与补偿条例》第 24 条第 2 款规定的"依法对征收范围内未经登记的建筑进行调查、认定和处理"，是指按照《土地管理法》及其实施条例以及城乡规划法等法律、法规规定，依法判断、准确认定征收范围内未经登记的建筑是否属于违法建筑。

【裁判理由与论证】

本案主要围绕梁承志的两个诉讼请求展开，即港北区政府强制拆除梁承志房屋行为是否违法，以及如果前述行为违法，行政赔偿金额如何确定。此外对于梁承志所有的历史无证房屋合法性的认定行为也需予以判断。对于第一个问题，一审、二审乃至再审的结论一致，均确认港北区政府强制拆除梁承志房屋行为违法。在此基础上，对于第二个问题，二审在一审两项损失赔偿金额的基础上增加赔偿了附属设施迁移费、房屋特殊装修费、搬迁费以及临时安置费，再审予以支持。但是对于历史无证房屋合法性认定问题，二审没有予以释明，最高人民法院再审明确指出，对于因为历史原因形成的没有建设审批手续和产权证照的房屋不能未经调查认定程序即一律认定为无证建筑，不予征收补偿。

一、确认港北区政府强制拆除梁承志房屋的行为违法

根据《行政强制法》的规定，行政机关作出强制执行决定前，应当事先催告当事人履行义务。当事人收到催告书后有权进行陈述和申辩。经催告，当事人逾期仍不履行行政决定，且无正当理由的，行政机关可以作出强制执行决定。本案中，港北区政府没有提供有效证据证明，实施强制拆除前，对案涉房屋进行调查，作出违法建筑认定并限期拆除的决定未经书面催告履行程序，亦未听取梁承志的陈述、申辩，因此强制拆除行为严重违反法律规定。

二、违法建筑的认定范围

根据《国有土地上房屋征收与补偿条例》第 24 条第 2 款的规定，所谓"依法对征收范围内未经登记的建筑进行调查、认定和处理"，是指按照《土地管理法》及其实施条例以及城乡规划法等法律、法规规定，依法判断、准确认定征收范围内未经登记的建筑是否属于违法建筑。本案中，贵港市政府发布的《贵港市人民政府关于印发贵港市中心城区房屋征收与补偿暂行办法的通知》第 7 条规定，对因历史原因造成手续不全的房屋，"在房屋征收期限内签订协议书的，根据房屋建成的年限，按《贵港市中心城区房屋市场指导价格》规定的补偿标准一定比例给予补助；不签订协议书的，按违法建筑依法拆除"。上述内容与依法认定违法建筑的理念和标准相悖，违反法律、法规规定，最高人民法院予以指正。

三、行政赔偿数额的确定

在行政机关没有充分证据证明被拆除的无证房屋属于违法建筑的情况下，应当将该房屋视为合法建筑，依法予以行政赔偿。行政赔偿的项目、数额不得少于被征收人通过合法征收补偿程序获得的行政补偿数额。二审判决将梁承志的土地、房屋视为合法建筑，按照市场评估价格和征收补偿方案确定的补偿项目和标准，依法判决港北区政府赔偿梁承志房屋赔偿费、装修费、搬迁费、临时安置费等共计 821 269 元，符合本案事实及法律规定。

梁承志还主张，港北区政府违法强制拆除行为，导致梁承志无法对屋内

物品损失举证，应当承担举证不能的后果。根据《行政诉讼法》第 38 条第 2 款以及《最高人民法院关于行政诉讼证据若干问题的规定》第 54 条规定，在双方对损失情况均不能举证证明的情况下，法官应当遵循法官职业道德，运用逻辑推理和生活经验，酌定损失数额。本案中，根据查明的事实，强制拆除前梁承志对室内物品已进行过清理和搬离，房内仅剩下抽油烟机、床等少量日常生活用品，结合梁承志提出的赔偿请求，法官酌定 10 000 元损失，具有事实依据。梁承志的该项申请再审理由，亦不能成立。

【涉及的重要理论问题】

一、行政征收中历史无证房屋是否属于违法建筑的认定

（一）违法建筑的概念界定

本案中，首先涉及对于梁承志案涉房屋属性界定的问题。虽然贵城镇三合村公所[1]获得了贵港市土地管理局颁发的《建设用地批准书》以及贵港建设委员会颁发的《建设用地规划许可证》，同时贵港市贵城镇三合村村民委员会同意划拨一块长 10 米、宽 4.4 米、面积 44 平方米的集体宅基地给梁承志建房，但是梁承志后来建房时没有依法取得建设规划部门颁发的《建设工程规划许可证》，建房后也没能办理《房屋所有权证》，该房屋属于因历史原因未经审批建设、手续不全的私人建筑，与具备国有土地使用权证、建设工程规划许可证、房屋所有权证等手续齐全的合法建筑不同。对于此类房屋是否属于违法建筑的确认，会影响到强制拆除程序的执行以及行政赔偿的问题。

本案中，贵港市政府发布的《贵港市人民政府关于印发贵港市中心城区

---

[1] 1987 年 8 月，民政部发布《民政部关于设立村公所问题的通知》，通知内容为遵照中央领导同志的意见，农村乡以下设立村公所问题，只在广西壮族自治区试点，不在全国铺开。11 月，《村民委员会组织法（试行）》公布，自 1988 年 6 月 1 日起试行。在村公所制度试行 7 年后，由于村公所已经不能适应新形势发展需要，同时为了理顺村级组织关系，根据中共中央文件精神，关于"为减少管理层次，乡镇不再设置派出机构村公所"的决定和自治区党委的统一部署，广西壮族自治区从 1994 年 6 月起，经过试点，全面铺开了撤销村公所改设村委会的工作。参见韦永华：《推进农村基层组织建设的重大举措》，载《乡镇论坛》1995 年第 6 期，第 5 页。参见广西壮族自治区民政厅：《撤销村公所改设村委会理顺村级组织关系》，载《乡镇论坛》1995 年第 11 期，第 9 页。

房屋征收与补偿暂行办法的通知》第 7 条规定，对因历史原因造成手续不全的房屋，"在房屋征收期限内签订协议书的，根据房屋建成的年限，按《贵港市中心城区房屋市场指导价格》规定的补偿标准一定比例给予补助；不签订协议书的，按违法建筑依法拆除"。上述内容与依法认定违法建筑的理念和标准相悖，以是否签订协议书作为认定违法建筑的标准，存在强迫签订协议书，违法不当履职的情形。同时，港北区政府实际征收过程中也未按照《国有土地上房屋征收与补偿条例》第 24 条第 2 款的规定，对梁承志的房屋进行调查、认定程序。

对于历史无证房屋合法性的认定涉及合法建筑与违法建筑的区分标准，因此界定违法建筑的概念就显得极为重要，为认定历史无证房屋合法性提供参考。

在理论层面，学界对违法建筑作出诸多定义。有学者认为，违法建筑是指经规划行政主管部门审查，确认为妨碍了社会公共利益或不符合城乡整体规划，且未办理建筑用地许可证和建设工程许可证而处于不合法状态并应予以拆除的建筑物、构筑物和其他设施。[1]也有学者认为，违法建筑是指违反法律、法规的规定而建造的建筑物和构筑物。[2]还有学者认为，违法建筑是指违反法律、法规的规定，未办理、以欺骗方式办理相关审批手续或者超出许可范围的，未取得建设用地使用权的，不符合城乡整体规划的，妨害社会公共利益的建筑物或构筑物。[3]

在法律层面，我国于《土地管理法》和《城乡规划法》的相关条文中对违法建筑的认定有具体规定，并详细地指出了违法建筑所具备的主要特点是未获规划许可或超出许可范围进行建设的建筑之物。此外，《民法典》第 344 条规定："建设用地使用权人依法对国家所有的土地享有占有、使用和收益的权利，有权利用该土地建造建筑物、构筑物及其附属设施。"综上，可以将违法建筑概括为缺乏或者超越建设规划许可的建筑物，其核心特征是违法性，

---

〔1〕 参见张开泽：《违法建筑的法律界定》，载《学术探索》2004 年第 11 期，第 48-52 页。

〔2〕 参见王才亮、陈秋兰：《违法建筑处理实务》，法律出版社 2008 年版，第 11 页。

〔3〕 参见张峥：《违法建筑的界定及其分类化处理建议》，载《重庆行政》2021 年第 3 期，第 65-67 页。

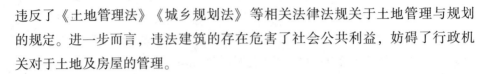

违反了《土地管理法》《城乡规划法》等相关法律法规关于土地管理与规划的规定。进一步而言，违法建筑的存在危害了社会公共利益，妨碍了行政机关对于土地及房屋的管理。

（二）行政征收中历史无证房屋的合法性认定

历史无证房屋是指由于一些历史原因导致在征收节点时完全缺少审批手续或者手续不全未登记的房屋。正是由于历史无证房屋外观表现违法，但该外观是由于一系列特殊历史原因导致的，因此不能够径直认定为违法建筑，而是需要综合考虑其他认定因素形成关于历史无证房屋的认定标准，经过征收等部门的调查与认定程序，作出正式的书面认定意见。本案中，梁承志所有房屋在建房过程中没有取得建设工程规划许可证，建房后也没能办理《房屋所有权证》，从外观看显然违法。但是此前贵港市政府向梁承志颁发了《国有土地使用证》，土地类型为国有划拨土地，该房屋属于建成时间久远且手续不全的情况。港北区政府没有针对该情况依照国有土地上房屋征收程序对其合法性进行调查认定和处理，相反在梁承志没有与港北区政府达成房屋征收补偿安置协议后的情况下径直将涉诉房屋认定为违法建筑并强制拆除。显然该合法性认定过程存在问题，既缺乏明确的认定标准，又没有开展调查与认定程序。

因此在征收中，对于历史无证房屋的合法性认定，应当首先明确合法性认定标准，面对不同情况的历史无证房屋，还应考虑除手续之外的其他认定因素。其中最重要的因素就是历史无证房屋的历史性。正是由于房屋建设与新法出台之间存在时间差，因此才会存在所谓的"历史遗留问题"。造成历史遗留问题的原因有很多，部分可能由于在相关法律出台之前房屋就已经建成，因此房屋没有相应证件。部分可能类似本案梁承志的情况，建房前具备建设用地规划许可证与国有土地使用证，但是在建房过程中手续不全。还有部分可能是由于各地土地与房屋政策不同，当地政府出于鼓励进城落户等多方面考虑，没有对于无证房屋予以处罚。造成历史无证房屋问题的原因不胜枚举，正是多种历史原因的存在，造成了历史无证房屋违反现行有效法律的外观。因此历史无证房屋合法性认定的核心在于能否依据其违反现行有效法律的外观径直认定为违法建筑。这个问题学界比较一致的看法是不能因为新制定的法律规范就据此直接认定之前建设的无证房屋违法。其背后的法理就是"法不溯及既往"原则。2000年《立法法》第84条明确规定:"法律、行政法规、地方性法规、自治条例和单行条例、规章不溯及既往,但为了更好地保护公民、法人和其他组织的权利和利益而作的特别规定除外。"改革开放四十多年以来,我国土地规划管理制度变化巨大,历史遗留建筑物这个非官方概念的提出也表明我们对于这类建筑应该审视当下的法律制度,以实事求是的态度判断历史无证房屋的合法性。

但是对于不溯及既往的起算节点,理论界观点以及各地实践做法均有所不同。有人认为应当从1998年1月1日起算,[1]因为1997年10月27日建设部才发布了《城市房屋权属登记管理办法》(自1998年1月1日起施行),其中第4条规定:国家实行房屋所有权登记发证制度,申请人应当按照国家规定到房屋所在地的人民政府房地产行政主管部门申请房屋权属登记,领取房屋权属证书。在此之前由于没有对房屋登记进行规定,所以大量房屋没有登记,此类历史遗留建筑不应认定为违法建筑。

实践中各地的认定标准虽然按照一定的时间节点划分,但是采用的时间节点也有所区别。例如,本案中贵港市政府主要选择了四个时间节点,[2]包括1997年1月1日、2004年1月1日、2010年4月1日以及2011年12月8日。2011年12月8日是《贵港市人民政府关于处理市中心城区违法用地、违法建筑问题的通告》的发布日期,在13号通告发布之后,违法新建、扩建、改建的房屋依法拆除,一律不予补偿或补助。可以看出其部分节点设置主要还是参考了当地的政策。又如,温州市针对完全无证的历史房屋,主要以相关法律法规的实施时间作为节点。[3]针对在旧城区内的房屋,主要以《城市规划条例》实施时间为节点。旧城区外的房屋,以《土地管理法》或《城市

　　〔1〕　参见李得茂、汪姜峰:《征收中历史遗留的无证房产估价问题探讨》,载中国房地产估价师与房地产经纪人学会编:《估价无处不在——让估价服务经济社会生活的方方面面——2017中国房地产估价年会论文集》,中国城市出版社2017年版,第273页。
　　〔2〕　参见《贵港市中心城区房屋征收与补偿暂行办法》第7条。
　　〔3〕　参见《温州市区征收国有土地上未登记房屋认定办法》第5条。

规划法》实施时间为节点。

综上可知，对于历史节点的确定很难得出一致的结论，但是总体而言主要考虑到 1984 年施行的《城市规划条例》、1987 年施行的《土地管理法》以及 1990 年施行的《城市规划法》等早期法律法规对于城镇土地与房屋的相关规定，同时结合本地区关于土地房屋规划建设的相关政策。此外，历史房屋合法性认定标准除了考虑到房屋建设的历史节点问题，还应综合考虑目前城镇规划，房屋是否具备相应手续并缴纳费用，以及如果用于经营还需考虑经营用途等因素。

二、征收中历史无证房屋的合法性认定程序

根据《贵港市中心城区房屋征收与补偿暂行办法》第 7 条与第 8 条的规定，[1]贵港市政府对于历史无证房屋作出两种类型划分，第一种是办理了国有（集体）土地使用证和属于本村组（社区）集体经济组织"一户一宅"的房屋，只是该类房屋因为历史原因手续不全，对于该类房屋按照征收节点时房屋市场指导价格的一定比例予以补助或者提供产权调换。第二种是因历史原因完全没有办理相应手续且不属于本村组（社区）集体经济组织"一户一宅"的房屋，仅根据建筑成本价格对包括房屋在内的地上建筑物进行一定比例的货币补助或者被征收人满足一定条件可选择购买保障性安置房。

《贵港市中心城区房屋征收与补偿暂行办法》对于征收范围内历史无证房屋所作的类型划分，事实上是对历史无证房屋进行了初步信息核查，以确定历史房屋是否具备齐全的手续。但是如上文所述，认定历史无证房屋合法性的标准不仅包括是否具备齐全手续一个因素，还需要征收部门考虑房屋建成节点、现行规划等因素综合认定。然而《贵港市中心城区房屋征收与补偿暂

---

〔1〕《贵港市中心城区房屋征收与补偿暂行办法》第 8 条规定，对于因历史原因没有取得"土地证、准建证"且不属于本村组（社区）集体经济组织"一户一宅"的房屋，本着尊重历史、照顾现实的原则，按两种办法处理：（1）货币补助。在房屋征收期限内签订协议书的，根据房屋建成的年限，地上建筑物按《贵港市中心城区建筑成本价格表》规定的补助标准一定比例给予补助；不签订协议书的，按违法建筑依法拆除。（2）购买安置房。房屋建设时间在 1997 年 1 月 1 日至 2010 年 3 月 31 日，在城区无第二处住房的，被征收人领取货币补助后，可按保障性安置房价格在安置小区购买一套安置房，具体价格由市人民政府依法确定。

行办法》除了第 7 条和第 8 条之外并未规定征收历史无证房屋中各部门的职责、历史无证房屋合法性的认定标准以及具体的调查认定程序。相反，其违背尊重历史、照顾现实的原则，以不签订协议书变相作为认定违法建筑的标准。实际征收过程中，贵港市政府并未要求征收部门或者其他有关部门再开展调查和认定活动并出具认定意见。《贵港市中心城区房屋征收与补偿暂行办法》的该部分内容以及实践中行政机关的不作为违反了《国有土地上房屋征收与补偿条例》第 24 条的规定。最高人民法院针对本案的判决说理部分也指明上述内容与依法认定违法建筑的理念和标准相悖，违反法律、法规规定，最高人民法院予以指正。

在历史无证房屋的征收中，对其合法性认定是极为关键的一环，直接关系到被征收人的权益。在确定历史无证房屋的合法性认定标准之后，更需要明确历史无证房屋合法性的调查和认定程序，确保行政机关根据法定步骤得出准确公正的认定结果，避免征收裁量权的恣意行使。本案中，虽然贵港市政府作出的《贵港市中心城区房屋征收与补偿暂行办法》没有规定历史无证房屋的调查认定程序，但是其他部分省市所制定的地方规章或者规范性文件关于历史无证房屋的调查认定程序还是有很多值得参考之处的。[1]

重庆市对于未登记建筑的调查程序主要由区县房屋征收部门组织开展，可以委托房地产价格评估机构参与调查登记工作。调查的方式是在房屋征收范围内发布入户调查通知，组织登记被征收房屋的权属、区位、用途、建筑面积等情况。如果被征收人对调查登记结果有异议，区县房屋征收部门负责进行核实处理。[2]

在对未登记建筑的合法性认定程序上，重庆市的设计与其他大部分地方不同，选择了集体会审的方式。区县政府组织住房城乡建设、规划自然资源、城市管理、不动产登记等部门和机构，对未经登记建筑的合法性根据认定标准进行集体会审认定。集体会审的认定和处理结果在房屋征收范围内公示，

---

〔1〕 在各地市的规范性文件中对于该部分内容的规定所用概念是"未登记建筑"或者"未登记房屋"，历史无证房屋也适用关于未登记建筑的调查认定程序，因此本部分阐述为与地方文件保持一致，皆使用未登记建筑或者房屋的概念。

〔2〕 参见《重庆市国有土地上房屋征收与补偿条例实施细则》第 18 条至第 20 条。

被征收人对认定和处理结果提出异议的，由区县政府进行核实。

温州市和杭州市对于未登记建筑认定部门职责以及机构设置上的安排相似。[1]主要是由市或者区县政府统筹组织，整合规划和自然资源、建设、住房保障和房产管理、城市管理等部门以及被征收房屋所在街道（乡镇），对房屋征收范围内的未登记建筑进行调查、认定和处理。具体的工作由市或者区县政府设立的未登记房屋认定机构具体负责，上述各部门和单位指派专人参与其中。

但是两市在调查与认定程序设计上有所区别。温州市的调查认定程序主要分为"初步认定—复查—复核"三步：首先由街道办、乡镇政府或者建设项目牵头单位三类主体对于未登记建筑合法性作出初步认定；如果被征收人提出异议，则由未登记房屋认定机构组织各部门联合复查；证明原认定确实有误时，由区政府组织有关部门、专家复核。各环节认定结论均公示，无论哪一环节结论生效，均由未登记房屋认定机构统一制作未登记房屋认定书。杭州市主要规定了"调查—认定—公示"程序，整个过程主要由房屋征收部门负责，最终以市或区县政府名义出具认定意见并公示。

综观各地方规章或规范性文件的规定，不难发现地方在关于历史无证房屋征收的调查与认定上作出了诸多细化。但是行政机关还有很多隐藏在冰山之下"未说完的话"，对于被征收人来说仍旧不清楚历史无证房屋的调查与认定是否存在其他"隐性标准"。因此，对于历史无证房屋合法性的调查与认定程序需要进一步完善。首先，要明确各部门的职责。在征收这个复杂的过程中，征收部门与其他部门需要配合协作，因此应当明确各部门在历史无证房屋合法性的调查与认定中的职责。[2]其次，应明确调查程序。调查程序建议以征收部门为牵头部门，负责收集汇总证据，在这个过程中其他协作部门需

---

〔1〕 参见《温州市区征收国有土地上未登记房屋认定办法》第3条、第4条与第7条。《杭州市人民政府关于贯彻实施〈杭州市国有土地上房屋征收与补偿条例〉的若干意见》第4条、第7条。该意见自2023年2月11日起施行，《杭州市人民政府办公厅关于印发杭州市区国有土地上房屋征收范围内未登记建筑认定办法的通知》同时废止。值得注意的是，该通知中规定汇总资料证据后认定合法性以及出具认定意见均由工作小组完成，但2023年最新的意见中规定由征收部门负责。

〔2〕 可以参考《深圳市城市更新土地、建筑物信息核查及历史用地处置操作规程（试行）》第3条的规定。

要提供资料以及意见，确保在前期调查环节能收集足够丰富的资料，避免影响行政效率。再次，应明确认定程序。应当组织各部门进行集体认定，如果被征收人提出异议的，应当启动复查以及复核程序。最后，应明确公示程序。各环节的认定结论以及最终的认定书面意见，都应当予以一定期限的公示。

规范的调查与认定程序有助于促使政府及各部门依法行政，减少认定错误的发生。如果后续因为合法性认定错误导致被征收人权益受损，规范的程序也有助于被征收人寻找适格的行政主体提起行政诉讼，维护自身的合法权益。

三、历史无证房屋征收中违法强拆的行政赔偿认定

虽然再审驳回了梁承志的再审申请并且认定二审生效判决符合法律规定，并且两审对本案行政赔偿的数额认定一致，均确认按照征收补偿程序之中对涉案房屋进行评估得出的补偿金额进行赔偿，但是在赔偿范围的问题上，实际两级法院的理解存在差异。二审法院认为，虽然由于历史原因不能够认定涉案房屋属于违法建筑，但是由于客观上该房屋建设手续不全，因此也不能按照完全的合法房屋进行赔偿，而最高人民法院认为，在没有充分事实证据证明的情况下，不能认为涉案无证房屋属于违法建筑，应当将其视为合法房屋，按照合法房屋的完全赔偿的标准进行赔偿。

根据《国家赔偿法》第 2 条第 1 款的规定："国家机关和国家机关工作人员行使职权，有本法规定的侵犯公民、法人和其他组织合法权益的情形，造成损害的，受害人有依照本法取得国家赔偿的权利。"如果历史无证房屋在前期调查阶段被认定为违法建筑，由于违法建筑不属于被征收人的合法权益，因此即使强制拆除行为违法，也不能够提起行政赔偿之诉。但需要明确的是，这里无法获得行政赔偿的应该是违法建筑本身。在违法建筑被强制拆除之后，对于拆除下来的建筑材料该如何定性，需要进行法理分析。相较而言，一般的违禁品具有比较强的流动性和危险性，常见的处理方式是没收。但是根据《土地管理法》《城乡规划法》《行政强制法》的相关规定，对于违法建筑的一般处理方式是限期拆除。当建筑材料凝结为建筑时，其本身的物权独立性消失。当违法建筑被拆除后，其独立属性恢复，虽然其作为违法工具，但是

由于没有被没收，所以建筑材料的所有权仍归属违法搭建人。但是对于该部分合法权益是否可以提起行政赔偿，学界的观点也经历了变化。

早期有学者认为，被拆除的建筑物虽然被依法认定为违法建筑，但是违法搭建人对建筑材料还是享有所有权的。只是从现实执法的可能性方面考虑，在拆违过程中要求拆违工作人员既要稳妥、快速地拆除违章建筑，又要小心、谨慎地考虑到建筑材料的再利用价值，无疑是过度苛求，也会对拆除违法建筑的进程和效果产生不利影响。因此，对建筑材料的毁损可视为强制拆除行为的附随结果，当事人无权对该部分损失要求赔偿。[1]该学者认为针对违法建筑被拆除的建筑材料，违法搭建人无权提起行政赔偿诉讼，主要考虑到拆除违法建筑工作的效率。但这种观点更多的是从行政机关的角度出发，缺乏对于个人权益保护的重视。因此对于这种观点学界与实务界目前基本都已经舍弃。目前普遍观点认为，历史无证房屋被违法强拆，被征收人有权就建筑材料损失提起行政赔偿诉讼。

但是确认被征收人对建筑材料享有合法权益只是满足了提起行政赔偿诉讼的第一个条件。第二个条件是仍需要证明被征收人的合法权益遭受损害。根据《行政强制法》第44条的规定，行政机关对于违法建筑强制拆除之前，法律赋予了相对人自行拆除的权利。如果被征收人在期限内自行拆除了违法建筑，那么其关于建筑材料的合法权益并没有遭受损害，其赔偿的主张自然不能成立。对于被强制拆除的历史无证房屋的所有人合法权益遭受损害的讨论主要分为两种情况。[2]第一种情况是强制拆除行为程序违法。行政机关在强制拆除违法建筑的过程中没有遵循《行政强制法》规定的强拆程序，剥夺了历史无证房屋所有人的自行拆除权，这种情况下应当对相对人主张的残值予以支持。第二种情况是与相对人自行拆除相比，行政机关强制拆除的过程中因没有妥善保管造成建筑材料损失的扩大。这种情况下需要历史无证房屋所有人提供证据材料予以证明，同时法院要结合行政机关在强制拆除过程中

---

〔1〕 参见王岩：《强制拆除违法建筑案件若干问题探析》，载《法律适用》2011年第9期，第90-101页。

〔2〕 参见肖洒：《违法建筑上合法权益的行政赔偿——张文胜诉沈阳市于洪区人民政府行政赔偿案评析》，载《行政法学研究》2021年第2期，第153-163页。

的录像材料综合认定。

只有两个条件全部满足，即历史无证房屋所有人的合法权益遭到损害，才能够提起行政赔偿诉讼并且得到法院的支持。因此违法建筑中建筑材料的损失也可以获得行政赔偿，但在实务中相对人需要在诉请中予以明确，并且提供合法权益遭到损害的证据。

【后续影响及借鉴意义】

在本案之后，最高人民法院相继作出了类似裁定，[1] 对历史无证房屋的态度保持一致，认为在征收调查的过程中，对于此类由于历史原因无证的房屋不能径直认定为违法建筑，而应由行政机关在征收之前依法予以调查，作出处理。究竟涉案无证房屋是不是违法建筑，应当由行政机关依据《国有土地上房屋征收与补偿条例》第 24 条的规定依职权主动查明，而不应由被征收人"自证"房屋的清白。若行政机关无法查明无证房屋系违建的事实，则其在给予补偿安置、行政赔偿时均不能打任何折扣。未经认定为违法建筑的无证房屋应视同合法建筑给予公平、合理的征收补偿。

最高人民法院在本案的裁判中"正本清源"，明确指出《贵港市人民政府关于印发贵港市中心城区房屋征收与补偿暂行办法的通知》这种性质的规定"与依法认定违法建筑的理念和标准相悖，违反法律、法规规定，应予指正"。实践中仍有许多地方的征收补偿方案中有类似该通知的规定，省略调查程序，仅根据是否依据公告签订征收补偿安置协议确定历史无证房屋的合法性。因此本案的裁判理由将对未来同类型纠纷的审理裁判产生重大深远的影响。

同时在理论和实践层面，本案也引发了对于历史无证房屋征收过程中调查与认定程序的重视。征收作为历史无证房屋主要的处置路径之一，关系着公共利益与个人利益保护。其中关键性问题就在于对历史无证房屋合法性的认定，而对于历史无证房屋合法性的认定又有赖于征收中的调查认定程序。应当考虑针对历史无证房屋征收调查与认定程序作进一步细化规定，明确征

---

〔1〕 潘玉民诉辽宁省沈阳市于洪区人民政府及辽宁省沈阳市于洪区沙岭街道办事处履行补偿职责案，最高人民法院（2019）最高法行申 7904 号。

收过程中协作部门职责与历史无证房屋合法性认定标准，确保在调查程序中协作部门提供充足的资料供集体认定历史无证房屋的合法性。如果被征收人提出异议，应当启动复查以及复核程序。对各环节的认定结论以及最终的认定书面意见，都应当予以公示。

（指导教师：蔡乐渭　中国政法大学法学院副教授）

三 诉讼规则

案例十 强制拆除实施主体不明时适格被告的认定规则

——上海马桥酒店管理有限公司诉上海市闵行区人民政府土地房屋行政强制案

曹鹏荣 *

【案例名称】

上海马桥酒店管理有限公司诉上海市闵行区人民政府土地房屋行政强制案 [（2017）沪 01 行初 148 号行政裁定书、（2017）沪行终 376 号行政裁定书、（2017）最高法行再 102 号行政裁定书]

【关键词】

行政强制 强制拆除 适格被告 推定被告

【基本案情】

一审法院上海市第一中级人民法院查明，上海服装公司为系争房屋产权人，于 1990 年登记在其职工疗养所名下。2004 年，服装公司与上海马桥酒店管理有限公司（以下简称马桥酒店）签订房地产转让协议，服装公司将系争房屋及土地使用权转让给马桥酒店，未办理过户登记，但案涉土地及地上房屋一直由马桥酒店占有、使用和处分。2015 年 12 月，在未收到任何通知的情

---

* 作者简介：曹鹏荣，中国政法大学法学院宪法学与行政法学专业 2022 级硕士研究生。

况下，马桥酒店房屋内的人员被强行驱离、房屋内物品被强行搬走，系争建筑物被全部拆除。事后，马桥酒店多次与闵行区马桥镇人民政府（以下简称马桥镇政府）交涉，马桥镇政府动迁办答复称：以建筑面积 1403.3 平方米作计算，要求马桥酒店放弃土地使用权，可补偿 500 万元，并拒绝恢复原状。

2016 年 10 月，马桥酒店以民事侵权为由，向闵行区人民法院起诉马桥镇政府，该院以不属民事诉讼受案范围为由，裁定不予立案。2017 年 3 月，上海市第一中级人民法院裁定维持一审裁定。

后马桥酒店得知根据沪（闵）征告 [2010] 第 34 号上海市闵行区人民政府征收土地方案公告（以下简称 34 号公告），系争地块作为建设用地，由闵行区人民政府（以下简称闵行区政府）征收。马桥酒店认为系争房屋及土地经依法登记或批准，马桥酒店系合法受让，是合法的权利人，应依法受到保护。闵行区政府作为征收主体，未依法履行征收安置程序，强行拆毁马桥酒店的房屋、搬走物品，侵害了马桥酒店的财产所有权。马桥酒店提起诉讼，请求法院：（1）判令闵行区政府依法征收安置马桥酒店，返还物品；（2）判令闵行区政府赔偿马桥酒店经济损失。

一审法院认为：马桥酒店并非系争房屋的产权登记人，且系争房产用地系国有土地，而 34 号公告系批准征收集体土地，故马桥酒店以 34 号公告为依据要求安置缺乏事实依据，因此裁定不予立案。马桥酒店提起上诉。二审法院认为，该征收土地方案公告系批准征收相关集体土地，上诉人起诉闵行区政府但未提供相应事实依据证明存在被诉行政行为，其请求事项也不具体，不符合起诉条件。因此维持原审裁定。

马桥酒店向最高人民法院申请再审，请求撤销一、二审行政裁定，指令一审法院立案受理。最高人民法院认为马桥酒店具有原告资格，其已初步证明闵行区政府作为被告的适格性，人民法院依法应予立案，撤销一、二审裁定，指令上海市第一中级人民法院立案受理。

【裁判要旨】

对合法建筑的拆除首先应推定为行政强制行为，除非有证据足以推翻。在立案登记制背景下，起诉人在起诉无书面决定的事实行为时，只要能够提供初步证据证明事实行为存在且极有可能系起诉状所列被告实施，即应视为已经初步履行了适格被告的举证责任；除非起诉状所列被告明显不适格，或者为规避法定管辖而多列被告，或者原告明显存在滥用诉讼权利情形。即使被推定的适格被告提出了否定证据，人民法院也应先行立案并在其后的审理程序中查明。为保护公民、法人和其他组织合法权益，监督行政机关依法行使职权，人民法院在确定行政案件适格被告方面也存有一定义务。即使原告所起诉的被告不适格，人民法院仍有义务查明适格被告，并告知当事人变更，而不能简单地以被告不适格为由不予立案或者迳行裁定驳回起诉，除非被告明显不适格，或者为规避法定管辖而多列被告，或者原告明显存在滥用诉讼权利情形。

【裁判理由与论证】

本案裁定首先回应了马桥酒店的原告资格问题。裁定认为，虽然马桥酒店并非案涉土地和房屋的登记权利人，但其一直占有、使用和处分案涉土地及房屋，因此马桥酒店是实际权利人、依法享有相应的物权，有资格对强制拆除房屋的行为提起行政诉讼。解决完原告资格的问题之后，裁定又花费大量笔墨论证了闵行区政府作为本案被告的适格性，这也是本文重点关注之处。以下将对此部分的说理逻辑进行分析。

一、适格被告的概念解构与基础论断

裁定首先解构了"适格被告"的含义，对原告对被告适格的举证责任下了一个明确的论断：原告只要能够提供初步证据证明事实行为存在且极有可能系被告实施，即应视为其已初步履行了适格被告的举证责任；除非起诉状所列被告明显不适格，或者为规避法定管辖而多列被告，或者原告明显存在滥用诉讼权利情形。在证明标准上，原告在立案阶段对被告适格的举证责任只需达到初步证明的程度即可。在证明对象上，原告仅需证明：（1）事实行为存在，（2）该事实行为极有可能系起诉状所列被告实施的两个条件即可。

二、两个推定规则的适用

在上述论断基础之上，判决运用了两个推定规则逐步完成了对实施主体要素的证立，从而完成适格被告的认定工作。

（一）推定拆除行为属于行政强制行为

第一步，法院推定拆除涉案房屋的行为是行政强制行为而非民事侵权行为，即推定该行为的主体为行政主体，而非民事主体。法院强调了适用该推定的前提在于案涉房屋的拆除主体不明：强拆之前并无任何文书送达；强拆之后也无任何主体承担责任。接下来，裁定从正反两方面论述了推定的条件。从反面来说，已有生效裁定认定该争议不属于平等主体之间的民事争议；从正面来说，房屋征收、强制搬迁、收回国有土地使用权等都属于政府及其职能部门的法定职权。换言之，案涉争议不属于民事争议，而又与行政机关的职权息息相关。因此，涉案强拆行为应当被推定为行政主体实施的行政强制行为，而非民事主体实施的民事侵权行为。

（二）推定征收主体为实施强拆主体

第二步，法院进一步推定闵行区政府为实施主体。如果说第一步将实施主体划定在行政主体这一大范围中，那么本步骤则进一步精确推定了哪一行政机关才是实施主体。法院认为，马桥酒店提供的闵行区政府发布的征地土地公告等文件，"已经能够初步证明闵行区政府在案涉土地周边地块进行征收，因而极有可能实施或者通过书面、口头等形式委托相关主体实施强制拆除"。这是一个层层递进的逻辑：闵行区政府发布了土地征收公告，这证明其在涉案土地周边地块进行征收，因此闵行区政府可能实施强拆行为，也即推定其为实施主体。也就是说，法院从闵行区政府征收涉案土地的事实出发，推定其为强拆实施主体。

三、适用推定规则的法律后果

推定规则的特殊之处在于，适用推定规则得到的结论仅具有高度盖然性，并非一定正确。因此，适用推定规则得出的"适格被告"只是对原告的起诉是否达到立案条件的初步审查结论，仅代表着行政诉讼为原告开启了救济的大门，而对被告适格性的审查仍在继续。

（一）"符合立案登记条件"

完成上述两个推定步骤之后，似乎适格被告的身份也就跃然眼前："因此以闵行区政府为被告提起行政诉讼符合立案登记条件，一审法院应予登记立案。"但需要注意的是，此处的用词是谨慎而精确的：推定的结果只意味着原告就被告适格性的举证达到"初步证明"程度，因而"符合立案登记条件"；并非证明闵行区政府是真正的适格被告，也不意味着在之后的审理过程中就默认其为真正的实施主体。因此，裁定的说理并未结束——法院继续论述道，即使被推定被告提出了否定证据，也应当在立案之后的审理程序中处理。

（二）举证责任移转至被告一方

更为重要的是，裁定在此点出了适用推定规则的另一重要后果——举证责任的转移。"如果闵行区政府不能举证证明确系其他主体违法实施的强制拆除，将有可能被推定为实施强制拆除的主体，并承担相应的赔偿责任。"也就是说，推定规则不仅减轻了原告对于被告适格性的举证责任，而且在原告初步证明被告适格之后，举证责任将转移至被告方，被告需承担举证不能的不利后果。裁定进一步论述，假设涉案强拆行为由民事主体实施并涉嫌构成故意毁坏财物罪的，权利人可以请求公安机关履行相应职责；法院经审查认为有犯罪行为的，应当依据《行政诉讼法》第66条第1款规定，将材料移送公安、检察机关。

四、法院有确定适格被告的义务

最后，裁定进一步强调，为保护公民、法人和其他组织的合法权益，法院有义务确定行政案件的适格被告。《最高人民法院关于适用〈中华人民共和国行政诉讼法〉若干问题的解释》第3条第1款第3项规定，错列被告且拒绝变更的，人民法院裁定不予立案；已经立案的，应当裁定驳回起诉。此即说明，即使原告所起诉的被告不适格，人民法院仍有义务查明适格被告，并告知当事人变更，而不能简单地以被告不适格为由不予立案或者迳行裁定驳回起诉，除非被告明显不适格，或者为规避法定管辖而多列被告，或者原告明显存在滥用诉讼权利情形。

由此，本案裁定的结论也就呼之欲出——马桥酒店不仅具有提起行政诉讼的资格，并且其提供的证据已可以初步证明闵行区政府作为被告的适格性，人民法院依法应予立案。因此马桥酒店申请再审理由成立，一、二审裁定认定事实不清，适用法律法规错误，依法应予再审。

【涉及的重要理论问题】

在本案中，最高人民法院通过确立以下两个核心规则，助推强拆主体不明时被告的认定：规则一，原告只需初步证明强拆行为存在，且该行为由被告实施即可；规则二，可推定拆除行为属于行政强制行为、推定强拆实施主体，从而论证被告的适格性。从表面看，本案似乎构建了强拆主体不明时的"推定适格被告规则"。甚至最高人民法院的其他裁判中也出现了"推定××为适格被告"的表述，[1]也有地方法院法官从相关裁判中总结出"推定适格被告原则"的裁判要旨。[2]但必须指出的是："推定适格被告规则"是对本案裁判最大的误解，因为本案中推定的对象并非适格被告，而是实施主体。

作为一项广泛使用的证据规则，虽然推定的含义有诸多不同表述，但都离不开对其本质特征的概括：推定是"借助于某一确定事实 A 合理推断出另一相关事实存在或不存在的一种假定"。[3]简言之，推定就是已知事实 A 推理出未知事实 B 的规则；推定结果只是对事实是否存在的一种假定结论。基于此，本案裁决树立的两个规则在性质上是截然不同的。规则一是从事实到法律的投射，本质上是对被告是否适格的法律判断；而规则二才是从已知事实到未知事实的推定，是对强拆行为实施主体的一种假设。

因而，本案裁定本质上是由"认定规则"和"推定规则"两个规则组成。"认定规则"的核心在于以强拆行为极有可能为被告实施，因此认定被告

---

〔1〕 参见安庆市福鑫纺织品有限公司诉安徽省怀宁县人民政府房屋行政强制案，（2020）最高法行申 11261 号行政裁定书。

〔2〕 参见许龙、赵婷婷：《行政诉讼适格被告的推定——浙江湖州三利塑化有限公司诉湖州南浔区旧馆镇人民政府行政强制案》，载《人民法院报》2019 年 10 月 17 日，第 6 版。

〔3〕 席建林：《试论推定证据规则》，载《政治与法律》2002 年第 3 期，第 54 页。

的适格性。"推定规则"的核心在于通过已知事实推定未知事实，具体来说，一是通过强拆为行政机关法定职权的已知事实，推定强拆行为为行政事实行为的未知事实，二是通过被告实施征收行为的已知事实推定其为实施强拆主体的未知事实。"推定适格被告规则"的观点，混淆了推定规则的适用领域，也不当简化了本案裁判设置的从推定实施主体再到认定适格被告的精确步骤，从而误解本案裁定的逻辑，模糊本案裁定的重点。因此，相较于"推定适格被告规则"的说法，本文更愿意将本案中以推定结果认定适格被告的过程提炼为"推定+认定"规则。

经过以上梳理，本文要思考的问题也随之浮现：首先，认定被告适格性规则选取的实施主体要素是否符合行政诉讼法的规定？其次，推定规则是否具有事实上和法律上的正当性？再次，推定规则的适用前提和适用情形为何？也即，在何种情形下、对何种事实可以适用推定规则？最后，适用推定规则之后，举证责任出现了何种改变？下文将以本案裁判为中心，同时结合最高人民法院的类案裁判进行分析。

一、认定规则的合法性剖析

本案中，最高人民法院以实施主体为要素确定被告的适格性。从《行政诉讼法》及其司法解释的规定可以推知，实施主体可谓是确定被告适格性的最重要因素。我国《行政诉讼法》第26条第1款确立了确认适格被告的原则性规定，即"作出行政行为的行政机关是被告"；[1]而第2款至第6款则是针对复议案件、委托其他机关作出行政行为等特殊情况所作的规定。在认定适格被告的原则性规定中，行政行为的实施主体是确认适格被告的唯一要素；而特殊情况时虽需要考虑其他要素，但适格被告的确定依然要以行政行为的实施主体为索引。比如，存在委托关系的特殊情形中，首先要确定的依然是实施被诉行政行为的被委托机关，再据此确认委托机关，从而确定适格被告。因此，实施主体要素的选取是符合行政诉讼法规定的。

---

〔1〕《行政诉讼法》第26条第1款规定："公民、法人或者其他组织直接向人民法院提起诉讼的，作出行政行为的行政机关是被告。"

而在其他案件的裁判中，最高人民法院却对实施主体要素有所修正及补充。在"刘建毅与陕西省西安市未央区人民政府案"中，最高人民法院认为，强拆实施主体不明时，当事人可以在具有征收、拆迁和补偿职责的行政机关，或发布征收公告、拆迁通知的行政机关，以及相关公告、通知中确定的具体实施机关之间选择其一起诉，"但上述主体中已经被法律明确规定为强制拆除实施主体的，当事人仍应以该主体为被告提起诉讼"。[1]在"姜东与辽阳市白塔区人民政府案"中，最高人民法院亦论述道："已经被法律明确规定为强制拆除实施主体的，仍应以该主体为被告，不再适用推定原则。"[2]

上述规则不仅对实施主体要素进行了实质性修正，还构成了"推定＋认定"规则的例外。一方面，实施主体不再是根据案件事实确定的实际实施主体，而是法律规定的具有实施职权（同样也是职责）的机关；另一方面，在法律已有明确规定时，不再适用"推定＋认定"规则，而直接将法律规定的强拆实施主体认定为适格被告。问题是，以法定实施主体为适格被告，是否符合《行政诉讼法》的规定？从文义角度分析，《行政诉讼法》中诸如"作出行政行为""所作的行政行为"等词语仅指事实意义上的实施，而非法律意义上具有实施职权（或职责）。这种理解似乎超越了上述词语的最大文义。但从实质性解决争议的角度而言，当无法查明实施主体时，直接以法律规定为依据认定适格被告，既减轻了原告对于被告适格性的举证责任，也方便案件尽快进入诉讼程序。并且，法院在立案之后依然可以审查被告的适格性并作出驳回起诉的裁定。因此，将法律明确规定的强拆实施主体认定为适格被告，尽管超出了《行政诉讼法》中确认适格被告的相关规则的最大文义，但却具有一定的合理性。

另外，最高人民法院还在类似案件中多次考量了另一要素——独立责任能力。在"李波等诉山东省惠民县人民政府案"中，法院认为应当根据"谁

---

〔1〕 刘建毅与陕西省西安市未央区人民政府确认强制拆除行为违法纠纷再审案，最高人民法院（2018）最高法行再 59 号行政裁定书。

〔2〕 姜东与辽宁省辽阳市白塔区人民政府城乡建设行政管理、房屋拆迁管理（拆迁）再审监督案，最高人民法院（2020）最高法行申 9923 号行政裁定书。

行为，谁被告；行为者，能处分"的原则确定行政诉讼的适格被告。[1]"行为者，能处分"是对"谁行为，谁被告"的修正，即当实施主体不能独立承担法律责任时，将不能作为适格被告。在此基础上，最高人民法院在诸多案件中认定适格被告时都特意论证了被告属于独立对外承担法律责任的行政主体，具有以被告身份参与诉讼的能力。独立责任要素正是《行政诉讼法》第26条第6款中存在委托关系时认定适格被告规则的体现，是对实施主体要素的修正和补充，因此独立责任能力也是认定适格被告的要素之一。

二、推定规则的正当性证成

推定规则的适用将导致如下效果：其一，原告对被告适格性的举证责任降低，从证明"确由被告实施"变为证明"极有可能由其实施"；其二，原告举证达到初步证明程度之后，被告适格性的举证责任转移至被告，由被告承担举证不利的后果；其三，对被告适格性的审查被分割为两个阶段，在立案时只需要审查原告的肯定性证据，立案之后再对被告提出的否定性证据进行审查。不难看出，推定规则对行政诉讼法规定的举证责任、证明标准、审查阶段等规定作出了实质性修正。但诞生于司法实践中的推定规则还需接受正当性的检视：为何要作出这种实质性修正？该实质性修正是否有现有诉讼法上的制度依据？前者指向推定规则的现实背景，后者则将其引入法律层面上的分析。

（一）强拆案件的现实背景

实践中，强拆实施主体很容易陷入模糊不清、真伪难辨的状态。原因是多方面的：首先，现有法律并未严格限制强拆实施主体。根据相关规定，强拆工作既可以由作出征收补偿决定的市、县级人民政府组织实施，也可以由法院执行。[2]但在实践中，这种行政机关和司法机关都拥有实施职责的双轨制却未能得到良好的执行。出于节省时间成本、增加财政收入、履行行政职

---

〔1〕 李波等诉山东省惠民县人民政府行政强制及行政赔偿再审案，最高人民法院（2018）最高法行再113号行政裁定书。

〔2〕《最高人民法院关于办理申请人民法院强制执行国有土地上房屋征收补偿决定案件若干问题的规定》第9条规定："人民法院裁定准予执行的，一般由作出征收补偿决定的市、县级人民政府组织实施，也可以由人民法院执行。"

能、提升负责人政绩等方面的考虑，行政机关往往选择自行强拆，甚至有学者认为正是这种"行政—司法双轨制"所形成的制度惯性和行政机关的自利性加剧了违法强拆。[1]同时，司法解释中仅规定由作出征收补偿决定的市、县级人民政府"组织实施"，而实践中行政机关则往往委托基层自治组织、私人企业实施拆除工作。

其次，现有程序性规定大多围绕征收决定的作出程序展开，而行政征收的执行——也即强制拆除的程序规定却较为缺乏。《土地管理法》并未涉及征收决定的实施程序；《国有土地上房屋征收与补偿条例》也以专章规定征收决定的作出程序，对于后续的搬迁活动，却仅规定不得以暴力、威胁等非法方式迫使被征收人搬迁。[2]《行政强制法》规定了强制执行决定作出之前的事先催告程序、听取陈述与申辩程序，针对执行行为却仅规定了不得在夜间或法定节假日执行、不得以违法方式执行。[3]可见，现有程序多从事前阶段约束征收权力，如约束征收决定的作出程序、要求强制执行之前进行书面催告等，但事中约束却极为缺乏，如执行人员应当身穿制服或佩戴标识、告知当事人拆除机关和拆除依据、拆除时要求当事人在场、全程记录拆除过程并经当事人签字确认等。

更重要的是，行政事实行为的性质决定了强拆行为难以书面留痕、难以固定证据。甚至在某些案件中，法院认为仅凭当事人拍摄到被告工作人员在场的录像无法认定被告实施强拆行为；[4]更毋论有些地方政府在强拆时，通过限制人身自由、禁止拍照录像等方式，直接剥夺了当事人留存证据

---

〔1〕 参见应松年、冯健：《房屋拆迁非诉行政执行的困境与变革》，载《法学评论》2021年第2期，第73页。

〔2〕《国有土地上房屋征收与补偿条例》第27条第3款规定："任何单位和个人不得采取暴力、威胁或者违反规定中断供水、供热、供气、供电和道路通行等非法方式迫使被征收人搬迁。禁止建设单位参与搬迁活动。"

〔3〕《行政强制法》第43条规定："行政机关不得在夜间或者法定节假日实施行政强制执行。但是，情况紧急的除外。行政机关不得对居民生活采取停止供水、供电、供热、供燃气等方式迫使当事人履行相关行政决定。"

〔4〕 比如，在马德国诉五莲县人民政府房屋行政强制案中，原告提供了证明被告工作人员在拆迁现场的照片，一审法院却认为该证据不足以证明被告实施了强制拆除行为。参见山东省日照市中级人民法院（2018）鲁11行初75号行政判决书。

的机会。[1]最高人民法院也曾在类案裁判中论及行政事实行为的特殊性："在行为与法律效果之间的联系上，行政事实行为不如具有法律拘束效力的行政行为那样紧密。……在行为主体未告知的场合，单单基于事实状态受到的影响或改变的结果，或许能够推知行为主体，也或许难以推知行为主体。"[2]

在前述原因的作用之下，对相对人而言强拆主体是非常难以确定的。即使是在双方当事人都极力摆出事实证据的诉讼之中，也会出现难以认定强拆主体的情况。要求被拆迁人在立案时证明强拆主体，无疑是对其施加了过重的举证负担。

（二）立案登记制的制度支撑

在本案以及其他类案判决中，最高人民法院论及了该推定规则的适用背景——立案登记制。[3]本部分希望探讨推定规则与立案登记制度具有何种联系，推定规则是否符合立案登记制的法律规定和内在精神？

立案登记制于2017年《行政诉讼法》修正时被引入行政诉讼领域，被视为克服立案审查制弊病、解决立案难等问题的改革良策。在传统的人民接待室时代，法院通过当面的、口头的审查在立案之前完成对起诉条件和诉讼要件的一并审查。立案审查制延续了人民接待室时代的一并审查模式，却无法通过纸面审查达到口头审查的审查强度。[4]立案审查制的弊病正在于此：诉讼要件的判断通常需要在当事人的辩论之中查清，法院却无法通过纸面审查在短短7日之内对诉讼要件作出判断，因此大量案件被隔绝于诉讼大门之外。立案登记制通过"当场不能判定是否符合起诉条件的，应当接受起诉状，在

---

〔1〕 比如，在马德国诉五莲县人民政府房屋行政强制案中，涉案房屋被强制拆除时，原告及其亲属曾被强制带离现场，限制自由长达几个小时。参见山东省日照市中级人民法院（2018）鲁11行初75号行政判决书。

〔2〕 西安藻露堂药业集团大明宫医药有限公司与陕西省西安市人民政府等城建行政强制纠纷再审案，最高人民法院（2020）最高法行再510号行政裁定书。

〔3〕 如石安乐与内蒙古自治区呼和浩特市赛罕区人民政府土地强制纠纷再审案中，最高人民法院也论及"在立案登记制的背景下，起诉无书面决定的事实行为时，原告只要能够提供初步证据，证明事实行为存在且极有可能系起诉状所列被告实施，即应视为已初步履行了适格被告的举证责任"。参见最高人民法院（2017）最高法行申1020号行政裁定书。

〔4〕 参见段文波：《起诉程序的理论基础与制度前景》，载《中外法学》2015年第4期，第880页。

七日之内审查"〔1〕的规定赋予了法院审慎审查的强制义务，杜绝法院在当场不能判断是否可以立案时直接拒绝立案的情形。更重要的是，通过"七日内仍不能作出判断的，应当先予立案"〔2〕的规定打破了对审查阶段的强制界分，将立案条件的审查延长至之后的实体审理阶段，立案标准实际上有所放宽。

有学者认为，立案登记制将立案条件的审查分为案前审查和案后审查两个阶段，案前审查"仅对诉讼文书的形式要件进行表面直观的审查，判断诉讼是否成立"；案后审查"才重点审查当事人能力、当事人适格等实体要件，判断纠纷是否具有可诉讼性"。〔3〕该观点认为通过将案前审查的范围限制为诉讼文书的形式要件，可以保障当事人的程序利益、广开行政救济大门。但在振臂高呼的赞扬声之外，也有学者犀利地指出：这种解读实质上是对立案登记制的误解，立案登记制并未改变立案审查的范围，并未跳出立案审查制的窠臼。〔4〕这种解读无疑是最贴合法律文本的，至少诉讼法现有条文本身并未区分起诉条件和诉讼要件，而统一将其作为立案要件进行审查。

本文无意评价立案登记制的优劣是非，而只想在现有规定之下探求立案登记制与推定规则是否相互契合。立案登记制虽未实现审查内容在法律层面的分离，但审查标准的降低却为审查内容在实践层面的分离提供了制度依据。法院完全可以适用"先予立案"的条款，对无法查清是否满足诉讼要件的案件先予立案，在立案之后再继续进行审查。因此，推定规则与立案登记制是契合的：从法律规定上，对于无法查清被告适格性的案件，审查原告的初步证据后先予立案，在之后的审理程序继续审查被告的适格性；从制度精神上，推定规则契合了立案登记制降低审查标准、广开行政救济大门的制度目的。

---

〔1〕《行政诉讼法》第51条第2款规定："对当场不能判定是否符合本法规定的起诉条件的，应当接收起诉状，出具注明收到日期的书面凭证，并在七日内决定是否立案。不符合起诉条件的，作出不予立案的裁定。裁定书应当载明不予立案的理由。原告对裁定不服，可以提起上诉。"

〔2〕《最高人民法院关于适用〈中华人民共和国行政诉讼法〉的解释》第53条第2款规定："对当事人依法提起的诉讼，人民法院应当根据行政诉讼法第五十一条的规定接收起诉状。能够判断符合起诉条件的，应当当场登记立案；当场不能判断是否符合起诉条件的，应当在接收起诉状后七日内决定是否立案；七日内仍不能作出判断的，应当先予立案。"

〔3〕许尚豪、瞿叶娟：《立案登记制的本质及其建构》，载《理论探索》2015年第2期，第116页。

〔4〕参见段文波：《起诉程序的理论基础与制度前景》，载《中外法学》2015年第4期，第884页。

三、推定规则的适用对象和适用前提

本案中，法院运用了两个推定规则逐步推定了强拆行为的实施主体。本部分想探究的问题在于：首先，在强拆主体不明案件中，可以适用推定规则推定的待证事实有哪些？其次，推定规则的实质正在于从已知事实推定未知事实是否存在，因此推定规则的适用前提就在于：无法根据现有的证据查清待推定事实是否存在。适用对象和适用前提决定了推定规则的适用范围。以下分别进行分析。

（一）适用对象：实施主体与委托关系

在本案中，法院首先推定了拆除实施主体的性质（民事主体还是行政主体），继而推定了涉案拆除行为的具体实施主体。但还需要注意的是，并非所有案件中推定的强拆实施主体就等同于本案的适格被告，许多案件中强拆主体为行政机关下设的内部机构，或者由其委托基层自治组织、拆迁公司具体实施。委托关系基于内部的书面协议、通知甚至口头合意即可达成，该种内部的、隐秘的事实是否可以纳入推定规则的适用范围？在本案裁判中，法院似乎隐晦地表明了其态度，"马桥酒店提起本案诉讼时，所提供的闵行区政府2010年征收土地公告等文件，已经能够初步证明闵行区政府在案涉土地周边地块进行征收，因而极有可能实施或者通过书面、口头等形式委托相关主体实施强制拆除"。但是法院的论述也仅停留于此，并未运用推定规则推定委托关系的存在。

如果说本案中最高人民法院的态度是隐晦不明的，那么在"刘以贵诉阜宁县人民政府城建强制纠纷再审案"中，最高人民法院则明确将推定规则适用于委托事实中。[1] 在该案中，最高人民法院已经查明了强拆行为的实施主体为城市资产公司，但认为这"并不表明城市资产公司应当以民事主体身份承担强制拆除的法律责任，并不表明城市资产公司应当以民事主体身份承担强制拆除的法律责任，也不能因此就将行政性质的征收法律关系转化为民事侵权法律关系"。接着，法院以三个理由推定城市资产公司系受阜宁县国土局

---

[1] 参见最高人民法院（2018）最高法行再119号行政裁定书。

委托实施强拆行为：其一，江苏省人民政府的征收土地公告证明案涉房屋系在集体土地征收过程中被拆除；其二，阜宁县国土局发布的土地出让公告以及注销土地登记公告等文件能够证明其组织实施了具体的补偿安置工作；其三，土地出让公告中还载明了案涉宗地范围内的建筑物由城市资产公司进行拆除。上述三个证据明显属于证明委托关系存在的间接证据，因为其并非如委托协议等直接证据可以直接证明委托关系的存在，而只能证明委托关系存在的较大可能性。这就表明，推定规则可以被用于认定委托关系是否存在。

从理论角度而言，在强拆案件中推定委托关系的存在是具有合理性的。首先，委托关系是否存在属于事实性范畴，而非法律性判断。这符合推定原则的适用范围。其次，根据《行政诉讼法》的规定，委托关系是否存在将影响被告适格性的认定。最后，在立案审查阶段，委托关系是否存在往往难以查清。相较而言，强拆行为具有外部性，相对人还有接触和保留相关证据的机会；而委托关系的成立则纯粹取决于行政机关之间或行政机关与私人组织之间形成的内部合意，除非主动公之于众，否则很难被外界探知。如果实施主体可以运用推定规则，那么委托关系运用推定规则应当具有更强的正当性。

（二）适用前提：待证事实真伪不明

推定规则的前提必然在于：待证事实是真伪不明的。否则，法院可以根据现有证据直接认定即可，无须通过推定规则假设可能的结果。从证据规则角度来说，无法查清待证事实，是指缺乏证明待证事实的直接证据，或者原告提供的间接证据无法互相印证、形成完整的逻辑闭环。"所谓直接证据，就是指能够单独、直接证明案件主要事实的证据。而间接证据是指不能单独直接证明，而需要与其他证据结合才能证明案件主要事实的证据。"[1]以推定实施主体规则为例，直接证据是指可以证明被告实施了行政强拆行为的证据，实践中表现为：拍摄到被告工作人员指挥拆除工作的照片、录像等电子证据。如果存在该类直接证据，则可以据此直接认定强拆实施主体，无须通过推定规则推定实施主体。比如，在"安庆市福鑫纺织品有限公司诉安徽省怀宁县人民政府房屋行政强制案"中，最高人民法院论述道，"如果不能查清拆除行

---

[1] 樊崇义主编：《证据法学》，法律出版社 2008 年版，第 227 页。

为的实施主体，则推定具有征收补偿职责的行政行为为适格被告；但如果能够查清实际拆除主体，而该主体也具备独立承担法律责任的能力，则应据实认定"。[1]据此，法院认为已有证据证明案涉房屋由第三人拆除，从而直接认定第三人为实施主体，进而构成适格被告。

间接证据则指虽不能直接证明被告实施强拆行为，但可以与其他案件结合后证明案件事实的证据，实践中可以表现为：被告对案涉房屋实施征收行为、拆迁公告载明将由被告强制拆除、被告曾举办拆迁动员大会或散发宣传资料等。单项间接证据只能还原片面的事实，却无法直接还原出被告实施强拆行为的事实。因此法院需要综合所有间接证据，衡量其是否可以构成完整的闭环、还原整个案件事实；当现有证据无法还原实施主体时，才可以适用推定规则。比如，在"曹继霞诉历城区人民政府行政强制案"中，最高人民法院就认为"曹继霞提供的华山指挥部发布的公开信等证据，仅能证实由历城区人民政府成立的华山指挥部对被拆迁片区群众实施了征收拆迁政策的宣传稿之行为，不能证明其实施了被诉强制拆除行为"，从而适用推定规则，认定其他行政机关为适格被告。[2]

四、推定规则中的举证责任

推定规则似乎为未能提供足够证据的原告带来一丝曙光，许多案件中相对人都请求适用推定规则以认定被告的适格性。但最高人民法院却并非都适用了推定规则，原因正在于：推定规则并非完全舍弃审查程序，而只是降低了审查标准。那么，原告的举证责任需要达到何种标准才可以适用推定规则？

本文第三部分介绍了推定规则的三重适用对象，分别为推定拆除行为为行政强制行为、推定强拆行为的具体实施主体、推定委托关系的存在。考察最高人民法院的相关裁判，法院通常根据如下事实适用第一个推定规则：其一，案涉房屋处于征收土地范围内；其二，土地的征收、搬迁工作属于职能

---

[1] 安庆市福鑫纺织品有限公司诉安徽省怀宁县人民政府房屋行政强制案，（2020）最高法行申11261号行政裁定书。

[2] 参见曹继霞诉山东省济南市历城区人民政府行政强制案，最高人民法院（2018）最高法行申5399号行政裁定书。

部门的法定职权。此外，也有裁判（如本案）会以生效民事裁定或公安机关作出的《不予立案通知书》为由，进一步论证案涉争议不属于民事侵权或刑事犯罪。但是此种证据并非必要要件，而仅起到加强论证作用。在"刘建毅与陕西省西安市未央区人民政府案"中，最高人民法院便仅以前二要件为由适用推定规则。[1]

相较而言，后两个推定规则的证明标准则更加复杂，下面以适用更为频繁的推定实施主体规则为例进行分析。总体而言，类案裁判中适用推定规则的结果分为三种情况：第一，法院认为结合现有证据可以认定实施主体，因此并不适用推定规则，而直接根据现有证据据实认定具体实施主体。第二，虽无法证明具体实施主体，但根据现有证据，强拆行为由某一机关实施的可能性较大，此时法院会结合相关事实适用推定规则。第三，相对人根本没有任何证据，或者提供的证据未达到"可能性较大"[2]的证明程度，法院则会拒绝适用推定规则。

可以看出，是否适用推定规则取决于现有证据的证明力大小。当现有证据的证明力为100%时，案件就不满足"实施主体不清"的适用要件，因此无须适用推定规则，直接根据现有证据认定即可。当现有证据的证明力达到较大可能性时，法院便会适用推定规则；若现有证据的证明力未达到较大可能性的程度，法院通常不会适用推定规则。而对于"较大可能性"，民事诉讼法学通常认为，"较大可能性"是指法官对事实的信任度应当达到51%以上，主要应用于法院裁定事项、及时救济事项等"说明对象"和起诉条件等"初步证明事项"中。[3]也有学者认为，51%的内心确认程度对相对人的要求过高，只需证明被告与被诉强拆行为有关联即可。[4]

　　[1] 参见刘建毅与陕西省西安市未央区人民政府确认强制拆除行为违法纠纷再审案，最高人民法院（2018）最高法行再59号行政裁定书。

　　[2] 最高人民法院的多数类案裁定都使用了"较大可能性""可能性较大"等字眼，如（2018）最高法行申5399号行政裁定书、（2019）最高法行申4922号行政裁定书。

　　[3] 参见邵明、李海尧：《我国民事诉讼多元化证明标准的适用》，载《法律适用》2021年第11期，第18页。

　　[4] 参见纪昀：《推定规则在行政强拆案件适格被告司法审查中的适用研究》，载国家法官学院科研部编：《审判体系和审判能力现代化与行政法律适用问题研究——全国法院第32届学术讨论会获奖论文集（下）》，人民法院出版社2021年版，第1586页。

是否适用推定规则本质上是法官根据自由心证判断证据证明力的问题，而自由心证的程度很难以数字比例予以精确定义。故而本文不打算探求从应然角度而言证明标准究竟应当达到多高的数字比例，而选择以演绎推理方式分析现有司法实践采用的实然标准。以下择取了已经达到和未达到较大可能性的两种案件，以作对比分析。

表 1　相关案件中初步证据及证明力判断相关表述

行政裁定书案号	初步证据及证明力判断相关表述
已达证明标准、适用推定规则	
（2017）最高法行申 8837 号	被申请人闵行区政府发布的征收土地公告等文件
（2018）最高法行申 5399 号	（1）被申请人已就土地征收项目的启动和实施做了前期工作； （2）被申请人对本行政区域内的土地征收工作负有职责
（2018）最高法行再 113 号	（1）被申请人惠民县人民政府成立的临时机构发布《西关片区旧城改造征收与补偿安置方案公示》《旧城改造公告》《孙武镇西关片区房屋征收补偿估价汇总表》，申请人的房屋位于征收范围内； （2）《西关片区旧城改造住宅房屋征收补偿安置协议书》中，被申请人作为征收部门在备案栏加盖公章； （3）申请人曾向公安机关报案，但公安机关作出的《不予立案通知书》说明不存在刑事犯罪
（2020）最高法行申 11058 号	被申请人贾汪区人民政府因临港大道项目建设需要在赵昌春的涉案房屋周边实施征收，涉案房屋拆除之后，对应土地被临港大道项目占用
未达证明标准、不适用推定规则	
（2018）最高法行申 5399 号	原告提供的华山指挥部公开信等证据，仅能证实由其实施了征收拆迁政策的宣传告知行为，不能证明其实施了被诉强制拆除行为
（2020）最高法行申 3708 号、（2019）浙行终 1200 号	原告提供的被告瓯海区政府温瓯政办抄〔2017〕290 号抄告单，是同意梧田街道办事处组织实施涉案城中村改造房屋拆迁与补偿实施方案的批复，不足以证实被告具体实施或者委托梧田街道办事处实施了被诉行政强制行为

续表

行政裁定书案号	初步证据及证明力判断相关表述
	未达证明标准、不适用推定规则
（2020）最高法行申 13986 号、（2020）浙行终 914 号	（1）瓯海区政府发布的温瓯政办抄〔2017〕947 号抄告单仅显示其同意南白象街道办事处先行进行协议拆迁，而非由其组织强拆。 （2）瓯海区委书记督察城中村改造"清零"情况的新闻报道仅能反映区委负责人部署、推进涉案城中村改造工作，不能得出瓯海区政府组织或参与实施了被诉房屋拆除行为

根据表 1 可见，原告只需提供被告发布征收公告、负有征收职责、实施征收工作等证据，即足以达到"较大可能性"的标准。而原告提供的并不能直接证明被告实施征收行为的间接性证据，如被告对征收工作进行宣传、对下级部门的征收工作进行批复、指导或督察等证据，却不能达到"较大可能性"的证明标准。可见两者恰巧相互印证，共同反映出最高人民法院倾向于将征收主体作为实施主体的推定要素，"较大可能性"的证明标准即在于原告可以证明被告实施了征收工作。本文认为，上述证明力判断规则还是具有合理性的：无论是在行政程序上，还是在行政职责上，征收行为与强拆行为都具有极高的关联性，即使以委托的方式实现了征收主体和强拆主体的分离，征收部门依然要对强拆主体的行为承担责任。

【后续影响及借鉴意义】

综合以上分析，最高人民法院在强拆主体不明时的认定被告规则总结如下。一方面，在强拆主体不明时，法院通过三个推定规则来判断被告的适格性：通过推定拆除行为属于行政强制行为、推定拆除行为的具体实施主体两个推定规则，完成实施主体要素的推定；通过推定行政机关与实施强拆的私人组织之间存在委托关系，从而将具有独立责任能力的行政机关作为被告、满足独立责任要素的要求。得到上述推定结果之后，再认定被告的适格性。另一方面，适用"推定+认定"规则的过程，也是法院根据案件证据不断进行衡量比较、逐渐形成自由心证的过程。能否适用推定规则，取决于现有证据的证明力程度。如果根据现有证据可以认定适格被告，那么就无须适用推定规则。如果原告提供证据的证明力达到了"较大可能性"的程度，就可以适用推定规则；反之将无法适用推定规则。

本案并非最高人民法院唯一一例使用推定规则认定被告适格性的案件，但其独特意义在于其完整地呈现了推定实施主体规则的适用背景、法律效果以及举证标准，从而构建起推定规则的适用框架。更为重要的是，马桥酒店案完整呈现了从推定实施主体再到认定适格被告的整个过程，"推定+认定"规则得以提炼，实施主体和适格被告之间的复杂关系得以厘清，因此本案裁定具有充分的理论价值。

在司法实践中，本案裁定也颇具影响力。最高人民法院和地方法院的诸多裁定都适用"推定+认定"规则以判断被告的适格性。[1] 在强制拆迁纠纷频生的当下，强制拆迁主体不明是造成相对人权益无法得到有效救济的重要因素之一。作为典型案例，马桥酒店案细致地展现了在强拆主体不明时如何适用"推定+认定"规则认定被告的适格性，对于实现对相对人的有效救济具有充分的实践意义。

（指导教师：张冬阳　中国政法大学法学院讲师）

---

[1] 比如，安徽省高级人民法院（2019）皖行终 1426 号行政裁定书、辽宁省高级人民法院（2020）辽行终 626 号行政判决书、内蒙古自治区高级人民法院（2020）内行再 11 号再审行政裁定书等。

案例十一　权利保护必要性在房屋征收补偿案件承租人行政诉讼中的适用

——广东省开平市赤坎镇隐没堂茶馆与广东省开平市人民政府再审行政裁定案

钟嘉丽 *

【案例名称】

广东省开平市赤坎镇隐没堂茶馆与广东省开平市人民政府再审行政裁定案［（2020）最高法行再110号］

【关键词】

权利保护必要性　房屋征收补偿　承租人

【基本案情】

2014年12月31日，开平市赤坎关族图书馆（以下简称关族图书馆）作为甲方与乙方隐没堂茶馆经营者厉齐签订《房屋租赁协议书》一份，约定：甲方自愿将坐落于开平市赤坎镇上埠堤西路15号（雨亭小筑）铺一、铺二两卡共三层（建筑主体为三卡，第三卡甲方未租给乙方）出租给乙方；租期为十年，从2014年1月1日至2024年1月1日；第8条第4项约定，如政府确有政策行为的，甲方必须在第一时间内通知乙方，并有责任和义务共同协商解决办法，同时共同协商补偿协议。甲方不可擅自单方签订任何协议与合同。2017年3月31日，开平市人民政府因赤坎镇文物保护与整体改

---

* 作者简介：钟嘉丽，中国政法大学法学院宪法学与行政法学专业2022级硕士研究生。

建项目建设需要，作出开府征决字［2017］1 号《开平市人民政府房屋征收决定书》，决定征收赤坎镇圩镇，包括上埠、下埠、河南洲范围内国有土地上的 3981 户房屋。房屋征收部门为开平市赤坎古镇文化旅游开发建设管理委员会，房屋征收实施单位为开平市赤坎镇人民政府。隐没堂茶馆租用关族图书馆的房屋位于上述房屋征收决定的范围内。2017 年 8 月 30 日，关族图书馆与开平市赤坎镇人民政府针对堤西路 15 号建筑达成了产权置换补偿协议。

2017 年 10 月 18 日，隐没堂茶馆向广东省江门市中级人民法院提起行政诉讼，请求判决开平市人民政府依法履行向隐没堂茶馆进行补偿和赔偿的法定职责。包括以下项目：（1）隐没堂茶馆与关族图书馆签订合同约定的违约责任赔偿金 937 280 元；（2）隐没堂茶馆建设费用 2 253 023 元；（3）经营赔偿与补偿金 1 764 000 元；（4）《赤坎一座绝无仅有的小镇》著作未完成及文化调研、勘察费 300 000 元；（5）隐没堂茶馆创意费 250 000 元；（6）隐没堂茶馆知识产权文化品牌赔偿金 650 000 元；（7）3 个月的精神抚慰金 60 000元。庭审中，隐没堂茶馆经营者厉齐确认其对开平市人民政府征收涉案房屋没有异议，而是对开平市人民政府没有对其进行补偿有异议。

广东省江门市中级人民法院作出（2017）粤 07 行初 44 号行政裁定：隐没堂茶馆不具备原告的诉讼主体资格，依照《行政诉讼法》第 49 条第 1 项、2015 年《最高人民法院关于适用〈中华人民共和国行政诉讼法〉若干问题的解释》第 3 条第 1 款第 1 项的规定，驳回原告开平市赤坎镇隐没堂茶馆的起诉。隐没堂茶馆不服，向广东省高级人民法院提起上诉。

广东省高级人民法院另查明：根据一审卷宗和庭审笔录反映的情况来看，上诉人隐没堂茶馆经营者厉齐在庭审中明确其对涉案房屋征收决定的合法性没有异议，其起诉的诉讼请求经法庭释明后归纳为"请求被告依法履行向原告进行补偿和赔偿的法定职责"。同时，开平市人民政府代理人在庭审中确认，政府房屋征收机构已与涉案房屋所有权人关族图书馆签订了初步协议，但是因为上诉人拒绝征收工作人员进入房屋进行实地测量和评估，所以协议的具体征收补偿金额还没有最终达成。2014 年 12 月 31 日，开平市赤坎关族图书馆（甲方）与厉齐（隐没堂茶馆经营者，乙方）签订了《房屋租赁协议书》，该协议第 8 条第 4 项约定："如政府确有政策行为的，甲方必须在第一时间内通知乙方，并有责任和义务共同协商解决办法，同时共同协商补偿协议。甲方不可擅自单方签订任何协议与合同。"

广东省高级人民法院作出（2018）粤行终 641 号行政裁定：隐没堂茶馆提起本案诉讼主张开平市人民政府未依法履行征收补偿的法定职责，缺乏事实根据。依照《行政诉讼法》第 89 条第 1 款第 1 项之规定，裁定驳回上诉，维持原审裁定。

隐没堂茶馆不服，向最高人民法院申请再审。最高人民法院于 2019 年 10 月 31 日作出（2019）最高法行申 3265 号行政裁定，决定提审本案。

【裁判要旨】

在房屋征收补偿案件中，一般而言，只有房屋所有权人才与征收行为和补偿行为有利害关系，可以针对征收行为或者补偿行为提起行政诉讼。房屋的市场化承租人通常并不与补偿行为有利害关系，其可以通过民事诉讼解决其与房屋所有权人之间的房屋租赁合同纠纷，并按照法律规定和租赁合同的约定来解决所租赁房屋上的添附以及因征收而造成的停产停业损失的补偿或赔偿问题。但是，补偿义务主体在知道或者应当知道存在房屋承租人且承租人具有独立的补偿利益后，既不在其与房屋所有权人签订的安置补偿协议或者作出的补偿决定中给付上述独立的补偿利益，也不另行与承租人签订安置补偿协议或者作出补偿决定解决上述独立的补偿利益问题，则房屋承租人有权以自己名义主张上述独立的补偿利益。

【裁判理由与论证】

本案的核心争议焦点是，在房屋征收补偿案件中，承租人能否通过提起行政诉讼以主张其独立的补偿利益。

一审法院采取对现行法规范的文义理解，直接通过否定隐没堂茶馆为房屋征收法律关系中的被征收人，排除隐没堂茶馆向征收人提出补偿请求的权利。一审法院引用了《国有土地上房屋征收与补偿条例》（以下简称《征补条例》）第 2 条规定："为了公共利益的需要，征收国有土地上单位、个人的房屋，应当对被征收房屋所有权人（以下称被征收人）给予公平补偿"，由此得出被征收人明确限定在房屋所有权人范围内，而不包括房屋承租人。因此征收补偿决定只能对被征收人，即房屋所有权人进行补偿。而"房屋承租人与房屋所有权人之间的房屋租赁关系属于民事关系，应当依据双方租赁合同的约定通过民事诉讼程序另行解决"。因此，在本案中，隐没堂茶馆系被征收国有土地上房屋的承租人，而非房屋的所有权人，不具有直接向征收人提出补偿请求的权利，不具备原告的诉讼主体资格，依照《行政诉讼法》第 49 条第 1 项、2015 年《最高人民法院关于适用〈中华人民共和国行政诉讼法〉若干问题的解释》第 3 条第 1 款第 1 项的规定，裁定：驳回原告开平市赤坎镇隐没堂茶馆的起诉。

二审法院肯定了承租人具有其独立的补偿利益，但以缺乏相关事实根据为由，对一审法院的裁定予以维持。首先，二审法院通过援引和解释《征补条例》第 2 条规定，肯定了承租人的独立补偿利益。《征补条例》第 2 条规定："为了公共利益的需要，征收国有土地上单位、个人的房屋，应当对被征收房屋所有权人（以下称被征收人）给予公平补偿。"第 17 条第 1 款规定："作出房屋征收决定的市、县级人民政府对被征收人给予的补偿包括：（一）被征收房屋价值的补偿；（二）因征收房屋造成的搬迁、临时安置的补偿；（三）因征收房屋造成的停产停业损失的补偿。"二审法院认为，"根据上述条例的规定，政府房屋征收机构的补偿对象通常为被征收人即房屋所有权人，但条例第十七条规定的补偿项目中包含了属于实际经营者（房屋承租人）的损失补偿内容，如对被征收房屋的装饰（不可分割的添附）部分的房屋价值补偿，对停产停业损失的补偿等。因此，房屋实际经营者（承租人）可通过房屋所有权人即被征收人向政府房屋征收机构提交相关证据材料，并提出相应的补偿要求，经协商一致达成补偿协议或者由作出房屋征收决定的人民政府依法作出补偿决定"。其次，二审法院指出隐没堂茶馆的主张所缺乏的相关事实依据。二审法院认为，"本案中上诉人并未根据上述条例的规定或《房屋租赁协议书》的约定，通过涉案房屋所有权人（被征收人）向房屋征收机构提出相关的补偿要求，且涉案房屋所有权人关族图书馆正在与政府房屋征收机构协商补偿事宜，尚未达成具体的补偿协议。根据上述条例规定和本案具体情况，上诉人提起本案诉讼主张被上诉人开平市人民政府未依法履行征收补偿的法定职责，缺乏事实根据，不符合《行政诉讼法》第四十九条第（三）项'提起诉讼应当符合下列条件：（三）有具体的诉讼请求和事实根据'规定的要求"。最后，二审法院得出结论，认为原审法院经审理认定上诉人的起诉不符合法定条件，依照《行政诉讼法》第89条第1款第1项之规定，裁定如下：驳回上诉，维持原审裁定。

最高人民法院则通过采用权利保护必要性理论，进一步肯定了承租人隐没堂茶馆的独立补偿利益。首先，最高人民法院在解释"有利害关系"时，扩大了对"有利害关系"的解读。最高人民法院认为，《行政诉讼法》第25条第1款规定，"行政行为的相对人以及其他与行政行为有利害关系的公民、法人或者其他组织，有权提起诉讼"。所谓"有利害关系"，可以理解为被诉行政行为有可能对起诉人的权利义务造成区别于其他人的特别损害或者不利影响，且起诉人无法通过其他有效方式寻求救济。其次，在最高人民法院扩大对"有利害关系"解读的基础上，其通过适用权利保护性理论，明确了房屋征收补偿案件中承租人可以主张其独立补偿利益的具体大前提。最高人民法院认为，在房屋征收补偿案件的一般情况下，只有房屋所有权人才与征收行为和补偿行为有利害关系，可以针对征收行为或者补偿行为提起行政诉讼。房屋的市场化承租人通常并不与补偿行为有利害关系，其可以通过民事诉讼解决其与房屋所有权人之间的房屋租赁合同纠纷，并按照法律规定和租赁合同的约定来解决所租赁房屋上的添附以及因征收而造成的停产停业损失的补偿或赔偿问题。但是，在特殊情况下，也即"补偿义务主体在知道或者应当知道存在房屋承租人且承租人具有独立的补偿利益后，既不在其与房屋所有权人签订的安置补偿协议或者作出的补偿决定中给付上述独立的补偿利益，也不另行与承租人签订安置补偿协议或者作出补偿决定解决上述独立的补偿利益问题"，则房屋承租人有权以自己名义主张上述独立的补偿利益。此时，尽管最高人民法院没有明确提及权利保护必要性理论，但在实质上前述解读蕴含着权利保护必要性理论之意涵。最后，最高人民法院通过"开平市政府曾与厉齐协商解决相关独立于房屋所有权人的补偿事宜"推断，开平市人民政府已经明知经营者厉齐（隐没堂茶馆）在被征收房屋上具有不可忽略的添附并且依法经营隐没堂茶馆，也明知厉齐在本次征收补偿中存在独立于房屋所有权人的、根据《征补条例》有关规定应当享有的添附补偿和停产停业损失补偿等重大补偿利益。而最高人民法院又查明开平市人民政府在与厉齐协商未能达成协议后，径行与房屋所有权人签订安置补偿协议；且该安置补偿协议也未约定有关隐没堂茶馆停产停业损失、装修费用等的补偿，其后又未就上述补偿问题另行对厉齐（隐没堂茶馆）作出补偿决定，明显存在侵犯厉齐（隐没堂茶馆）补偿利益的可能性。因此，在开平市人民政府既未通过补偿决定也未通过安置补偿协议解决隐没堂茶馆独立的补偿利益的情况下，最高人民法院认为一审法院和二审法院分别驳回厉齐（隐没堂茶馆）的起诉、上诉，属于错误理解《行政诉讼法》第 25 条第 1 款的规定，应予纠正。

【涉及的重要理论问题】

近年来，随着城市的不断开发建设，在城市国有土地上征收房屋已经成为一项常态化的活动，而其中所涉及的征收补偿法律关系较复杂、纠葛利益较多，因而涉及的法律纠纷也层出不穷。其中，在征收人、房屋所有权人与承租人三方主体的关系之间，因承租人利益在现行法上受到忽视，致使其寻求司法救济存在困难，由征收租赁房屋而引发的纠纷也由此增多。为解决行政纠纷、对承租人利益进行保护，本案在裁判说理部分运用了权利保护必要性理论，因此本案涉及的重要理论问题围绕此展开。

一、权利保护必要性理论的引入

（一）权利保护必要性的概念

权利保护必要性的概念来源于德国。所谓"权利保护的必要性或权利保护必要"（Rechtsschutzbedürfnis，也被译作"法律保护需要"），在德国法上又被称作"权利保护的利益"（Rechtsschutzinteresse），它是指原告请求法院以裁判的方式解决纠纷、保护其权利的必要性或者实效性，无司法救济即无法有效地实现原告的合法权益。提起任何诉讼，请求法院裁判，均应以具有权利保护的必要性为前提。[1]也就是说，是否具有权利保护必要，需要法院判断请求内容是否具有值得保护的利益，以使法院对此进行实体裁判。如果欠缺此种权利保护之利益，则应以其诉讼上要求不合法为由予以驳回。[2]

权利保护必要性在日本法上又被称作"狭义诉的利益"。在日本，行政处分性、原告适格、诉的利益是行政诉讼最基本的诉讼要件，可简称为行政诉讼的三大要件。其中，有无诉的利益，是法院判断是否承认国民的具体请求足以具有利用审判制度的价值或者必要性的过程。诉的利益通常可以从三个方面来判断，包括请求内容是否适合作为审判的对象（诉讼对象的问题）、当事人对请求是否有正当的利益（当事人适格的问题）、从周围情况看是否存在足以让法院对请求作出判断的具体实际利益（具体利益或者必要性的问题）。这是对诉的利益广义的理解。而当在狭义上使用"诉的利益"时，仅指前述具体利益或必要性问题。[3]可以说，狭义的诉的利益，一般是指在各个具体案件当中，原告所请求的内容是否足以具有应由法院作出实体判决的必要性或实际价值。[4]

因此，德国法上"权利保护必要性"概念与日本法上"狭义诉的利益"概念存在一致性，核心均是指涉，一个诉如果要进入实体审理，必须判断当事人的请求内容是否具有利用国家审判制度加以解决的必要或价值。

（二）权利保护必要性的理论来源

诉的利益始见于民事诉讼领域，"是十九世纪末，因确认之诉、将来给付之诉得到承认后才创造出来的概念"[5]。诉的利益之产生与确认之诉存在密切关联。一方面，相较于给付之诉，确认之诉因其本身特殊的救济功能"催生"了诉的利益。在给付之诉中，由于诉的利益之要件以请求权的要件形式

---

[1] 参见王贵松：《论行政诉讼的权利保护必要性》，载《法制与社会发展》2018年第1期，第131页。

[2] 参见陈清秀：《行政诉讼法》，元照出版公司2012年版，第264页。

[3] 参见[日]原田尚彦：《诉的利益》，石龙潭译，中国政法大学出版社2014年版，第1-2页。

[4] 参见石龙潭：《行政诉讼的诉的利益——以日本撤销诉讼为素材》，载《地方立法研究》2021年第1期，第33页。

[5] [日]中村英郎：《新民事诉讼法讲义》，陈刚、林剑锋、郭美松译，法律出版社2001年版，第154页。

实现了定型化，原告主张诉权的要件是请求权的要件，诉的利益之要素内涵在主张的要件之中，诉的利益在本质上与成为请求权的实体利益属于同种性质和处于同一水平上，因而诉的利益在给付之诉作为原告方的利益并不成为问题。而在确认之诉中却不然。确认之诉的救济功能在于通过确认判决认可应予保护的关系，使原告获得这种法律利益。但由于要求得到确认的对象以及通过确认之诉认可应予保护的关系之形态千差万别，诉的利益之要件较难以请求权的要件形式实现定型化，因此诉的利益概念作为一种中介把实体法的欠缺及薄弱部分与诉讼连接起来，由此对原告拥有法律上应予保护的利益进行救济。[1]另一方面，从功能角度来看，诉的利益通过限定确认之诉的对象，减少了对司法资源的浪费。如果在法律上对可请求确认的对象不加以限制，那么当事人就能以任何事情请求法院予以确认。[2]例如，如果当事人仅仅是对某一个事实要求而非对法律关系予以确认，那么这种单纯要求法院对事实进行确认的诉讼没有诉的利益。只有争议涉及法律关系的有无、权利的有无时，其确认之诉才具有诉的利益。[3]因而需要通过诉的利益来限定确认之诉的对象。

尽管诉的利益起初被认为是确认之诉的特有要件，但在之后其不问诉讼类型而一般化了。[4]且由于行政诉讼脱胎于民事诉讼，诉的利益也在行政诉讼中发挥作用。

（三）权利保护必要性的学理定位

在学理上，行政诉讼存在阶段化构造，即起诉和受理（立案阶段）、程序审理（要件审理阶段）、实体审理（本案审理阶段）；三者分别针对起诉要件、诉讼要件与本案要件进行相对集中审查。[5]其中，起诉要件是指诉的适

---

〔1〕 参见［日］谷口安平：《程序的正义与诉讼》，王亚新、刘荣军译，中国政法大学出版社1996年版，第159-161页。

〔2〕 参见邵明：《论诉的利益》，载《中国人民大学学报》2000年第4期，第119页。

〔3〕 参见张卫平：《诉的利益：内涵、功用与制度设计》，载《法学评论》2017年第4期，第2页。

〔4〕 参见王贵松：《论行政诉讼的权利保护必要性》，载《法制与发展》2018年第1期，第131页。

〔5〕 参见梁君瑜：《祛魅与返魅：行政诉讼中权利保护必要性之理论解读及其适用》，载《南大法学》2020年第2期，第136页。

法提起所必需的条件，其涉及诉的成立问题，自立案阶段始便受到审查。易言之，缺乏起诉要件，诉讼将无法开启，尽管存在当事人的起诉行为，也不产生诉讼系属之效果。一般而言，对起诉要件的审查集中表现为诉状审查，即核对诉状中是否写明必要记载事项，如当事人、诉讼请求及理由是否明确。诉讼要件是指诉获得实体裁判的前提条件，其涉及诉的合法性问题。换言之，诉讼要件是诉讼本身是否符合法定诉讼条件、是否合法的问题，涉及当事人资格、诉讼请求、法院管辖等。而本案要件是在符合诉讼要件之后，法院为原告的权利提供保护救济的条件，所以又被称作权利保护要件。本案中要件是指诉讼请求获得法院支持的条件，其涉及诉的理由具备性问题。对本案要件的审查，本质上是对实体争议的判断，这在行政诉讼中主要表现为系争行政行为的合法性判断。[1]那么，权利保护必要性属于哪一要件？对权利保护必要性学理定位的探讨，往往决定了权利保护必要性问题应作为何种要件于哪一阶段受到审查。

以实体裁判说为理论基础，宜将权利保护必要性作为诉讼要件，在要件审理阶段对权利保护必要性问题进行审查。实体裁判说是针对行政诉权本质何为的争议而提出的。行政诉权是行政活动中的权利主体按照法律预设程序，请求法院对有关行政纠纷作出公正裁判的程序权利。[2]对于行政诉权的本质，存在诸多学说。其中，实体裁判权说又称本案判决请求权说，主张行政诉权是当事人请求法院作出实体审判的权利。无论法院最终是否支持原告诉求，均不影响其诉权的实现。[3]同时，在实体裁判说看来，权利保护必要性是诉讼要件，如果欠缺这一要件，则应以程序不合法为由判决驳回原告之诉。[4]"权利保护的利益指向法院起诉，通过判决而得到解决事件的利益，换言之即

---

〔1〕 对于起诉要件、诉讼要件、本案要件的理解，参见梁君瑜：《我国行政诉讼立案登记制的实质意涵与应然面向》，载《行政法学研究》2016年第6期，第88–89页；参见王贵松：《论行政诉讼的权利保护必要性》，载《法制与社会发展》2018年第1期，第134页。

〔2〕 参见薛刚凌：《行政诉权研究》，华文出版社1999年版，第16页。

〔3〕 参见梁君瑜：《祛魅与返魅：行政诉讼中权利保护必要性之理论解读及其适用》，载《南大法学》2020年第2期，第136页。

〔4〕 参见王贵松：《论行政诉讼的权利保护必要性》，载《法制与社会发展》2018年第1期，第135页。

利用诉讼制度的利益，包含诉讼法的一面。在这个范围内，可以将权利保护的利益当作诉讼要件之一。然而，在实体法方面，是原告对被告在诉讼上的请求有关内容，权利保护利益的一部分是经过审理才确认其存在与之相关。简言之，权利保护的利益是诉讼法上的内容，属于诉讼要件，但有些事项也属于权利保护要件（本案要件）。"[1]

总体上，权利保护必要性虽然可能偶尔包含实体要素，但与当事人资格等其他诉讼要件并无二致。因此，以实体裁判说作为理论基础，权利保护必要性的学理定位应为诉讼要件。

二、我国司法裁判对权利保护必要性理论的适用

（一）司法裁判适用权利保护必要性理论的背景

1. 行政诉讼适用权利保护必要性的现实背景

我国行政诉讼对权利保护必要性理论的适用，旨在平衡诉权保障与滥诉规制、缓解激增的司法需求与有限审判资源之间的矛盾。基于多方面原因，我国行政诉讼一直存在"立案难"的现象。随着《关于人民法院推行立案登记制改革的意见》于2015年5月1日正式施行，我国行政诉讼立案审查制改为立案登记制。自此，法院不再对起诉进行实质审查，而是仅对起诉的形式要件进行一般性核对，对符合法律规定的起诉、自诉和申请，一律接收诉状，当场登记立案。[2]我国行政诉讼案件受理量也由此猛增。

尽管立案登记制缓解了行政诉讼立案难的问题，减少了真正需要救济者被法院拒之门外的情形，有利于诉权保障，但是，由于司法天然的专业化、程序化，司法资源具有有限性，如果将大量起诉不加区别地一律登记立案，全部进入实体审理甚至实体裁判，则有可能以牺牲效率和公正为代价。而且，当前行政诉讼领域特别是政府信息公开行政诉讼领域中当事人滥用诉权的现象频发，亦造成了宝贵司法资源的浪费。在此背景下，正如最高人民法院

---

〔1〕〔日〕中村英郎：《新民事诉讼法讲义》，陈刚、林剑锋、郭美松译，法律出版社2001年版，第154页。

〔2〕参见耿宝建：《立案登记制改革的应对和完善——兼谈诉权、诉之利益与诉讼要件审查》，载《人民司法》2016年第25期，第49页。

《关于进一步保护和规范当事人依法行使行政诉权的若干意见》所强调的，既要"进一步强化诉权保护意识，积极回应人民群众合理期待，有力保障当事人依法合理行使诉权"，又要"正确引导当事人依法行使诉权，严格规制恶意诉讼和无理缠诉等滥诉行为"。权利保护必要性理论作为案件受理的考虑因素逐渐为我国行政审判实践所关注，成为筛查起诉的有力工具，法院越来越多地适用权利保护必要性理论进行裁判说理，驳回不值得保护的诉讼请求，避免因缺乏权利保护必要性而不当行使诉权、浪费司法资源的情形发生。

2. 本案适用权利保护必要性的特殊背景

与政府信息公开等行政诉讼领域适用权利保护必要性理论不同的是，本案在房屋征收补偿案件中承租人提起的行政诉讼，其目的却是保护受到现行法律忽视的承租人利益。

我国关于房屋征收补偿案件的相关法律法规主要包括《城市房地产管理法》和《征补条例》。《城市房地产管理法》第6条规定："为了公共利益的需要，国家可以征收国有土地上单位和个人的房屋，并依法给予拆迁补偿，维护被征收人的合法权益；征收个人住宅的，还应当保障被征收人的居住条件。具体办法由国务院规定。"而《征补条例》直接将该条的"被征收人"限定为"房屋所有权人"，而且，《征补条例》是由1991年《城市房屋拆迁管理条例》和2001年《城市房屋拆迁管理条例》演变而来，相比于后两者，《征补条例》删除了原来对承租人利益保护的相关规定，对于征收城市经营性租赁房屋中如何补偿承租人只字未提，由此造成了此类问题在立法上的无法可依，也不可避免地造成了司法实践中法院无法适从、各行其是的混乱局面，进而加剧了租赁房屋征收中各方当事人的矛盾和冲突。[1]

对于上述修改的原因有二：一是"征收导致所有权的丧失，从法律关系上讲，给予补偿的应当是被征收房屋所有权人，而不应对承租人补偿"[2]；二是"私房承租是私有房屋所有权人和承租人之间形成的民事法律关系，在

---

[1] 参见焦和平：《城市经营性租赁房屋征收中承租人的利益保护》，载《江汉论坛》2016年第9期，第123-129页。

[2] 国务院法制办公室农林城建资源环保法制司、住房城乡建设部法规司、房地产市场监管司编著：《国有土地上房屋征收与补偿条例释义》，中国法制出版社2011年版，第15页。

因征收不能实现合同目的的情形下，对承租人如何进行补偿，可以在租赁合同中约定"。据此，"综合上述情况，没有对承租人的补偿作出规定。对私房承租人的问题，则应依据相关的法律规范来解决"。[1]由此可见，《征补条例》没有将承租人列入补偿范围，立法意图在于简化征收法律关系。房屋征收部门只要与被征收人依法协商订立补偿协议即可；而对于承租人的相关权利，交由房屋所有权人与承租人协商处理，以减少房屋征收部门面临的纠纷。

但在事实上，承租人在现实中可能受到的权益损害并未消失，房屋征收补偿案件中仍然存在难以解决的纠纷，具体表现为以下三点：其一，立法者认为，在因征收不能实现租赁合同目的的情形下，如何补偿承租人的损失虽然"可以在租赁合同中约定"，但是如果当事人在租赁合同中对此没有约定或者约定不明时该如何解决？实践中大量存在的纠纷往往因为租赁合同没有约定而产生。其二，按照立法者的理由，在没有约定的情况下"对私房承租人的问题，则应依据相关的法律规范来解决"，此处"相关的法律规范"具体是指哪些法律规定并未明晰，在现行立法中也仅有《民法典》的相关规定或许可以解决，但《民法典》的相关规定对于承租人的利益保护有限。具体表现为：如果租赁合同对承租人的补偿问题没有约定，承租人存在难以从出租人处获得损失补偿的可能。这是因为，在立法者看来，由于房屋征收而导致合同解除属于不可抗力的法定解除情形。[2]而我国《民法典》第590条第1款规定："当事人一方因不可抗力不能履行合同的，根据不可抗力的影响，部分或者全部免除责任，但是法律另有规定的除外……"据此，出租人基于不可抗力解除合同是可能免于承担赔偿责任，从而使得承租人向出租人主张损失赔偿没有合法根据。其三，目前存在承租人针对征收补偿决定提起行政诉讼以主张其补偿利益的案件，但司法判决中存在以承租人非被征收人为由，排除承租人直接从征收人处直接获得补偿的可能性，以致承租人难以获得其本

---

〔1〕 国务院法制办公室农林城建资源环保法制司、住房城乡建设部法规司、房地产市场监管司编著：《国有土地上房屋征收与补偿条例释义》，中国法制出版社2011年版，第15—16页。

〔2〕 参见国务院法制办公室农林城建资源环保法制司、住房城乡建设部法规司、房地产市场监管司编著：《国有土地上房屋征收与补偿条例释义》，中国法制出版社2011年版，第16页。

可获得的搬迁费、停产停业损失的现象。[1]

我国现行法律规定在房屋征收补偿案件中对承租人利益的忽视，直接影响了租赁房屋征收中承租人的利益能否获得救济，为弥补承租人受到的权益损害，司法裁判中有必要运用理论工具或解释方法对承租人进行救济，因而本案适用了权利保护必要性理论进行说理。

（二）司法裁判中适用权利保护必要性理论的正当性

由于我国法律没有明确规定权利保护必要性，权利保护必要性在我国面临立法层面的"缺位"，那么，司法裁判中适用权利保护必要性作为裁判事由，难免会遭受"法外裁判"之拷问。这一司法层面的"越位"现象的正当性，可通过司法的利益权衡与权利保护必要性的实定化的表现两个方面进行解释。

1. 司法的利益权衡

若对行政诉讼的权利（力）构造加以解析，则于直观层面上，法院与原告之间呈现行政审判权与行政诉权的双向制约关系，而原、被告之间则体现行政诉权的对向竞争关系；此外，就更深层面来看，诉讼背后还存在原、被告之间行政诉权与行政权的单向监督关系，以及原告与一般国民之间行政诉权的同向竞争关系。上述各项权利（力）的背后均蕴含一定的利益诉求，故权利（力）博弈之本质实为不同利益间的冲突与权衡。而法院适用权利保护必要性之正当性，也可从一定的利益权衡关系中推导得出。[2]即法院适用权利保护必要性理论，因其兼顾国家与原、被告三方利益的平衡而具有正当性。

从国家利益的角度来看，诉讼制度依托一国有限的人、财、物力而运转，若法院对欠缺权利保护必要性的起诉予以审判，则属浪费司法资源，在更深层面上也将挤占其他公民利用诉讼制度的机会。[3]因而在个案中法院判断原

---

[1] 参见（2020）最高法行申 8454 号、（2019）最高法行申 4978 号、（2018）最高法行申 3554号、（2018）最高法行申 4120 号、（2017）最高法行申 4160 号、（2017）最高法行申 5387 号、（2017）最高法行申 5392 号、（2016）最高法行申 1347 号等裁定书。

[2] 参见梁君瑜：《祛魅与返魅：行政诉讼中权利保护必要性之理论解读及其适用》，载《南大法学》2020 年第 2 期，第 138 页。

[3] 参见常怡、黄娟：《司法裁判供给中的利益衡量：一种诉的利益观》，载《中国法学》2003年第 4 期，第 84 页。

告请求的内容是否具有权利必要性时，需要考虑将该社会纠纷纳入司法程序处理是否有必要或者是否为最佳选择，是否会造成司法资源的浪费等。从原告利益角度来看，原告的救济需求需要通过诉讼制度实现。法律具有一定的滞后性，在不断发展变化的社会现象中，可能存在尚未实定化的个人权利或权益需要获得救济的情形，而诉讼制度在实体法相关规范缺位的情况下，有助于为原告提供权利救济的入口。从被告利益的角度来看，原告试图通过获得司法裁判来获得其欲求的某种利益，当法院进行司法裁判时，为配合诉讼的进行，被告不得不应诉，由此被告原有的生活常态发生改变并陷入了一种由诉讼而造成的不安定感，且被告在客观上需为此付出大量的劳力、财力与时间。[1] 而在行政诉讼中，作为被告的行政机关同时是需要履行公共职能的政府，若法院对欠缺权利保护必要性的起诉予以审判，行政机关无端遭受讼累的结果是，不仅其应诉所需负担的经济成本在实质上是由全体纳税人承担，而且可能一定程度上在资源配置、公信力等不同方面影响其公共职能的履行。前述国家利益、原告利益与被告利益难免在具体的个案中产生冲突，因此，为兼顾国家追求司法资源的合理配置、原告利用诉讼制度寻求救济与被告免受无端讼累三者，法院在具体个案中适用权利保护必要性理论具有其正当性。

2. 权利保护必要性的实定化的部分表现

从实定法的角度来说，虽然我国法律没有直接对权利保护必要性这一概念进行法定化，但在 2018 年《最高人民法院关于适用〈中华人民共和国行政诉讼法〉的解释》中，部分具有权利保护必要性功能的内容已经法定化。具体而言，2018 年《最高人民法院关于适用〈中华人民共和国行政诉讼法〉的解释》第 69 条第 1 款第 6 项至第 9 项分别规定了"重复起诉的""撤回起诉后无正当理由再行起诉的""行政行为对其合法权益明显不产生实际影响的""诉讼标的已为生效裁判或者调解书所羁束的"四项立案后应当驳回起诉的情形，该四项情形即权利保护必要性理论在实定法上的具体体现。以禁止重复

---

〔1〕 参见常怡、黄娟：《司法裁判供给中的利益衡量：一种诉的利益观》，载《中国法学》2003 年第 4 期，第 84 页。

起诉为例，虽然案件中涉及当事人的权利，需要提供司法保护，但法院已经就此作出过判决，再行保护已无必要。〔1〕法院已经从司法解释层面部分纳入了权利保护必要性的内容，因而法院在司法裁判中适用权利保护必要性理论进行裁判，具有一定的依据，由此具备正当性。

（三）司法裁判中适用权利保护必要性理论的功能

学理上认为，权利保护必要性不仅具有诉讼过滤的消极功能，而且具有权利塑造的积极功能。诉讼过滤主要指权利保护功能产生的排除效果，或者说消极性程序利用规制，即如果原告的起诉缺乏权利保护必要性，法院将予以驳回。在我国的司法实践中，权利保护必要性主要发挥着消极的诉讼过滤功能。这具体表现为，现有司法裁判主要通过论述欠缺权利保护必要性的具体情形以对原告的起诉予以驳回。学理上也由此对司法裁判所列举的情形总结了欠缺权利保护必要性的判定标准，主要包括效率性标准、有用性标准、适时性标准、正当性标准、预期性标准。〔2〕权利塑造则主要是指，如果现有法律并未明确规定相关的权利，但因新的社会现象发生，新型案件中产生了需要保护的利益，那么，法院通过综合判断后认可其权利保护必要性，使之进入实质审理阶段，由此使需要保护的利益获得承认，这也成为权利生成的开端。〔3〕举例而言，我国法院就有在裁判时通过明确主张"环境利益"这一尚未被实定法加以权利化的"新兴权利（利益）"值得保护。〔4〕

本案主要体现了权利保护必要性理论的权利塑造功能。基于现行《城市房地产管理法》和《征补条例》均未对房屋征收补偿案件中承租人的独立补偿利益进行明确规定，但根据本案及相关案例裁判，我国司法实践中承认承

---

〔1〕 参见王贵松：《论行政诉讼的权利保护必要性》，载《法制与社会发展》2018 年第 1 期，第 136 页。

〔2〕 参见梁君瑜：《祛魅与返魅：行政诉讼中权利保护必要性之理论解读及其适用》，载《南大法学》2020 年第 2 期，第 129-135 页。参见王贵松：《论行政诉讼的权利保护必要性》，载《法制与社会发展》2018 年第 1 期，第 137-145 页。

〔3〕 参见梁君瑜：《祛魅与返魅：行政诉讼中权利保护必要性之理论解读及其适用》，载《南大法学》2020 年第 2 期，第 128 页。参见王贵松：《论行政诉讼的权利保护必要性》，载《法制与社会发展》2018 年第 1 期，第 133 页。

〔4〕 参见（2017）最高法行申 4361 号行政裁定书。

租人对承租房屋有不可分割的添附以及装修装饰的补偿利益，以及承认经营性房屋承租人可以就停产停业损失主张权利。[1]尽管本案并未对承租人具有独立补偿利益背后的法理原因展开进一步论述，但已将权利保护必要性作为说理，通过裁定承租人的原告资格，使得承租人的主张获得进入实体审理的机会。

【后续影响及借鉴意义】

权利保护必要性问题"在理论上与诉讼目的论乃至诉权论、进而是实体法上的权利论等密切关联，在实践或政策上与扩大或抑制司法救济的可能性问题有很大关系，是诉讼理论上最重要的基础问题之一"。[2]在司法实践上，与以往运用权利保护必要性说理、权利保护必要性消极面向的诉讼过滤得到发挥的大部分司法案例不同，本案更加突出的是权利保护必要性积极面向的权利塑造功能，由此为房屋征收补偿案件中与承租人相关的行政纠纷的实质性解决提供了理论支持，值得后续司法裁判借鉴。

（指导教师：赵宏　中国政法大学法学院教授）

---

〔1〕 参见（2019）最高法行申13115号、（2020）最高法行申868号、（2020）最高法行申3739号等。

〔2〕 参见王贵松：《论行政诉讼的权利保护必要性》，载《法制与社会发展》2018年第1期，第140页。

案例十二　农村集体土地征收补偿义务主体的判断标准

——上海蝶球开发部诉闵行区人民政府履行征收补偿法定职责案

冯延有 *

【案例名称】

上海蝶球开发部诉闵行区人民政府履行征收补偿法定职责案〔（2018）最高法行申1995号行政裁定书、（2018）最高法行再124号行政裁定书〕

【关键词】

农村集体土地使用权转让　行政征收　行政补偿　强制拆除　行政诉讼被告

【基本案情】

上海市第一中级人民法院一审、上海市高级人民法院二审查明事实如下：2000年，上海蝶球开发部与上海市闵行区塘湾村村民委员会（以下简称塘湾村委会；单位性质为"集体"，土地权属为"集体"，土地用途为"村事业"）、上海申闵实业有限公司（以下简称申闵公司；该块土地的土地所有权性质为"集体"，土地取得方式为"使用"，土地用途为"工业"）签订《房地产权转让合同》，由上海蝶球开发部有偿取得上海市莲花南路3218号两块集体建设用地使用权，以及地上房屋等所有权。其中，上海蝶球开发部与塘

---

* 作者简介：冯延有，中国政法大学法学院宪法学与行政法学专业2022级博士研究生。

湾村委会在后续系列协议中约定由塘湾村委会负责办理房地产权过户手续，且在有关证书未办好期间，上海蝶球开发部实际拥有对上述房屋和土地的全部权利（相当于已有产权证书的全部权利），如遇市政或商业拆迁，塘湾村委会应负责上海蝶球开发部享受到依法应取得的全部的政策性拆迁费。但是，因塘湾村委会未及时履行协议约定，上海蝶球开发部虽长期以来一直实际占有、使用案涉房产并经许可自建了部分房屋，但并未取得建设用地使用权证和房屋所有权证。

之后，闵行区人民政府（以下简称闵行区政府）发布沪闵府征告〔2011〕第73号《征收土地方案公告》，征收包括上述集体建设用地在内的上海市吴泾镇莲花路西南潮浜南地块集体土地。2012年4月20日，上海市闵行区吴泾镇人民政府规划建设和环境保护办公室（以下简称闵行区吴泾镇规划办）出具《关于上海蝶球阀门厂有证（有效）建筑面积的认定意见》，认定：有证（有效）建筑面积为1944.02平方米。2012年5月18日，上海市闵行区吴泾镇动迁办出具《闵行区国家征地补偿（汇总、明细）表》，载明：上海蝶球阀门厂作为被补偿单位，含建筑物、室内装修、附属物、机器设备搬迁、停产停业损失补偿及集体土地使用权取得费用等补偿金额计6 214 969元。

后因未能与上海蝶球开发部达成补偿安置协议，相关行政机关即不再认可上海蝶球开发部为被征收人和被补偿人，转而与塘湾村委会及村属企业申闵公司洽谈、协商补偿安置事宜。

2013年5月，上海市闵行区吴泾镇规划办出具《关于塘湾村民委员会（原村委办公室）及申闵公司（蝶球阀门厂）有证（有效）建筑面积的认定意见》，认定：有证（有效）建筑面积1944.02平方米分别认定为塘湾村委会和申闵公司。2013年5月10日，甲方上海市闵行区吴泾镇开发办与乙方塘湾村委会、申闵公司签订《动迁补偿协议书》，载明：甲方对乙方进行补偿，乙方于2013年5月16日前搬迁完成，逾期作自愿放弃，不动产由乙方自行委托有资质的拆房队负责拆除。

2013年5月16日，该地上房屋等建筑物被非法征收、拆除，但上海蝶球开发部未得到相应合理补偿。2016年7月24日，上海蝶球开发部向闵行区政府书面申请履行土地房屋征收补偿法定职责，闵行区政府不予答复。上海蝶球开发部向法院提出请求：判令闵行区政府依法履行案涉土地房屋征收补偿法定职责；采取补救措施，对上海市莲花南路3218号两处建设用地上，由上海蝶球开发部经合同转让并独资建造的房屋、水泥场地等，依法给予征收补偿。

一审法院认为：上海蝶球开发部曾多次向法院提起诉讼，尚无生效裁判和证据可以证明闵行区政府征收、拆除了本案所涉的房屋等建筑物，因此，上海蝶球开发部申请闵行区政府履行征收补偿职责缺乏事实和法律依据，本案不属于行政诉讼受案范围，不符合法律规定的起诉条件。依照《行政诉讼法》第49条第3项、第4项及第51条第2款规定，裁定对上海蝶球开发部的起诉不予立案。

二审法院认为：上海蝶球开发部曾多次向法院起诉，尚无生效裁判和证据可以证明闵行区政府征收、拆除了申请人所有的房屋等建筑物。上海蝶球开发部起诉所涉事项并非由行政机关依当事人申请而应履行之职责，故其起诉不符合起诉条件。一审法院裁定对其起诉不予立案，并无不当，应予维持。依照《行政诉讼法》第89条第1款第1项规定，裁定驳回上诉，维持一审裁定。

上海蝶球开发部不服一、二审法院裁定，向最高人民法院申请再审，请求：撤销一、二审法院裁定，指令一审法院受理本案。其申请再审的主要事实与理由为："依法征收、合法拆除案涉房屋是闵行区政府依法应当履行的法定职责，闵行区政府在征收案涉集体土地时，没有对地面上房屋实施征收补偿，侵害了再审申请人作为相应集体土地使用权人和房屋所有权人的财产权益。再审申请人也曾多次、分别起诉闵行区政府等行政机关违法征收拆迁行为，但目前尚无生效裁判予以支持。再审申请人符合请求闵行区政府履行征收补偿法定职责的条件，一、二审法院依法应当受理本案并作出实体处理。"

最高人民法院于2018年12月19日作出裁决：依照《最高人民法院关于适用〈中华人民共和国行政诉讼法〉的解释》（以下简称《行诉法解释》）第123条第2项之规定，裁定如下：（1）撤销上海市高级人民法院（2017）沪行终177号行政裁定，撤销上海市第一中级人民法院（2017）沪01行初61

号行政裁定；（2）指令上海市第一中级人民法院受理本案。

【裁判要旨】

市、县人民政府可以结合实际需要，要求土地管理部门具体组织实施本行政区域的土地房屋征收补偿工作，或者委托乡镇人民政府、区（县）征地事务机构等主体从事具体的补偿安置事宜，但市、县人民政府不因此即免除法定补偿安置义务。

【裁判理由与论证】

在裁判理由部分，最高人民法院主要围绕三个问题进行回应：首先是当事人是应通过民事诉讼还是行政诉讼的方式维护自身的合法权益的问题；其次是上海蝶球开发部是否满足起诉条件的问题；最后是如何确定农村集体土地征收补偿义务主体的问题。

一、案涉补偿安置权益救济途径选择问题：民事诉讼或行政诉讼

在本案中，相关行政机关已经对塘湾村委会和申闵公司进行了补偿，并在此基础上拆除了案涉房屋。因此，为维护自身合法权益，上海蝶球开发部是应通过民事诉讼的方式起诉塘湾村委会和申闵公司，还是应通过行政诉讼的方式起诉相关行政机关，成为当事人和法院的一大困惑。对此，最高人民法院认为：现有证据表明，塘湾村委会在案涉协议中均认可上海蝶球开发部拥有对涉案房屋和土地的全部权利，且约定如遇拆迁由塘湾村委会负责上海蝶球开发部依法应取得的全部的政策性补偿安置费用。上海蝶球开发部未依约取得案涉集体建设用地使用权证和房屋所有权证，主要系塘湾村委会未依法及时履约所致。因长期以来案涉不动产均由上海蝶球开发部占有、使用、收益及经许可自建部分房屋，上海蝶球开发部是适格的被征收人和补偿安置相对人，而塘湾村委会、申闵公司、闵行区吴泾镇规划办等相继与上海蝶球开发部协商案涉补偿安置事宜。上海蝶球开发部有权主张其依法应当获得的补偿安置权益，而闵行区政府作为案涉征收实施主体，依法也负有相应的补偿安置义务。尽管上海蝶球开发部先后提起过多起民事诉讼和行政诉讼，而

其补偿安置争议问题仍未有效解决。且即便上海蝶球开发部通过民事诉讼解决与塘湾村委会、申闵公司之间的返还补偿安置款纠纷，上海蝶球开发部所实际获得的补偿，仍将受限于塘湾村委会、申闵公司因无权处分签订的案涉补偿协议所确定的补偿，而仍无法直接、一次性解决案涉补偿安置纠纷，无法有效保障上海蝶球开发部合法权益，无法充分体现公平合理补偿原则。因案涉房屋已经被实际拆除，而闵行区政府并未依法对再审申请人作出任何补偿，在此前提下，再审申请人依法既可以提起行政强制附带行政赔偿诉讼，也可以提起请求履行补偿安置法定职责诉讼。本案再审申请人起诉请求闵行区政府履行征收补偿法定职责，再审申请人对起诉权利、起诉对象、诉讼类型所进行的选择，人民法院应予尊重。简言之，上海蝶球开发部既可通过民事诉讼的方式，亦可通过行政诉讼的方式维护自身的合法权益，人民法院应对其选择予以尊重。

二、上海蝶球开发部的起诉是否满足起诉条件

关于上海蝶球开发部的起诉是否满足起诉条件，最高人民法院认为，根据《行政诉讼法》第 12 条第 1 款第 6 项规定，申请行政机关履行保护人身权、财产权等合法权益的法定职责，行政机关拒绝履行或者不予答复的，公民、法人或者其他组织可以提起行政诉讼；第 25 条第 1 款规定，行政行为的相对人以及其他与行政行为有利害关系的公民、法人或者其他组织，有权提起诉讼；第 26 条第 1 款规定，公民、法人或者其他组织直接向人民法院提起诉讼的，作出行政行为的行政机关是被告；第 51 条第 1 款规定，人民法院在接到起诉状时对符合本法规定的起诉条件的，应当登记立案。本案上海蝶球开发部提供的相应的证据能够证明案涉房屋系在闵行区政府组织实施征收过程中被拆除，而闵行区政府及闵行区土地管理部门也分别为《上海市征收集体土地房屋补偿暂行规定》第 5 条第 1 款、第 2 款所规定的负责征地房屋补偿工作主体和组织实施征地房屋补偿工作主体。因此，上海蝶球开发部诉请闵行区政府履行补偿安置职责，符合法定登记立案条件。一、二审法院认为尚无生效裁判和证据可以证明闵行区政府征收、拆除了本案所涉的房屋等建筑物，从而并非补偿安置义务主体的认定，系对《土地管理法》确立的集体

土地征收与补偿制度的错误理解，一、二审法院分别对上海蝶球开发部的起诉不予立案及驳回上诉，适用法律确有错误，依法应予纠正。

三、农村集体土地征收补偿义务主体的确定问题

关于农村集体土地征收补偿义务主体的确定问题，最高人民法院在裁定中载明："根据《中华人民共和国土地管理法（2004 年修正）》第四十六条第一款规定，国家征收土地的，依照法定程序批准后，由县级以上地方人民政府予以公告并组织实施。根据《中华人民共和国土地管理法实施条例（2014 年修订）》第二十五条第一款规定，收土地方案经依法批准后，由被征收土地所在地的市、县人民政府组织实施，并将批准征地机关、批准文号、征收土地的用途、范围、面积以及征地补偿标准、农业人员安置办法和办理征地补偿的期限等，在被征收土地所在地的乡（镇）、村予以公告。同时，根据《上海市征收集体土地房屋补偿暂行规定》第五条规定，区（县）人民政府负责本行政区域的征地房屋补偿工作，区（县）土地管理部门组织实施本行政区域的征地房屋补偿工作，区（县）土地管理部门下属的征地事务机构具体实施征地房屋补偿工作。"

另外，现行集体土地征收制度的本质是国家基于公共利益需要实施征收，并由国家依法给予公平合理补偿的制度，市、县人民政府是代表国家负责具体征收与补偿的法定行政主体。职权之所在，即义务之所在，也即责任之所在。市、县人民政府有权代表国家组织实施征收，也负有确保被征收人通过签订协议或者以补偿决定等方式取得公平补偿的义务。否则，被征收人可以依法请求市、县人民政府或其指定的土地管理部门依法履行补偿安置职责，要求依法作出包含补偿安置内容的补偿安置等决定。

【涉及的重要理论问题】

本案涉及农村集体土地征收过程中征收补偿义务主体的确定问题，但从最高人民法院对该案例的裁定来看，其所涉及的不仅有行政诉讼被告的确认问题，还涉及行政诉讼受案范围问题、农民集体所有的土地使用权是否可以转让的问题以及集体土地征收中的公共利益认定问题。

一、行政诉讼的受案范围问题

行政诉讼的受案范围，即法院能够受理哪些案件，这是行政诉讼的核心问题。"它不但关系到原告能否通过诉讼程序获得救济，也涉及法院对行政行为的审查范围。"[1]通过对行政诉讼范围的观察可以发现，"自 1990 年《中华人民共和国行政诉讼法》实施以来，司法实践就一直在不断拓宽行政诉讼的受案范围，这主要源于行政诉讼的实践需求以及最高人民法院对这种实践需求的积极回应"。[2]而在行政诉讼范围不断扩张的背景下，关于本案，最高人民法院在裁定中载明了一审法院和二审法院的裁定结果，其中一审法院裁定对上海蝶球开发部的起诉不予立案的理由为："尚无生效裁判和证据可以证明闵行区政府征收、拆除了本案所涉的房屋等建筑物，因此，上海蝶球开发部申请闵行区政府履行征收补偿职责缺乏事实和法律依据，本案不属于行政诉讼受案范围，不符合法律规定的起诉条件。"关于行政诉讼的起诉条件，《行政诉讼法》第49条明确了原告条件、被告条件、具体的诉讼请求和事实根据、属于人民法院受案范围和受诉人民法院管辖等条件。而一审法院裁定不予立案的理由即为"不属于行政诉讼受案范围"，因此，在此有必要厘清行政诉讼受案范围的含义、具体的判断标准等内容，从而更好地明晰一审法院裁定不予立案的理由是否妥当。

（一）行政诉讼受案范围的基本含义

关于行政诉讼受案范围的基本含义，如上所述，即法院能够受理的行政案件的具体范围。通说与实务都认为我国《行政诉讼法》第12条第1款决定了什么样的行为可以作为起诉对象，是行政诉讼受案范围条款。[3]具体而言，《行政诉讼法》第12条通过"列举式+兜底式"的方式明确了法院受理行政诉讼的案件类型，《行政诉讼法》第13条则列举了法院不予受理的案件类型。

〔1〕 何海波：《行政诉讼受案范围：一页司法权的实践史（1990—2000）》，载《北大法律评论》2001年第2期，第569页。

〔2〕 杨小军：《行政诉讼受案范围之反思》，载《法商研究》2009年第4期，第85页。

〔3〕 参见姜明安主编：《行政法与行政诉讼法》，北京大学出版社、高等教育出版社2019年版，第414页。

在《行政诉讼法》第 12 条和第 13 条之外，《行诉法解释》第 1 条第 1 款则规定："公民、法人或者其他组织对行政机关及其工作人员的行政行为不服，依法提起诉讼的，属于人民法院行政诉讼的受案范围。"简言之，若该行为属于行政行为，就可被纳入行政诉讼受案范围，当事人即可就该行政行为提起行政诉讼。

（二）行政行为的判断标准：从"产生实际影响"迈向"行为+相对人"

如上所言，若某行为属于行政行为，则该行政行为即属于行政诉讼受案范围。因此，若欲进一步解构行政诉讼受案的判断标准，则必然要涉及对行政行为概念的解构和分析。具体而言，在《行政诉讼法》第 12 条和第 13 条之外，《行诉法解释》第 1 条第 2 款第 10 项指出："下列行为不属于人民法院行政诉讼的受案范围：……（十）对公民、法人或者其他组织权利义务不产生实际影响的行为。"结合上述条款来看，可纳入行政诉讼受案范围的行政行为应当是当对当事人的权利义务产生实际影响的行为。但是，根据经典的行政行为理论，行政行为本来就是一种设定、变更、消灭或确认权利义务的行为，学理上称之为行政行为的法律效果，是行政行为的构成要件之一。[1]换言之，若属于行政行为，则必然会对当事人的权利义务产生实际影响；而实际影响公民权利义务的行为即属于行政行为。此时，若欲判断某行为是否属于行政诉讼受案范围，则应采取"行为对当事人权利义务产生影响"的判断标准还是"行政行为"自身的判断标准成为一大难题。具言之，即应先明确该行为对当事人的权利义务产生实际影响，因此属于行政行为，从而属于行政诉讼受案范围；还是应先明确该行为属于行政行为，会对当事人的权利义务产生实际影响，从而属于行政诉讼受案范围？

"过去司法实务大量使用这种循环论证的方式来审查受案范围问题，从一个行为是否产生实际影响公民权利义务的效果来判断一个行为是否是行政行为。"[2]但值得思考的是，一个行为在作出之后，是否会产生实际影响公民权

---

[1] 参见叶必丰：《行政行为原理》，商务印书馆 2019 年版，第 198 页。

[2] 黄宇骁：《行政诉讼受案范围与原告资格关系之辨》，载《政治与法律》2021 年第 2 期，第 109 页。

利义务的效果仅为该行为的后果，而非判断该行为是否属于行政行为的关键。简言之，"从一个行为作出效果'是否实际影响权利义务'而认定是否属于行政行为的做法是因和果的倒错"。[1]

在明确行政行为"因"和"果"二者关系的基础之上，若欲判断某行为是否属于行政诉讼的受案范围，其正确逻辑应当是直接判断当事人认为侵犯其合法权益的行为是否属于行政行为。从民法原理可以得知，某一行为的作出和成立需具备"行为作出主体、具体行为、行为效力的承受主体"等要素。因此，行政行为的判断标准亦可参照上述标准。具体而言，行政行为的成立要求具有以下要素：其一，行为的作出主体是依法拥有独立的行政职权，能代表国家，以自己的名义行使行政职权，并能独立承受行政行为效果与行政诉讼效果的组织；其二，具体的行为是由具备"权、责、名"等要素的行政组织而作出；其三，该行为作出之后，具有相对人承受该行为的法律后果。如此，方可正确判断某行为是否属于行政行为，从而判断是否应纳入行政诉讼受案范围。

按照上述逻辑，就本案而言，上海蝶球开发部的起诉对象是强制拆除行为，而上海蝶球开发部本身是强制拆除行为所产生效果的承受对象。但是，本案中实施行为的主体不明晰，即缺乏"行为作出主体"这一要素，一审和二审法院也未进一步对实施该行为的主体进行确认，从而产生了该案件无法纳入行政诉讼范围的争议，这也是上海蝶球开发部进一步向最高人民法院申请再审的原因。

二、行政诉讼被告的确认问题

"正确确定行政诉讼当事人资格，特别是行政诉讼被告资格，不仅是贯彻落实行政诉讼法的需要，也是及时切实有效准确保护人民群众合法权益的需要。"[2]"行政诉讼被告是指原告指挥其行政行为违法，侵犯原告合法权益，

---

〔1〕 黄宇骁：《行政诉讼受案范围与原告资格关系之辨》，载《政治与法律》2021年第2期，第109页。

〔2〕 来源于《最高人民法院关于正确确定县级以上人民政府行政诉讼被告资格若干问题的规定》《最高人民法院关于办理行政申请再审案件若干问题的规定》起草说明会。

并经人民法院通知应诉的具有国家行政职权的机关或组织。"〔1〕"理论上，行政诉讼被告可由'国家''地方''公务法人'等承担。"〔2〕我国《行政诉讼法》第26条第1款指出："公民、法人或者其他组织直接向人民法院提起诉讼的，作出行政行为的行政机关是被告。"此规定意在说明，在原则上，应由作出行政行为、具有行政权能的行政机关或组织作为行政诉讼的被告。但是，在一些情形之下，具有行政权能的行政机关或组织有时会共同作出行政行为，有时亦会委托其他主体作出行政行为，同时，实施行政行为的行政机关亦有可能会被撤销或发生职权变更，在以上诸多情形之下，如何精准确定行政诉讼的被告便成为当事人顺利提起行政诉讼的一个关键。除此之外，关于行政诉讼的被告亦存在诸多其他争议，例如，政府的办事机构能否作为行政诉讼的被告；在没有法律、法规、规章授权的情况下，行政机关下属的事业单位能否作为行政诉讼的被告；有法律、法规、规章授权的内部机构能否作为行政诉讼的被告；开发区管理机构以及政府职能部门设立在开发区的分支机构能否作为行政诉讼的被告等。〔3〕而在本案之中，一审和二审法院裁定不予立案的原因之一即为享有行政权能的行政主体并未直接实施强制拆除房屋的行为，从而导致行政诉讼被告的确认出现了较大的争议。

（一）确认行政诉讼被告复杂繁琐的原因：规则的复杂化

通过检视我国行政诉讼法律规范可以发现，关于行政诉讼的被告确认问题，无论是《行政诉讼法》，还是其司法解释《行诉法解释》，均有大量的法条用以确定行政诉讼被告。具体而言，《行政诉讼法》第26条在其第1款确定了"谁行为谁被告"的基本规则之外，其余各款则规定了行政复议情形下的被告、共同行为情形下的被告、委托情形下的被告、职权变化情形下的被告确认规则。《行诉法解释》第19条至第26条则对不服上级机关批准行

---

〔1〕 《行政法与行政诉讼法学》编写组：《行政法与行政诉讼法学》，高等教育出版社2018年版，第363页。

〔2〕 罗智敏主编：《行政法案例研习（第一辑）》，中国政法大学出版社2019年版，第87页。

〔3〕 参见王青斌：《行政诉讼被告认定标准的反思与重构》，载《法商研究》2018年第5期，第70-71页。

为、不具有独立承担法律责任的机构以其名义所作行政行为、法律规范授权机构或组织所作行政行为、开发区管理机构所作行政行为、行政机关职权变化又无继受部门等诸多情形下如何确定行政诉讼被告作了更为详细的规定。

《行政诉讼法》和《行诉法解释》对行政诉讼被告的确认作出如此详细的规定，回应了在社会化经济发展的过程中，行政行为主体多元化、行政行为类型多样化情形下确认行政诉讼被告的需求，但是，如此详细的规定也反映出行政诉讼被告确认标准的复杂和繁琐。在此情形下，有学者提出统一由同级政府作为行政诉讼被告的方案，即"以作出或者实施行政行为的机关、机构的同级政府为被告，即行为者的政府为被告"。〔1〕诚然，该观点虽然有助于便捷地确认行政诉讼的被告，但统一由同级政府作为行政诉讼被告将会为各级政府带来巨大的负担，其可行性仍有待进一步商榷。

（二）完善行政诉讼被告确认规则应当考量的因素

为清晰确定行政诉讼被告，最高人民法院曾在一裁定书中指出："在我国确定行政诉讼被告时，应当考虑以下四个要素：一是在程序上，受公民、法人或其他组织起诉，且由人民法院通知应诉的机关或组织；二是在实体上，行使国家行政管理职权职责并作出行政行为（作为或者不作为），且该行为被公民、法人或其他组织认为侵犯其合法权益的机关或者组织；三是在组织上，属于能够独立承担法律责任的机关或组织，亦即行政主体；四是在方便性上，即使不属于行政主体，为便利当事人诉权的行使，通过法律、法规或者规章授权亦可将非行政主体的组织在行政诉讼中作为被告。"〔2〕该裁定虽并未在现有规定之外创设新的规则，但的确从程序、实体、组织和便捷性等方面为行政诉讼被告的确认提供了参考因素。另外，有学者则提出了行政诉讼被告认定标准的重构原则，即实现行政诉讼中解决争议、保护当事人合法权益、监督行政机关依法行使职权等立法目的原则；诉讼主体以最低的诉讼成本获取

---

〔1〕 参见杨小军：《行政诉讼原告与被告资格制度的完善》，载《行政法学研究》2012年第2期，第23页。

〔2〕 详见最高人民法院（2017）最高法行再49号行政裁定书。

最大的法律效益，实现诉讼目的的诉讼经济原则；行政复议制度、行政诉讼制度、行政赔偿制度等行政救济制度的协调性原则。在此基础上，该学者提出了行政诉讼被告认定的重构标准，即以作出行政行为的组织为被告。[1] 上述观点虽然为确认行政诉讼被告提供了诸多原则，但在具体的重构标准方面未能更为精细化地解构《行政诉讼法》第 2 条的规范含义，其实用性有待进一步探讨。

总之，现有司法实践和研究在为行政诉讼被告的确认提供更为细致化和可操作性的方案方面还存在进步的空间。但无论如何，在确定行政诉讼被告时，皆应遵循基本的步骤：其一，从"名义"和"实际"两个方面确定作出该行为的主体，即要结合行政行为的名义作出主体和其他实质参与行为的主体两个方面予以确定。其二，判断该主体是否为行政主体，是否为具有参加行政诉讼权能并可承担相应后果的组织。其三，根据具体情形，结合《行政诉讼法》及其司法解释等确定行政诉讼被告。

三、集体建设用地使用权是否可以流转问题

土地作为重要的生产要素之一，如何对其加以高效化利用和合理化利用是我国一直在不断探索和积极解决的一个重要命题。其中，随着城镇化进程的发展，对工业用地和经营性用地的需求不断增加，如何对国有土地上建设用地使用权与集体土地上建设用地使用权的具体行使提供一套较为系统规范的法律体系成为立法亟待回应的问题。国有土地建设用地使用权自始便被立法予以重视，从而为之提供了较为丰富的法律规范，以保障其进行良好地运转。但是，关于集体建设用地使用权的流转问题，立法和司法实践的态度并非总是固定不变的，而是根据社会现实的发展予以积极地调适，其中，立法呈现出由绝对禁止到严格限制再到逐渐放宽的变化规律，而司法实践则呈现出在立法严格限制的条件下倾向于认定为"有效"。

---

〔1〕 关于行政诉讼被告认定标准的重构原则和具体建构，参见王青斌：《行政诉讼被告认定标准的反思与重构》，载《法商研究》2018 年第 5 期，第 70—79 页。

（一）立法变化：从绝对禁止到严格限制再到逐渐放宽

从权利属性来看，国有土地建设用地使用权和集体建设用地使用权均可被纳入用益物权范畴，从而得以在市场上进行交易。然而，上述两类土地使用权，尤其是集体建设用地使用权的交易、流转在立法上受到了较为严格的规定。通过分析梳理集体建设用地使用权的立法规定，一方面，可明晰立法规定集体建设用地使用权的出发点和价值取向；另一方面，亦可窥探集体建设用地在我国经济、社会发展的不同阶段所扮演的不同角色。

1987年，《民法通则》开始施行。从其立法目的和功能来看，1987年《民法通则》的出台和实施为正确调整民事关系，促进社会主义现代化建设事业发展提供了法律保障。其中，关于土地使用权之问题，1987年《民法通则》在其第五章"民事权利"第一节"财产所有权和与财产所有权有关的财产权"中的第80条第3款明确规定："土地不得买卖、出租、抵押或者以其他形式非法转让"。作为调整民事法律关系的规范，1987年《民法通则》之所以作出如此规定，是因为我国《宪法》对土地使用权的流转也持禁止态度。具体而言，我国1982年《宪法》第10条第4款指出："任何组织或者个人不得侵占、买卖、出租或者以其他形式非法转让土地。"在1982年《宪法》的指引下，其他法律亦禁止对土地相关权利进行流转。例如，1986年公布的《土地管理法》第2条第2款规定："任何单位和个人不得侵占、买卖、出租或者以其他形式非法转让土地。"由此可以看出，此阶段的立法对集体建设用地使用权的流转是持绝对禁止的态度。

之后，我国1988年《宪法》第10条第4款将1982年《宪法》第10条第4款的规定变更为："任何组织或个人不得侵占、买卖或者以其他形式非法转让土地。土地的使用权可以依照法律的规定转让。"该规定改变了1982年《宪法》中关于禁止转让土地一切相关权利的做法，为后续其他法律具体规定土地使用权的转让提供了纲领性的指导。在1988年《宪法》的指引下，《土地管理法》于1988年亦迎来了修改。关于土地使用权流转之问题，与1986年公布的《土地管理法》相比，1988年《土地管理法》在其基础之上，将第2条第2款修改为："任何单位和个人不得侵占、买卖或者以其他形式非法转让土地"，即删除了"出租"这一内容。此外，1988 年《土地管理法》在第 2 条中又增加了"国有土地和集体所有的土地的使用权可以依法转让。土地使用权转让的具体办法，由国务院另行规定"作为其第 4 款；增加"国家依法实行国有土地有偿使用制度。国有土地有偿使用的具体办法，由国务院另行规定"作为其第 5 款。此时，集体所有的土地使用权虽可依法转让，但该转让规定却仅在施行十年之后即在 1998 年的修订中遭到推翻。具体而言，1998 年修订的《土地管理法》第 2 条第 3 款修改为："任何单位和个人不得侵占、买卖或者以其他形式非法转让土地。土地使用权可以依法转让。"该规定修改了 1988 年《土地管理法》第 2 条第 4 款中"集体所有的土地的使用权可以依法转让"的说法，取而代之的是，1998 年的《土地管理法》在其第 63 条增加了："农民集体所有的土地的使用权不得出让、转让或者出租用于非农业建设；但是，符合土地利用总体规划并依法取得建设用地的企业，因破产、兼并等情形致使土地使用权依法发生转移的除外。"从 1998 年《土地管理法》第 63 条的规定可以看出，集体土地使用权只有在符合相应条件的情形下才可发生转让，由此表明，立法对集体建设用地使用权持"相对禁止"态度，且该规定在 2004 年《土地管理法》的修正中并未得到改变，该状况一直持续到 2019 年《土地管理法》修正之前。

2013 年，为全面深化改革，党的第十八届三中全会作出的《中共中央关于全面深化改革若干重大问题的决定》在"加快完善现代市场体系"部分提出要"建立城乡统一的建设用地市场。在符合规划和用途管制前提下，允许农村集体经营性建设用地出让、租赁、入股，实行与国有土地同等入市、同权同价。"该规定为建设统一开放、竞争有序的市场体系，发挥市场在资源配置中起决定性作用起到了不可忽视的作用，同时也为规制土地使用的《土地管理法》的修改提供了明确的方向。2019 年，修正后的《土地管理法》在其第 63 条删除了 2004 年《土地管理法》第 63 条中"农民集体所有的土地的使用权不得出让、转让或者出租用于非农业建设"的规定，并明确指出："土地利用总体规划、城乡规划确定为工业、商业等经营性用途，并经依法登记的集体经营性建设用地，土地所有权人可以通过出让、出租等方式交由单位或者个人使用"。至此，农村集体建设用地可依法进行转让，打破了与国有建设用地使用权不可一同入市而只能先被征收为国有土地才能入市的困境，[1]从而形成了可与国有建设用地使用权一同作价入市的局面。

（二）司法实践关于集体建设用地使用权流转的价值取向：在立法严格限制的条件下倾向于认定为"有效"

从立法历程来看，集体建设用地使用权直至 2019 年《土地管理法》的修正后才可有条件地进行自由转让。但在此之前，即在立法对集体建设用地使用权转让进行严格限制的情形下，法院即倾向于认定集体建设用地使用权转让合同有效。例如，黄金台公司与嘉昌宝公司在履行《合作开发合同书》过程中发生争议，黄金台公司遂于 2004 年 3 月 10 日将嘉昌宝公司起诉至深圳市中级人民法院，认为双方签订的《合作开发合同书》所约定的合作开发土地系集体用地，违反了法律法规的禁止性规定，上述合同无效，请求法院判令《合作开发合同书》无效。[2]该案经历深圳市中级人民法院一审、再审和广东省高级人民法院二审、最高人民法院申请指令广东省高级人民法院再审后，广东省高级人民法院作出（2009）粤高法审监民再字第 50 号民事判决指出："《广东省实施〈中华人民共和国土地管理法〉办法》和《广东省集体建设用地使用权流转管理办法》分别是广东省人大常委会、广东省人民政府制定和颁布的，具有相应的法律效力。根据该实施办法和管理办法的规定，我省集体建设用地使用权可以在一定条件下进行流转……该涉案土地使用权已成为黄金台公司的法人财产，其有权利对该土地使用权进行处分。涉案《合作开发合同书》是名为合作开发实为土地使用权转让的合同，合法有效。"又如，在本案中，最高人民法院指出："上海蝶球开发部未按约定取得建设用地使用权证和房屋所有权证，系塘湾村委会未及时履行协议约定所致。根据《中华

---

〔1〕 在 2019 年《土地管理法》修正之前，农村集体用地只有被征收为国有土地之后才可进行入市，而无法直接进行转让。详见 1998 年和 2004 年《土地管理法》第 43 条规定，任何单位和个人进行建设，需要使用土地的，必须依法申请使用国有土地；但是，兴办乡镇企业和村民建设住宅经依法批准使用本集体经济组织农民集体所有的土地的，或者乡（镇）村公共设施和公益事业建设经依法批准使用农民集体所有的土地的除外。前款所称依法申请使用的国有土地包括国家所有的土地和国家征用（收）的原属于农民集体所有的土地。2019 年《土地管理法》删除了上述规定。

〔2〕 深圳市黄金台公司、深圳市嘉昌宝公司建设用地使用权转让合同纠纷再审案，（2017）粤民再 267 号民事判决书。

人民共和国土地管理法》第 63 条规定和参照上海地方性法规及规范性文件，涉案不动产转让协议以及之后签订的相关协议并不违法，转让协议合法有效。"

四、集体土地征收中的公共利益认定问题

最高人民法院在裁定中论述道："现行集体土地征收制度的本质是国家基于公共利益需要实施征收，并由国家依法给予公平合理补偿的制度；市、县人民政府及土地管理部门是代表国家负责具体征收与补偿的法定行政主体。"其论述逻辑为：征收目的为公共利益，国家应当给予公平合理补偿，对于被征收人而言，该补偿不能被落空，因此，行政机关应对被征收人予以公平合理的补偿；当无明确的行政机关对被征收人予以补偿而被诉至法院时，法院应当以实质性化解纠纷争议为目标依法明确补偿机关。但是，作为论述前提的"公共利益"是一个较为宏观和模糊的概念，正确理解集体土地征收中"公共利益"的内涵、合理框定"公共利益"的边界范围是依法、合理开展集体土地征收工作的关键。

关于"公共利益"的表述，1987 年、1988 年、1998 年的《土地管理法》皆规定，国家为了公共利益的需要，可以依法对集体所有的土地实行征用；2004 年《土地管理法》第 2 条第 4 款将上述表述修改为："国家为了公共利益的需要，可以依法对土地实行征收或者征用并给予补偿。"但遗憾的是，上述规定皆并未对何谓"公共利益"进行具体阐释。2019 年《土地管理法》则在保留 2004 年《土地管理法》关于"公共利益"表述的基础之上，进一步阐释了土地征收中公共利益的内涵和外延。具体而言，2019 年《土地管理法》第 45 条第 1 款规定："为了公共利益的需要，有下列情形之一，确需征收农民集体所有的土地的，可以依法实施征收：（一）军事和外交需要用地的；（二）由政府组织实施的能源、交通、水利、通信、邮政等基础设施建设需要用地的；（三）由政府组织实施的科技、教育、文化、卫生、体育、生态环境和资源保护、防灾减灾、文物保护、社区综合服务、社会福利、市政公用、优抚安置、英烈保护等公共事业需要用地的；（四）由政府组织实施的扶贫搬迁、保障性安居工程建设需要用地的；（五）在土地利用总体规划确定的城镇

建设用地范围内，经省级以上人民政府批准由县级以上地方人民政府组织实施的成片开发建设需要用地的；（六）法律规定为公共利益需要可以征收农民集体所有的土地的其他情形。"该规定一方面通过在前五项中明确列举，另一方面通过第6项中明确只能由法律规定而不能由行政法规、部门规章等进行规定的方式限定了集体所有土地征收的公共利益需要范围，上述规定中对"公共利益"内涵的阐释有利于进一步规范土地征收权。

另外，值得注意的是，2019年《土地管理法》第45条第1款关于集体土地征收的公共利益事项与2011年《国有土地上房屋征收与补偿条例》第8条规定的征收房屋的公共利益事项存在较大的相似性，从而形成了征收土地与征收房屋关于公共利益事项较为一致的局面。一方面，上述事项的一致性既体现出立法关于公共利益概念的协调和统一；另一方面，亦从侧面反映了"房地一体"主义在立法中的贯彻和落实，从而有助于推动土地征收和房屋征收的同步进行。

【后续影响及借鉴意义】

本案是有关农村集体建设用地征收问题的行政诉讼案件，此类案件不仅涉及农村集体建设用地的征收问题，还会涉及农村集体建设用地上的房屋强制拆除问题。本案中，一审和二审法院均以尚无生效裁判和相关证据证明闵行区政府征收、拆除了本案所涉的房屋等建筑物，上海蝶球开发部申请闵行区政府履行征收补偿职责缺乏事实和法律依据为由裁定对上海蝶球开发部的起诉不予立案。但是，最高人民法院认为："一、二审法院分别对上海蝶球开发部的起诉不予立案及驳回上诉，适用法律确有错误，依法应予纠正。"在此基础上，最高人民法院撤销了一审法院和二审法院的裁定，并指令上海市第一中级人民法院受理本案，其后续影响及借鉴意义主要体现在以下三个方面：

第一，本案中最高人民法院的裁定明确了在符合一定情形的条件下，实际占有房屋但未取得房屋产权证书的被征收人可通过行政诉讼的方式主张补偿安置权益。在本案中，上海蝶球开发部本可通过民事诉讼的方式主张补偿安置权益，但因双方当事人无法达成协议，民事诉讼途径无法有效解决双方之间的矛盾纠纷。而多年来行政诉讼的历程表明，作为行政争议救济渠道的行政诉讼应当确立的重要价值取向之一就是实质性地化解行政争议。[1]因此，当事人通过行政诉讼途径进行维权便成为一种可行的路径。本案中，最高人民法院的裁定载明，在双方既不能通过协商或签订协议方式解决，且无法定主体作出补偿决定，又无生效裁判对补偿安置问题进行过裁判的前提下，可请求市、县人民政府及其指定的土地管理部门履行补偿安置。此裁定拓宽了当事人的维权途径，从而防止陷入民事诉讼与行政诉讼裁判循环、结果矛盾的境地。

第二，本案中最高人民法院的裁定明确了在符合一定情形的条件下，未取得房屋所有权证但长期实际使用房屋的权利人享有行政诉讼原告主体资格。在实践中，在当事人之间达成房屋产权转让协议的前提下，得到房屋权利人同意长期实际使用房屋的权利人，有时可能因某种情形而未取得房屋所有权证，若遇到拆迁，是否应当保障该类主体的征收补偿权益？若一概不予保障，则可能会因此引发各类社会矛盾；若一概予以保障，则会对不动产登记制度形成冲击。因此，本案中，在当事人已经达成"房屋原所有人协助房屋买受人办理房屋所有权证，若遇拆迁，相关待遇由房屋买受人享受"的前提下，最高人民法院明确了未取得房屋所有权证但长期实际使用房屋的权利人的原告主体资格，此规则将有助于保障该类权利人通过提起行政诉讼的方式维护自身的合法权益。

第三，本案中最高人民法院的裁定明确了农村集体土地征收补偿义务主体的确定准则，为后续各级法院审理此类案件提供了审判指引。随着工业化及城镇化进程的发展，城市土地总量已经越来越无法满足我国各项建设的需求，随之而来的是，征收农村集体土地需求激增，因此类征收而引发的争议亦越来越多。而在征收的过程中，不乏行政机关设立拆迁办等机构实施行政行为或委托其他组织实施行政行为，此时，如何精准地确定行政诉讼被告便成为困扰审判机关的一大难题。而本案的裁定明确了农村集体土地征收补偿义务主体的确定准则，即"市、县人民政府代表国家组织实施征收被征收人

---

〔1〕　中华人民共和国最高人民法院行政审判庭编：《中国行政审判案例（第 4 卷）》，中国法制出版社 2012 年版，第 165 页。

合法房屋，也有确保被征收人通过签订协议或者以补偿决定等方式取得公平合理补偿的义务"。

综上，本案中，最高人民法院的裁定明确了实际占有房屋但未取得房屋产权证书的被征收人可通过行政诉讼的方式主张补偿安置权益、享有行政诉讼原告资格以及明确了农村集体土地征收补偿义务主体的确定准则。最高人民法院通过对兼具民事纠纷与行政纠纷，具有一定复杂性的案件的审理，在既有的法律规则基础上作出了新的引申，创造出了新的裁判规则，一方面，将有助于人们更多地通过行政诉讼的方式进行维权；另一方面，亦有助于为各级人民法院审判农村集体土地征收案件提供规则指引，从而促进法治建设。

除对司法实践起到指导作用外，本案亦在一定程度上推动了后续相关制度的完善和发展。具言之，2021 年最高人民法院《关于正确确定县级以上地方人民政府行政诉讼被告资格若干问题的规定》第 3 条第 1 款既是对该案的回应，亦为后续该类案件的审判提供了规则指引："公民、法人或者其他组织对集体土地征收中强制拆除房屋等行为不服提起诉讼的，除有证据证明系县级以上地方人民政府具体实施外，人民法院应当根据行政诉讼法第二十六条第一款的规定，以作出强制拆除决定的行政机关为被告；没有强制拆除决定书的，以具体实施强制拆除等行为的行政机关为被告。"由此可见，司法实践和立法的良性互动将有助于进一步促进法治进程的发展。

（指导教师：罗智敏　中国政法大学法学院教授）

案例十三　征收拆迁中村民自治主体与职权主体的责任划分
——马静茹诉石家庄高新开发区管委会等房屋行政强制案

吴玉祥 *

【案例名称】

马静茹诉石家庄高新开发区管委会等房屋行政强制案 [河北省石家庄市中级人民法院（2018）冀 01 行初 9 号行政裁定书、河北省高级人民法院（2018）冀行终 471 号行政裁定书、最高人民法院（2019）最高法行申 3801 号行政裁定书]

【关键词】

土地征收　房屋拆迁　行政强制　村民自治　职权法定

【基本案情】

河北省石家庄市中级人民法院一审查明：马静茹系石家庄市裕华区宋营镇东仰陵村村民，2017 年 8 月，石家庄市南二环东延工程建设项目开始启动，该项目沿途路经裕华区宋营镇东仰陵村，南二环东延工程范围内的房屋需要拆除，马静茹的房屋在拆除范围之内。2017 年 8 月 14 日，裕华区宋营镇东仰陵村村民代表大会通过了《石家庄市高新区宋营镇东仰陵村拆迁补偿安置方案》，该方案第 3 条规定："东仰陵村村委会为改造范围内的拆迁人，改造范

---

* 作者简介：吴玉祥，中国政法大学法学院宪法学与行政法学专业 2023 级硕士研究生。

围内的房屋所有人为被拆迁人。"第 6 条规定："根据拆迁工作需要，成立东仰陵村拆迁改造工作领导小组，设立指挥部及各种相关机构。"2017 年 10 月 23 日，宋营镇东仰陵村村委会对马静茹的父亲马计新下达了拆迁通知，通知的基本内容为："马静茹逾期未签订拆迁协议，限期 2 天内自行拆除，否则依法予以强制拆除。"2017 年 10 月底，马静茹的房屋被强行拆除。马静茹提供了宋营镇政府、高新开发区管委会工作人员在拆除现场的照片，宋营镇政府、高新开发区管委会认为其工作人员在场是履行监督职责，认为拆除马静茹的房屋并非其所为，而是马静茹所在村委会组织实施的。经查，宋营镇东仰陵村村委会也承认其是拆迁主体。马静茹不服提起行政诉讼，请求确认宋营镇政府、高新开发区管委会将其房屋拆除的行为违法。

河北省石家庄市中级人民法院一审认为，马静茹所提供的拆除房屋现场的照片，只是证明宋营镇政府、高新开发区管委会的相关工作人员在拆除现场，但不能证明强行拆除其房屋的行为是宋营镇政府、高新开发区管委会所为。宋营镇政府、高新开发区管委会能够证实拆迁主体是宋营镇东仰陵村村委会，而且马静茹所在村委会也予以承认，故马静茹请求确认宋营镇政府、高新开发区管委会强制拆除其房屋违法的诉讼请求缺乏事实根据，其起诉不符合《行政诉讼法》第 49 条第 3 项规定的起诉条件，其起诉应予驳回。依照《最高人民法院关于适用〈中华人民共和国行政诉讼法〉的解释》（以下简称《行诉法解释》）第 69 条第 1 款第 1 项之规定，裁定驳回马静茹的起诉。

马静茹不服，提起上诉。河北省高级人民法院二审认为，《行政诉讼法》第 49 条第 3 项规定，公民、法人或者其他组织提起诉讼应当有具体的诉讼请求和事实根据。本案中，马静茹诉请确认高新开发区管委会和宋营镇政府对其房屋行政强拆行为违法。而二被上诉人向原审法院提交的《石家庄市高新区宋营镇东仰陵村拆迁补偿安置方案》、宋营镇东仰陵村村委会向马静茹的父亲马计新下达的拆迁通知等证据，能够证明拆除马静茹房屋的主体是宋营镇东仰陵村村委会。宋营镇东仰陵村村委会亦承认是其组织强制拆除了马静茹的房屋。故马静茹提交的证据不能证明强行拆除其房屋系高新开发区管委会和宋营镇政府所为，其诉讼请求缺乏事实根据，不符合上述法律规定的起诉条件。据此裁定驳回上诉，维持原裁定。

对此，马静茹申请再审。

【裁判要旨】

一、征收拆迁系法定职权

征收拆迁与征收补偿事宜均属公权力职权范畴，职权之所在，即义务之所在，也即责任之所在，并不宜假村民自治形式进行。《行政强制法》《土地管理法》《国有土地上房屋征收与补偿条例》等法律法规，对强制搬迁合法房屋的步骤、程序和方式有具体明确的规定，并未规定村民委员会等自治组织有权实施强制搬迁和强制拆除。

二、村民自治形式征收拆迁可视为职权主体的委托

结合法律规定和全部在案证据以及土地的最终用途等情况综合判断，对马静茹房屋的强制拆除，不应当认定系东仰陵村村委会自主实施，而应当认定系职权主体与非职权主体在市政项目征收拆迁中基于共同意思联络、共同参与下实施的强制拆除。被诉强制拆除行为虽然形式上表现为东仰陵村村委会实施，但村民委员会等自治组织仅系行政机关的行政助手和行政辅助者，犹如其"延长之手"。

【裁判理由与论证】

最高人民法院在再审裁定中指出，本案的核心问题是高新开发区管委会、宋营镇政府是否为本案的适格被告。围绕该问题，最高人民法院依次论证"征收拆迁系法定职权、职权主体的参与可视为职权主体的委托"，最终得出高新开发区管委会、宋营镇政府是本案适格被告的结论。

一、征收拆迁系法定职权

关于征收拆迁，最高人民法院认为"征收拆迁与征收补偿事宜均属公权力职权范畴，职权之所在，即义务之所在，也即责任之所在"。本案职权主体高新开发区管委会、宋营镇政府显然应当履行征收拆迁职责，不得假借他人

之手以推卸责任。

村民自治主体没有征收拆迁的职权，《行政强制法》《土地管理法》《国有土地上房屋征收与补偿条例》等法律法规，对强制搬迁合法房屋的步骤、程序和方式有具体明确的规定，并未规定村民委员会等自治组织有权实施强制搬迁和强制拆除。村民自治方式在权限范围内发挥着一定作用，但是其作出的决定不得抵触上位法，也"不得侵犯村民的人身权利和财产权利"。

二、职权主体的参与可视为职权主体的委托

本案东仰陵村村委会自认其自行强制拆除案涉房屋，形式上是村民自治模式下进行的征收拆迁，似乎与职权主体高新开发区管委会、宋营镇政府无关。然而其中职权主体高新开发区管委会、宋营镇政府也有所参与，"各方对高新开发区管委会主要领导主持召开拆迁动员大会，参与组织南二环东延东仰陵村段拆迁工作的事实并无异议；高新开发区管委会还曾就限期完成该地段征地拆迁工作，专门向宋营镇政府下达《督办函》；东仰陵村村委会送达的落款为 2017 年 10 月 23 日的《通知》也明确，拆迁系为保障南二环东延工程顺利进行，要求被拆迁户自行拆除并到村委会办理拆迁补偿手续，否则将按照法律程序依法予以强制拆除；且高新开发区管委会、宋营镇政府工作人员也出现在强制拆除现场"。对此，综合来看，最高人民法院认为"应当认定系职权主体与非职权主体在市政项目征收拆迁中基于共同意思联络、共同参与下实施的强制拆除"。

职权主体对所谓村民自治方式的参与，最终被认定构成了职权主体的委托。《行政诉讼法》第 26 条第 1 款规定："公民、法人或者其他组织直接向人民法院提起诉讼的，作出行政行为的行政机关是被告。"第 26 条第 5 款规定："行政机关委托的组织所作的行政行为，委托的行政机关是被告。"《行诉法解释》第 24 条第 2 款规定，"当事人对村民委员会、居民委员会受行政机关委托作出的行为不服提起诉讼的，以委托的行政机关为被告。"法院最终也认定职权主体为适格被告，"强制拆除行为虽以东仰陵村村委会名义实施，但显然系法定的职权主体基于征收职权组织、命令实施的情况下，仅以东仰陵村村委会自认实施强制拆除为由，否定高新开发区管委会、宋营镇政

府为适格被告，系对法律规定的错误理解，也有违职权法定原则，依法应予纠正"。

【涉及的重要理论问题】

在征收拆迁相关的案件中，行为实施主体和行为责任主体可能是同一的，也很可能会出现分离。如果独立实施主体是村民自治主体，其要承担相应责任。如果独立实施主体是职权主体，其就能够被确定为行政责任主体。不过，如果村民自治主体受职权主体的委托实施，此时实施主体和行政责任主体就是分离的。可见，应当首先确定行为的实施主体。在此基础之上，可以通过后续分析来确定行为的行政责任以及其他责任的归属。这也是划分村民自治主体和职权主体责任的路径。

一、征收拆迁实施主体的确定与推定

在本案中，被诉强制拆除行为在形式上是由东仰陵村村委会实施，这是比较明确的。这就对下一步探讨其是否自主独立实施、责任承担的问题提供了基础。本案中的形式实施主体较为明确，因此进行后续责任划分也相对顺理成章。不过，在实施主体不明确的情况下是否应当推定实施主体，以及如何推定是值得考虑的。

（一）实施主体推定的意义

前文已述确定实施主体是下一步分析划分责任的基础。在职权主体以书面形式作出责令拆除决定、进行催告、在现场表明身份等情况下很容易确定实施主体。村民自治主体作为实施者也容易被发现。确定了实施主体，就可以进一步划分行为的性质和责任的承担。

不过在现实中，确定征收拆迁的实施主体可能并不容易。在极端情况下，会出现被征收人的土地、房屋被不明人员强行占据或强制拆除的情况，如夜间突袭拆除，此时就很难确定实施主体，受侵害人的确难以证明实施主体是谁。如果实施主体都找不到，后续承担责任的主体更是虚无缥缈。此时，"在证据不足时，若不能依据相关法律和事实，对实施者进行推定，就可能使权益受损者处于'无人可告'的僵局"。[1]这将会导致受侵害人的权益受损了却得不到救济。因此，对实施主体进行合理的推定也是必要的，可以有效保障受侵害人的诉讼权利。

（二）实施主体推定的方式

推定的前提是确实无法直接证明实施主体是谁。在夜间突袭拆除等情况下，的确难以证明拆迁人员究竟是来自村民自治主体还是职权主体。如果有充足的证据可以证明谁是实施主体则无须推定。对实施主体进行推定更多的是为了保护被拆迁人的救济途径。

利用经验法则进行事实推定。"经验法则即自日常生活经验所获有关判断事实的知识或法则。"[2]经验法则是归纳出来的有关事物因果关系的规律性知识，能够一定程度上反映事物之间联系的盖然性。应当充分利用这些公认的规律性知识，认定事实不能与常情常理相悖。

事实推定是在基础事实得到证实的前提下，根据法律规定、经验法则，据此推断或认定案件事实的方法。由于是推定，所以应当允许反证。由于征收拆迁为职权主体的法定职责，对于合法建筑的拆除首先可推定为行政强制行为。[3]合法建筑拆除和行政强制行为二者之间有着很高的盖然性联系，不过也允许通过充足的证据来进行推翻。"情理常理不是法官的个人体验，而是一个社会长期共同生活形成的多数人体验，不能由法官随意定义和选择。"[4]反证可以在一定程度上弥补这种随意性。最高人民法院通过分配举证责任给出了一个可行的路径。分配给原告较小的举证责任，如上海马桥酒店管理有限公司只需要初步证明上海市闵行区人民政府有可能实施了拆除房屋的行为即可。[5]推定职权主体为实施主体，据此先进行立案，在后续审理程序中再通过职权主体举证等综合判断，予以查明是否有可能是村民自治主体进行了

---

〔1〕 沈岿：《行政行为实施主体不明情形下的行政诉讼适格被告——评"程宝田诉历城区人民政府行政强制案再审裁定"》，载《交大法学》2019年第3期，第168页。

〔2〕 ［日］新堂幸司：《新民事诉讼法》，林剑锋译，法律出版社2008年版，第26页。

〔3〕 参见最高人民法院（2017）最高法行再102号行政裁定书。

〔4〕 孟勤国：《法官自由心证必须受成文法规则的约束——最高法院（2013）民申字第820号民事裁判书研读》，载《法学评论》2015年第4期，第150页。

〔5〕 参见最高人民法院（2017）最高法行再102号行政裁定书。

拆除。对实施主体进行推定充分地保障了当事人的司法可得性。

二、征收拆迁责任主体的确定

征收拆迁中，实施可以分为村民自治主体独立实施、职权主体独立实施、职权主体委托村民自治主体实施三种情况，三种情况下的责任承担需要具体分析。具体分析时，确定享有相应职权和承担相应责任的主体，应当依据相关的法律、法规、规章的规定。

（一）村民自治主体独立征收拆迁的责任承担

1. 村民自治主体不具备征收拆迁的职责

《村民委员会组织法》[1]第 2 条第 2 款规定："村民委员会办理本村的公共事务和公益事业，调解民间纠纷，协助维护社会治安，向人民政府反映村民的意见、要求和提出建议。"可见，村委会承担着一定的社会公共管理职能。《行诉法解释》第 24 条第 1 款规定："当事人对村民委员会或者居民委员会依据法律、法规、规章的授权履行行政管理职责的行为不服提起诉讼的，以村民委员会或者居民委员会为被告。"该款规定表明，我国司法解释认可村委会可以依据法律、法规、规章的授权履行行政管理职责。具体到征收拆迁领域，村民自治主体在其中发挥着怎样的作用，是否具有行政管理职责成为进一步要探讨的问题。

关于村民自治主体对土地使用权的收回。根据《土地管理法》第 66 条的规定："有下列情形之一的，农村集体经济组织报经原批准用地的人民政府批准，可以收回土地使用权：（一）为乡（镇）村公共设施和公益事业建设，需要使用土地的；（二）不按照批准的用途使用土地的；（三）因撤销、迁移等原因而停止使用土地的。依照前款第（一）项规定收回农民集体所有的土地的，对土地使用权人应当给予适当补偿。收回集体经营性建设用地使用权，依照双方签订的书面合同办理，法律、行政法规另有规定的除外。"由此可

---

[1] 本文"涉及的重要理论问题"部分所采用法律均为最新法律，本案适用的法律与本部分法律的版本可能有所不同。但是职权主体履行征收拆迁职责，村民自治主体无征收拆迁职权这一基本论述框架没有改动，分析思路依然适用。

知，农村集体经济组织想要收回村民的土地使用权，需要满足以上三种法定条件，且经原批准用地的人民政府批准。

值得注意的是，上述规定不同于国家对集体土地实施征收的环节。比如，在马源吕案中，最高人民法院认为，"农村集体经济组织可依照法定程序收回土地使用权，并对特定情形下的收回给予土地使用权人适当补偿。但这种情形的土地使用权收回，明显有别于国家的征收行为，属于集体经济组织内部对土地使用权的调整"。[1]

我国目前并未赋予村委会、农村集体经济组织、村民大会或者村民代表会议等组织、实施征收拆迁的职责。因此，村民自治主体不能承担征收拆迁的行政责任。总之，不能以村民自治的形式进行征收，村委会等亦无权力强制村民搬迁或者强制拆除村民的房屋。

2. 村民自治主体独立征收拆迁中的责任

如前所述，村民自治主体尚无征收拆迁的职责，不能以村民自治的方式进行征收拆迁。如果其非法进行征收拆迁，则需要承担相应的法律责任。据《村民委员会组织法》第 36 条第 1 款和第 2 款规定："村民委员会或者村民委员会成员作出的决定侵害村民合法权益的，受侵害的村民可以申请人民法院予以撤销，责任人依法承担法律责任。村民委员会不依照法律、法规的规定履行法定义务的，由乡、民族乡、镇的人民政府责令改正。"据此，对于村委会侵害村民合法利益的征收拆迁决定，受侵害的村民可以诉诸法院，乡镇政府也可以责令其改正。

该追究民事侵权责任的可以通过民事诉讼程序进行。《民法典》第 207 条规定："国家、集体、私人的物权和其他权利人的物权受法律平等保护，任何组织或者个人不得侵犯。"第 120 条规定："民事权益受到侵害的，被侵权人有权请求侵权人承担侵权责任。"第 187 条规定："民事主体因同一行为应当承担民事责任、行政责任和刑事责任的，承担行政责任或者刑事责任不影响承担民事责任；民事主体的财产不足以支付的，优先用于承担民事责任。"

在行政法上，《行政诉讼法》第 75 条规定："行政行为有实施主体不具有

---

〔1〕 最高人民法院（2017）最高法行申 1167 号行政裁定书。

行政主体资格或者没有依据等重大且明显违法情形，原告申请确认行政行为无效的，人民法院判决确认无效。"第 76 条规定："人民法院判决确认违法或者无效的，可以同时判决责令被告采取补救措施；给原告造成损失的，依法判决被告承担赔偿责任。"

如果情节严重，自治组织负责人违法强制拆除他人合法房屋，涉嫌构成故意毁坏财物罪的，权利人可以向公安机关报案，追究其刑事责任。人民法院经审查认为有犯罪行为的，应当将有关材料移送公安、检察机关。[1]《刑法》第 275 条规定："故意毁坏公私财物，数额较大或者有其他严重情节的，处三年以下有期徒刑、拘役或者罚金；数额巨大或者有其他特别严重情节的，处三年以上七年以下有期徒刑。"

（二）职权主体独立征收拆迁的责任承担

首先，应当明确我国集体土地征收的职权主体范围。《土地管理法》第 46 条第 1 款和第 2 款规定："征收下列土地的，由国务院批准：（一）永久基本农田；（二）永久基本农田以外的耕地超过三十五公顷的；（三）其他土地超过七十公顷的。征收前款规定以外的土地的，由省、自治区、直辖市人民政府批准。"第 47 条第 1 款规定："国家征收土地的，依照法定程序批准后，由县级以上地方人民政府予以公告并组织实施。"据此，在我国，集体土地征收就是由省级以上人民政府作出征地批复，县级以上地方人民政府具体组织实施来进行的。[2]

职权主体不能直接进行行政强制执行。《土地管理法实施条例》第 62 条规定："违反土地管理法律、法规规定，阻挠国家建设征收土地的，由县级以上地方人民政府责令交出土地；拒不交出土地的，依法申请人民法院强制执行。"县级以上地方人民政府强制征收拆迁应当先责令交出土地，如果不交则可以申请人民法院强制执行，而不是自己直接进行行政强制执行。

关于职权主体独立征收拆迁的责任承担。行政主体是具有行政管理职权，

---

[1] 参见最高人民法院（2017）最高法行再 102 号行政裁定书。
[2] 其他无权进行征收拆迁的行政机关，如镇政府等越权进行征收拆迁时也可以作为行政诉讼的被告，因此本文职权主体包含此类越权的行政机关。

以自己的名义实施行政活动，且能够对此独立承担行政责任的组织。职权主体作为行政主体，能够独立承担行政责任，在我国，"学者们普遍认为能够承担行政责任的具体体现之一，就是能够作为行政诉讼的被告"〔1〕。《行政诉讼法》第26条第1款规定："公民、法人或者其他组织直接向人民法院提起诉讼的，作出行政行为的行政机关是被告。"职权主体以自己的名义，在职权范围内作出征地拆迁行为，其应为行政诉讼的被告，并承担相应的责任。当然，职权主体在越权的情况下也要承担相应的责任。

（三）征收拆迁行政委托中的责任承担

1. 行政委托和视为行政委托

村民自治主体的实施行为可能是村民自治行为，也可能是接受了职权主体的行政委托。职权主体与村民自治主体直接签订委托拆迁协议的，很容易被认定为职权主体的行政委托行为。这也是行政委托的要式条件。因为行政管理活动是具有公共性的，影响范围和深度都比较大，委托的时候理应谨慎而行，要采取书面的要式条件，并写清楚委托的双方、事项等。

不过，在实践中，假借村民自治的方式来掩盖行政委托的现象也存在，职权主体不会与村民自治主体签订任何书面的委托协议。职权主体想借助村民自治主体来逃避行政责任。此时，村民自治主体往往会成为形式上的实施主体，看起来也像是责任主体，这就导致职权主体的责任难以追究。但是，村民自治主体的责任履行能力往往不强，此时行政相对人的合法权益也难以得到充分的保障。而且，村民自治主体很有可能迫于压力而自认拆除房屋，那么征收拆迁过程中存在的职权主体的意思表示和职权主体的参与也未能很好地体现出来。此时，需要探索视为行政委托的规则来保障行政相对人的合法权益。

比如，在本案中，东仰陵村村委会自认是拆迁主体。且高新开发区管委会、宋营镇政府与东仰陵村村委会并无事前的委托协议，也没有明确的指示。此时，似乎就能表明职权主体与此事变得毫无关系了。最高人民法院认为，

---

〔1〕 王青斌：《行政诉讼被告认定标准的反思与重构》，载《法商研究》2018年第5期，第70-79页。

此类案件中不能仅凭自认来进行认定，还需综合全案证据来看，"一、二审法院未结合刘爱廷提供的视频、录音等证据，以及松庄村城中村改造资金来源、城中村改造后土地归属、迎泽区政府在涉案城中村改造过程中的作用等因素进行全面审查和认定，而是基于松庄村委会的自认，认为迎泽区政府不是本案适格被告，裁定驳回起诉，属于认定事实不清，适用法律错误，依法应予纠正"。[1] 比如本案中，高新开发区管委会主要领导主持召开拆迁动员大会，参与组织南二环东延东仰陵村段拆迁工作的事实并无异议；高新开发区管委会还曾就限期完成该地段征地拆迁工作，专门向宋营镇政府下达《督办函》；东仰陵村村委会送达的落款为 2017 年 10 月 23 日的《通知》也明确，拆迁系为保障南二环东延工程顺利进行，要求被拆迁户自行拆除并到村委会办理拆迁补偿手续，否则将按照法律程序依法予以强制拆除；且高新开发区管委会、宋营镇政府工作人员也出现在强制拆除现场。综合证据和法律规定以及土地实际用途，可以认定自治组织仅系行政机关的行政助手和行政辅助者，犹如其"延长之手"。此案表面上的村民自治主体实施最终被认定为受行政委托实施。可见，村民自治方式与视为行政委托的方式容易混淆，但还是有些许的不同，后续的责任承担也将会不同。且光凭村民自主主体的自认也不能贸然认定是村民自治方式，还需要结合全案证据来将二者仔细区分。

2. 村民自治方式与视为行政委托的区分

职权主体通过假借指导村民自治的方式来掩盖其行政委托的实质。《村民委员会组织法》第 5 条第 1 款规定："乡、民族乡、镇的人民政府对村民委员会的工作给予指导、支持和帮助，但是不得干预依法属于村民自治范围内的事项。"职权主体支持村民自治与视为行政委托两种情形容易混淆，这就涉及如何识别村民自治方式下的征收拆迁行为的性质。当然，前文已述在征收拆迁的过程之中，我国的法律、法规、规章并未赋予村民自治主体相应的职责，其采用村民自治的方式进行征收拆迁已经涉及违法，其责任承担上文也已叙述，此处也仅是确定行为的性质。

如何判断职权主体的参与是对村民自治方式的支持、帮助还是对村民自

---

〔1〕 最高人民法院（2020）最高法行申 5250 号行政裁定书。

治主体的委托？这需要看职权主体参与村民自治的行为性质和参与的程度。关于参与的行为性质，由于征收拆迁过程的多元化，职权主体可能不仅参与了行政活动，但是只有职权主体参与行政活动时才有可能认定为相应的行政委托。如果职权主体知悉自己参与的是征收拆迁活动，这很难说成是单纯对村民自治的支持。关于参与的程度应当综合考虑征收的名义、土地性质的变更与实际用途、补偿款的实际支付方、强制拆迁之中的参与等情形来加以确定。视为行政委托要求职权主体实际上知悉、参与的是征收拆迁等行政活动之中。

（1）查明征收的名义。集体土地的征收是职权主体的职责，且征收过程有着明确的程序和文书。在传统的征收决定中，首先形成的是省级以上人民政府征地批复的文书，然后以县级以上地方人民政府征地公告的方式进行送达。在村民自治的模式下，可能会通过村民会议和村民代表会议的方式和名义进行，或者通过村委会的名义来进行征收拆迁，此时不会形成法定的各种征收文件。如果声称村民自治模式下的征收拆迁之中出现了征收批复、征收公告、征收补偿方案、安置协议这些文书，且以职权主体的名义发出，这都足以证明职权主体的参与。而村民自治主体实际上只相当于征收的形式实施者和协助者。

（2）查明土地性质的变更与实际用途。在我国，集体土地只有经过了征收才可能转为国有土地。如果集体土地最终用作了国有土地，就必然经过了征收这一环节。前述村民自治主体有收回土地使用权的情况。此时，收回的土地可能用于乡（镇）村公共设施和公益事业建设等建设用途。但这时土地的性质仍然是集体建设用地，不会使集体土地这个性质产生变更。因此，如果声称是依据村民自治方式来进行的征收，最后集体土地的性质却变成了国有土地，用作了国有建设用地，这毫无疑问是经过了征收的。而在我国，征收是由相应的职权主体来进行的。此时，行为的性质不是村民自治行为，而是征收活动。

（3）查明补偿款的实际支付方。征收拆迁过程之中的土地补偿费、安置补助费、农村村民住宅以及其他地上附着物和青苗等的补偿费用、社会保障费用等的实际支付方往往关联着实际的征收主体。《土地管理法》第48条第1款规定："征收土地应当给予公平、合理的补偿，保障被征地农民原有生活水平不降低、长远生计有保障。"在我国，征地必然伴随着补偿。补偿的落实方有着明确的规定。《土地管理法实施条例》第32条第4款规定："申请征收土地的县级以上地方人民政府应当及时落实土地补偿费、安置补助费、农村村民住宅以及其他地上附着物和青苗等的补偿费用、社会保障费用等，并保证足额到位，专款专用。有关费用未足额到位的，不得批准征收土地。"可见，补偿是由县级以上地方人民政府来及时落实的。因此，如果在村民自治方式之下，土地、房屋等补偿款的实际支付方居然是职权主体，这很明显是职权主体的意思表示。

（4）查明强制拆迁之中的参与。强制拆迁时，职权主体在其中发挥作用也是其知悉、参与征收拆迁的重要表现。《土地管理法实施条例》第62条规定："违反土地管理法律、法规规定，阻挠国家建设征收土地的，由县级以上地方人民政府责令交出土地；拒不交出土地的，依法申请人民法院强制执行。"县级以上地方人民政府作出责令交出土地，在行政相对人拒不交出时可以申请法院强制执行。这是强制执行的规范化流程。而在村民自治的模式下，村民自治主体无强制执行的职权，其本不应该进行强制拆迁工作。如果是村民自治主体自身违法强制拆迁倒也是只关乎其自身的责任。但是，在现场也可能出现了职权主体的身影，比如其在现场维持秩序、指导工作等。此时，毫无疑问的是职权主体也参与其中了。这时村民自治主体的强制拆迁就可以视为职权主体的行政委托。这一点在最高人民法院的判例之中也得以体现。村民委员会组织实施拆除了当事人房屋，该被强拆房屋在职权主体辖区范围内，职权主体工作人员在强拆现场，法院认定强拆行为是受职权主体的委托实施有相应的事实根据。[1]

总之，村民自治模式下征收拆迁行为的性质，应当综合考虑征收的名义、土地性质的变更与实际用途、补偿款的实际支付方、强制拆迁之中的参与等情形来加以确定。如果是只考虑征收的名义和土地性质的变更，可能只能视为对征收的委托，综合房屋补偿款支付方和强制拆迁之中的参与可以进一步将拆迁视为委托。如果最终确定职权主体实际上知悉、参与了征收拆迁，则应当认定该行为超出了对村民自治的支持、帮助的范围。职权主体有逃避行

---

〔1〕 参见最高人民法院（2020）最高法行申15164号行政裁定书。

政责任，而让村民自治主体来担责之意。这不利于行政相对人的权益保护，也不能反映真实的意思联络和指示、参与的过程。此时，将这种行为视为行政委托，从而可以通过行政诉讼来追究职权主体的责任。

3. 行政委托中的责任

结合上文和大量的判例表明，行政机关对于非公权力主体的行政委托可以不必以自身事前要式的方式完成。可以是行政机关的指示、行政机关内设机构的委托、行政机关设立的非行政组织进行的委托等参与行为，这些都可以视为行政机关的委托。[1]这也就是在说，"只要行政相对人从形式上足以确信非公权力主体是在行使行政机关委托的相关职权，就应当视为行政委托成立"。[2]职权主体参与征收拆迁的深度无须过深，这将有利于行政相对人寻求行政法上的救济。这也是视为行政委托的目的之所在。

《行政诉讼法》第26条第5款规定："行政机关委托的组织所作的行政行为，委托的行政机关是被告。"《行诉法解释》第24条第2款规定："当事人对村民委员会、居民委员会受行政机关委托作出的行为不服提起诉讼的，以委托的行政机关为被告。"因此，在职权主体委托村民自治主体征收拆迁的情况下，职权主体应当是适格被告，是相应的责任主体。而且，即使越权委托了，如征收拆迁的职权主体将本不属于自己的行政强制执行权委托给了村民自治主体，职权主体依然应当为越权的委托和村民自治主体因此实施的行为承担责任。

【后续影响及借鉴意义】

最高人民法院在村民自治主体实施了征收拆迁活动且自认的情况下，提出职权主体对村民自治主体的行政委托不必要以事前要式的方式来进行，职权主体的参与也可视为对村民自治主体的委托。相应的法律责任应由作为委托主体的职权主体承担。此规则一要观察职权主体参与行为的性质，二要观察参与的程度。视为行政委托要求职权主体参与的应当是行政活动，这相对

---

〔1〕 参见最高人民法院（2019）最高法民终93号民事裁定书、最高人民法院（2018）最高法申4165号行政裁定书、浙江省高级人民法院（2017）浙行终1606号行政裁定书。

〔2〕 章剑生、胡敏洁、查云飞主编：《行政法判例百选》，法律出版社2020年版，第233页。

来说是容易区分的。但视为行政委托对于职权主体参与程度有着怎样的要求是一个值得考虑的问题，是需要适度裁量的问题，也是本规则能得以普遍性适用的基础。

在本案之后，视为行政委托的规则在实务中得到了普遍适用。职权主体的组织行为可视为委托的依据。此时，自治主体的实施活动实际上是在职权主体的组织下进行的，是职权主体知悉和认可的。此外，职权主体作出的批复等文件及相关可行性报告等文书材料也可以视为委托的依据，土地的用途也可作为视为委托的考虑要素。比如，经职权主体批复的拆迁方案中明确规定可采用包括责令交出土地、收回土地、责令限期拆除、强制拆除等依据相关法律法规规定职权主体才有权组织实施的强制执行行为，这体现出职权主体的委托之意。再结合土地的性质变更和将用于改善生活环境，提升城市整体形象等行政管理目的的用途，即使是自治主体具体实施，也可视为行政委托。自治主体不具有强制拆除他人房屋的职权，即使自认，其实施的强制拆除房屋行为应视为受行政机关的委托，相应的法律责任应由委托机关承担。[1]可见，这一规则得到了普遍的适用。

学理上在行政主体理论和行政诉讼适格被告等问题上探讨行政委托的情况较多。这两个问题都有着对责任承担的探讨。从视为行政委托的目的来看，这主要是为了解决行政相对人权益受损害后无法寻求行政救济途径的困境。村民自治主体比起职权主体来说责任承担能力确实有限。而且视为行政委托也能更好地反映征收拆迁过程中各个主体的意思表示与联络，也是确定责任承担的细致分析。所以，形式与程度在这里并不是决定因素，外在表现形式可以是职权主体对行政活动的参与而非一定要求事前要式，且其进行参与的程度并不用太深，能从中推断出职权主体的知悉与认可，确认有相关组织行为即可。[2]

（指导教师：张力　中国政法大学法学院副教授）

---

〔1〕 参见最高人民法院（2020）最高法行申100号行政裁定书、山东省滨州市中级人民法院（2021）鲁16行终77号行政判决书、山东省临沂市中级人民法院（2021）鲁13行终3号行政判决书。

〔2〕 参见章剑生、胡敏洁、查云飞主编：《行政法判例百选》，法律出版社2020年版，第234页。

案例十四　重复起诉规则在房屋征收补偿诉讼中的适用

—— 陈前生诉金寨县人民政府房屋行政征收及补偿协议案

吴俊杰 *

【案例名称】

陈前生诉金寨县人民政府房屋行政征收及补偿协议案［（2016）最高法行申 2720 号行政裁定书］

【关键词】

一事不再理　既判力　诉讼系属　行政诉讼全面审查

【基本案情】

2014 年，金寨县人民政府（以下简称金寨县政府）作出金政（2014）34号《关于征收金寨县 2014 年重点民生工程江店棚户区改造项目（一期）规划范围内国有土地上房屋的决定》，决定对规划范围内陈前生等人国有土地上的房屋进行征收，并与其签订房屋征收补偿协议。陈前生向安徽省六安市中级人民法院提起诉讼，诉称金寨县政府滥用职权违法征收土地，强迫其签订房屋征收补偿协议，并拆除房屋，侵犯其合法权益。请求法院判决金寨县政府在 2014 年江店棚户区改造项目工程中的征收行政行为违法；一并判决房屋征收补偿协议无效并予以撤销。另经法院查明，陈前生、张荣平曾于本诉提起

---

* 作者简介：吴俊杰，中国政法大学法学院宪法学与行政法学专业 2022 级硕士研究生。

之前对金寨县政府所作金政（2014）34 号《关于征收金寨县 2014 年重点民生工程江店棚户区改造项目（一期）规划范围内国有土地上房屋的决定》向一审安徽省六安市中级人民法院提起过诉讼。一审法院作出行政判决，驳回诉讼请求。陈前生不服诉至安徽省高级人民法院，安徽省高级人民法院驳回上诉，维持一审判决。另，陈前生曾于 2015 年 10 月就房屋征收补偿协议向该院提起过诉讼，该院以错列被告为由裁定驳回起诉。

一审法院认为，陈前生提起的本次诉讼属于重复诉讼。虽经释明，但陈前生不愿意撤诉。据此依照相关规定作出行政裁定，驳回陈前生的起诉。陈前生不服，提起上诉。

二审法院认为，陈前生对金寨县政府所作房屋征收决定不服，于 2014 年提起行政诉讼要求予以撤销，该院已作出生效判决。现陈前生起诉要求确认金寨县政府作出的房屋征收行为违法，虽然在诉讼请求上表述不同，但均是针对同一行政行为，故应属重复起诉。另对房屋征收补偿协议，陈前生也曾起诉要求予以撤销，对此该院也已作出生效裁定。现陈前生仍以金寨县政府为被告，起诉要求确认该协议无效，同样属重复起诉。故一审法院裁定驳回起诉并无不当。据此作出（2016）皖行终 324 号行政裁定，驳回上诉，维持一审裁定。

陈前生向最高人民法院申请再审称：（1）再审申请人此前针对金寨县政府征收决定提起的诉讼是请求撤销，本次诉讼是请求确认违法；此前针对房屋征收补偿协议提起的诉讼是请求撤销，本次诉讼是请求确认无效。请求不同，内容不同，是截然不同的两个诉讼，因此不存在重复起诉。（2）针对房屋征收补偿协议提起的诉讼目前正在申请再审中，因而不构成重复起诉。请求撤销一、二审裁定，判决金寨县政府在 2014 年江店棚户区改造项目工程中的征收行政行为违法。

针对申请人的第一项再审事由，最高人民法院认为，在前诉中原告提起撤销诉讼，经判决驳回后，即已确认该行行政行为合法，再就同一行政行为提起确认违法之诉，应为前诉之既判力所及，原审法院认定属于重复起诉并裁定驳回起诉，并无不当。此外，针对前诉请求撤销（或确认违法），后诉请求确认无效而言，无论原告的诉讼请求是确认无效，还是请求撤销（或确认违法），法院通常都会对是否违法以及违法的程度作出全面的审查和评价。在对前诉实体上判决驳回之后，后诉即因前诉已经进行了全面的合法性审查而构成重复起诉。针对申请人的第二项再审事由，最高人民法院认为无论前一诉讼进展到何种程度，只要已产生诉讼系属，且符合 2018 年《最高人民法院关于适用〈中华人民共和国行政诉讼法〉的解释》（以下简称《行诉法解释》）第 106 条所规定认定重复起诉的三个条件，后诉便构成重复起诉。

【裁判要旨】

行政诉讼中法院对被诉行政行为的合法性进行全面审查，因此原告在前后两诉中针对同一行政行为分别提起或确认违法之诉，或撤销之诉或确认无效之诉，皆构成重复起诉。此外，无论前一诉讼进展到何种程度，只要已产生诉讼系属，且符合重复起诉的三个条件，后诉便构成重复起诉。

【裁判理由与论证】

本案经历一审、二审与再审，主要涉及以下两个问题。

一、原告行为是否构成重复起诉

根据最高人民法院《关于适用〈中华人民共和国民事诉讼法〉的解释》第 247 条第 1 款的规定，"当事人就已经提起诉讼的事项在诉讼过程中或者裁判生效后再次起诉，同时符合下列条件的，构成重复起诉：（一）后诉与前诉的当事人相同；（二）后诉与前诉的诉讼标的相同；（三）后诉与前诉的诉讼请求相同，或者后诉的诉讼请求实质上否定前诉裁判结果"。具体到本案来说，再审申请人提起本案诉讼之前，曾经分别于 2014 年 9 月和 2015 年 10 月以金寨县政府为被告提起过两起诉讼，诉讼标的也是本案所针对的征收行政行为和房屋征收补偿协议。有所不同的是，针对征收行政行为的前诉，诉讼请求是撤销，后诉则是请求确认违法；针对房屋征收补偿协议的前诉，诉讼请求是撤销，后诉则是请求确认无效。再审申请人以此主张，请求不同，内容不同，因此是截然不同的两个诉讼。

在当事人与诉讼标的相同的情况下，是否构成重复起诉需要考察原告的诉讼请求要件。"通说认为，撤销诉讼的诉讼标的，系由违法性与权利损害两者所构成。换句话说，行政行为的违法性是撤销判决适用条件的核心。如果行政行为构成违法，且对原告的合法权益造成损害，人民法院就应当判决撤销。反之，如果人民法院判决驳回原告要求撤销行政行为的诉讼请求，即产生被诉行政行为并非违法的既判力，当事人不得在后诉中主张行政行为违法，后诉之法院亦受不得确认该行政行为违法之拘束。故原告提起撤销诉讼，经判决驳回后，即已确认该行政行为合法，再就同一行政行为提起确认违法之诉，应为前诉之既判力所及。再审申请人在本案中的第一项诉讼请求即属这种情形，原审法院认定属于重复起诉并裁定驳回起诉，并无不当。"

但是在前诉为撤销之诉（或确认违法之诉），后诉为确认无效之诉中，由于两者评价标准及法律效果存在差异，因此情况相对复杂。法院认为："撤销（或确认违法），在程度上只是一般违法；确认无效，则须达到'重大且明显违法'因而'自始无效'的程度。故此两种诉讼其中之一被判决驳回诉讼请求后，其既判力似乎并不当然地及于另一诉讼。但通说认为，自始无效本身并不是诉之适法性的前提，而是理由具备性问题。实践中，真正的无效确认之诉，主要出现于辅助请求中，或者它是遵照法院的释明采取的一种转换形式。换句话说，即使原告的请求仅是撤销，法院经审理认为达到自始无效的程度，也会判决确认无效；反之，如果原告请求的是确认无效，法院经审理认为仅仅属于一般违法，也会转而作出撤销判决。因此，无论原告的诉讼请求是确认无效，还是请求撤销（或确认违法），法院通常都会对是否违法以及违法的程度作出全面的审查和评价。在对前诉实体上判决驳回之后，后诉即因前诉已经进行了全面的合法性审查而构成重复起诉。"因此，原审法院对该项起诉亦不支持，同样符合法律规定。

二、诉讼系属效力产生的时间

申请人在本诉中请求法院确认房屋征收补偿协议无效，经查，申请人在本诉开始前已针对该协议提起撤销之诉，并且案件仍在审理中，尚未结案。由此，所争议的问题是前诉的诉讼程序究竟应当进展到何种程度，后诉才构成重复起诉的问题。"本院认为，禁止重复起诉的出发点之一在于诉讼系属，而诉讼系属是从人民法院接到起诉状时开始。因此，按照最高人民法院《关于适用〈中华人民共和国民事诉讼法〉的解释》第二百四十七条第一款的规定，也许前一诉讼尚在诉讼过程中，也许前一诉讼已经作出生效裁判，总之，无论前一诉讼进展到何种程度，只要已产生诉讼系属，且符合该条款所规定的三个条件，后诉便构成重复起诉。"

　　综上，陈前生提出的再审申请理由不能成立，其再审申请不符合行政诉讼法中法院应当再审的情形，因此，驳回再审申请人陈前生的再审申请。

【涉及的重要理论问题】

一、行政诉讼的全面审查原则

　　《行政诉讼法》第 6 条规定："人民法院审理行政案件，对行政行为是否合法进行审查。"第 43 条第 2 款规定，人民法院应当按照法定程序，全面、客观地审查核实证据。上述法律规范构成行政诉讼中全面审查原则的制度基础。再结合《行政诉讼法》第 70 条关于行政行为合法性判断的标准，我们可以得出，行政诉讼中的全面审查原则是指人民法院在行政案件审理中，应当不受诉讼请求和理由的拘束，对被诉行政行为的事实根据、法律依据、行政程序、职责权限等方面是否合法，以及行政行为是否符合正当目的、是否存在明显不当的情形进行审查。"无论原告是否对前述六个方面提出异议，人民法院都必须逐一进行合法性审查。"[1] 此外，全面审查原则还体现在二审的审查范围上。行政诉讼二审的范围不同于民事诉讼与刑事诉讼，在民事诉讼中法院仅围绕上诉人的上诉请求进行审查，而刑事诉讼也仅对一审的判决、裁定进行审查。而根据《行政诉讼法》第 87 条的规定："人民法院审理上诉案件，应当对原审人民法院的判决、裁定和被诉行政行为进行全面审查。"即法院在审理上诉案件中，不受上诉范围的限制，既要对被诉行政行为的合法性进行全面审查，也要对一审裁判是否合法进行审查。

　　从理论上看，行政诉讼全面审查原则是与行政法学学科逻辑有着紧密的

----

〔1〕 最高人民法院（2020）最高法行再 28 号行政判决书。

联系。行政法的价值追求就是在公民与国家之间建立起具有稳定性与可预期性的法治关系，为了实现该理想，奥托迈耶提出了法治国的构想，希望行政服膺于法律，因此依法律行政原则是行政法学科的基本价值追求。为了达到该目的，奥托迈耶以司法判决为蓝本，通过模仿司法判决的行使创设出具有明确性、稳定性及可预期性的行政行为概念，使得行政法学学科体系形成了目的与手段一致的价值体系。为了检验行政行为是否符合法律规定，法院可以通过司法审查的方式监督行政机关依法行使职权，保障公民权利的实现。"由此行政法学科体系便形成了'依法律行政原则—行政行为—司法审查'这一逻辑自洽、前后一致且实现价值与逻辑统一的体系。"〔1〕司法审查的核心目的在于确保行政行为符合法律的规定，符合依法律行政原则的要求。此外，我国《行政诉讼法》第1条也规定了我国行政诉讼法的目的为"监督行政机关依法行使职权"。由此可见，行政诉讼的核心要义在于确保行政服膺于法律的规定，原告所享有的是司法审查的发动权，在启动司法程序后，法院可不受原告诉讼请求的拘束，对行政行为是否符合法律的规定进行全面、客观的审查，以达成依法律行政的目标。

　　全面审查原则作为法官审理行政案件的一项基本准则通过判决的转化制度可以影响案件的判决结果。在撤销诉讼中，法院审查的重点在于行政行为是否具有违法性，但是当法院经过全面审查发现，行政行为的违法性已经达到了"重大且明显违法"的程度，由于行政行为在客观上不具有法律的约束力而自始无效，法院应当直接作出确认无效的判决。在确认无效诉讼中，若法院经全面审查认为行政行为的违法性未达到重大且明显违法的程度，应当向原告释明可以变更为撤销诉讼，原告请求撤销行政行为的，应当继续审理案件并作出相应判决。原告请求撤销但是行政行为已经超过法定起诉期限的，裁定驳回起诉。若原告拒绝变更诉讼请求的，判定驳回其诉讼请求。从上述无效判决变更为撤销判决的程序中，我们可以发现，虽然我国行政诉讼承认了全面审查原则，但是并未将全面审查原则彻底贯彻。若彻底贯彻全面审查原则，在行政行为违法但未达到无效的情形下，法院应当依职权主动撤销行

---

〔1〕　赵宏：《行政法学的主观法体系》，中国法制出版社2021年版，第30页。

政机关作出的违法行为，而在判决中不应考虑原告的诉讼请求。这是因为我国行政诉讼的目的不仅是监督行政机关依法行使职权，还在于对公民、法人及其他组织合法权益的保护。这从侧面证明了我国行政诉讼制度并非属于纯粹的客观诉讼，在诉讼制度设计时依然考虑到了原告的公法请求权。

由于我国行政诉讼对全面审查原则的贯彻并非绝对化，因此需要处理全面审查原则与不告不理原则之间的界限。在行政诉讼全面审查原则的制约下，虽然法院可以不受原告诉讼请求和理由的限制对被诉行政行为的合法性进行全面的审查，但是其通常仅适用于诉讼标的为行政行为的单一案件中。然而在申请国家赔偿的案件中，行政赔偿的申请被视为一项独立的诉。"复议机关对被申请复议的行政行为的处理和对一并提出的行政赔偿请求的处理虽可载明于同一行政复议决定中，但彼此可分，因为这两种处理引起的诉讼相互独立。按照不告不理原则，当事人仅挑战其中之一时，人民法院不宜主动审理另外一个并作出裁判。"[1]若复议机关或法院对复议申请书或起诉书中所载的原行政行为一并进行审查，应当视为超出法定审理范围，有违不告不理原则。

回到本案当中，陈前生对金寨县政府作出的征收补偿协议在本诉提起之前已经提起过撤销诉讼，撤销诉讼案件审查的核心焦点在于被诉行为的合法性，在案件审理过程中法官会对征收补偿协议的主体要件、内容要件、程序要件的合法性进行全面、客观的审查。在行政诉讼全面审查原则的指导下，若法官审查认为，征收补偿协议达到一般违法的程度，会作出撤销判决，支持陈前生的诉讼请求；若法官经审查认为征收行为的违法程度已然达到"重大且明显"违法的程度，由于该行为自始无效、当然无效，法官会运用判决转化制度径直作出确认无效判决。然而在前诉中，陈前生已经对本案中所涉及的房屋征收补偿协议提起诉讼，便说明法院已然对该行为的合法性进行了全面的审查，因此陈前生在本诉中针对该行为再行提起诉讼应当构成重复起诉。此外，本案当事人陈前生还对金寨县政府的征收行为提起确认违法之诉，且在前诉中陈前生已经提起了撤销之诉且法院已作出生效判决驳回原告诉讼

---

[1] 最高人民法院（2018）最高法行再128号行政判决书。

请求。然而，撤销之诉与确认违法之诉的审查重点皆为被诉行为的合法性，由于法院在前诉中已作出生效判决，已对征收行为合法性作出过评价，该标的已为前诉判决所拘束，因此本案中原告提起的确认违法之诉应当认定为重复起诉。

在本判决中仅涉及了撤销判决与确认无效判决之间的转化，值得思考的是判决的转化制度是否可以运用在其他的判决类型中？根据《最高人民法院关于审理行政协议案件若干问题的规定》第16条第3款，被告变更、解除行政协议的行政行为违法，人民法院可以依据《行政诉讼法》第78条的规定判决被告继续履行协议、采取补救措施。那么在全面审查原则的指引下，若被告不履行行政协议约定，原告提起履行诉讼，但是法院经审查认为被诉行为违法应当予以撤销，那么此时法院能够依职权主动变更判决类型吗？是否可以参照确认无效判决向撤销判决转化的规定，在释明后原告依然不同意变更请求的情况下驳回原告诉讼请求呢？

二、以一事不再理原则为基础的重复起诉效力与诉讼系属效力

（一）一事不再理原则的历史渊源

一事不再理原则起源于罗马法，以诉权消耗论与当事人之间的认诉制度为理论基础。诉权消耗论是指，一个案件的审理是基于诉权而启动，一旦启动诉讼程序，诉权则被消耗，再度诉讼将不具有诉权根据。[1]"一旦限制同一诉权或请求权只能有一次系属，那么即使允许当事人对同一案件提出诉讼请求，被告也可以实施既决案件的抗辩或者诉讼系属的抗辩，使当事人的诉讼请求不至于诉讼系属。"[2]因此，诉权消耗论实际上便表示了诉讼系属效力。此外，在古代罗马法的请求权体制之下，"认诉"是诉讼成立的基础。如果一个案件再度诉讼就违反了当事人之间的认诉合意，即当事人之间的认诉制度。[3]在近代国家威权主义理论盛行背景下，制度的重点从罗马法遵从当事人的意

---

〔1〕 ［日］中村宗雄：《民事诉讼法学的基础理论》，敬文堂1957年版，第151-152页。
〔2〕 张卫平：《程序公正实现中的冲突与衡平》，成都出版社1993年版，第350页。
〔3〕 ［日］中村宗雄：《民事诉讼法学的基础理论》，敬文堂1957年版，第152页。

志转向了服从国家意志，一事不再理的制度根据也从当事人之间的认诉转向"既决案件的抗辩"，指已经生效的判决具有法的作用，在当事人之间产生了约束作用，这也是当代判决效力中的既判力。由此可知，罗马法中的一事不再理原则逐渐演化成了诉讼系属效力与判决的既判力效力。

（二）一事不再理的依据及意涵

保障当事人的诉权是当下司法改革的核心命题，但是当事人诉权的保障需要有一定的界限，需要与司法资源的有限性、当事人平等利用司法制度的权利等各项因素进行综合考量。在一事不再理制度中，当事人在本诉提起之前，已经就该争议向前诉法院提起诉讼，若允许重复诉讼的提起，则与诉的经济性原则、权利保护必要性原则相违背。"一事不再理原则也有助于节约司法资源，避免法官就同一诉讼进行重复审理，甚至作出矛盾裁判，也避免了行政机关被迫参与不必要的诉讼。"[1]因此在各国诉讼法中皆对重复诉讼行为进行规制。

不同的国家对诉讼系属效力与既判力效力采取的说法不尽相同，大陆法系国家通过诉讼系属效力和既判力的消极效力承担起一事不再理原则的功能，而普通法系国家以既决事项规则和滥用程序规则来实践一事不再理原则的内容。因此各国法律文本中的具体概念表述应当结合该国法律文本的具体语境与相关条款之间的逻辑联系进行全面解释。在我国《行诉法解释》中对于重复起诉条款存在概念错位而导致指涉范围不明确的问题。2018年《行诉法解释》第106条规定："当事人就已经提起诉讼的事项在诉讼过程中或者裁判生效后再次起诉，同时具有下列情形的，构成重复起诉：（一）后诉与前诉的当事人相同；（二）后诉与前诉的诉讼标的相同；（三）后诉与前诉的诉讼请求相同，或者后诉的诉讼请求被前诉裁判所包含。"由此可知，该条款中重复起诉的概念辐射了诉讼系属效力及既判力效力，三者之间存在包含与被包含的逻辑关系。2018年《行诉法解释》第69条规定："有下列情形之一，已经立案的，应当裁定驳回起诉：……（六）重复起诉的；……（九）诉讼标的已为生效裁判或者调解书所羁束的。……"该条款第6项所指的是诉讼系属效

---

〔1〕 最高人民法院（2016）最高法行申2720号行政裁定书。

力，第 9 项所指的是判决的既判力效力。可见，在法律效果的界定中，司法解释将诉讼系属效力与判决的既判力效力并列设置，重复起诉概念与既判力概念之间并不存在包含与被包含的关系，导致了司法解释中对同一法律概念的解释存在冲突。

通过对一事不再理原则流变的梳理我们也可以发现，该概念作为一种制度效果基于诉讼系属效力与判决的既判力而产生，且两者有各自规制的重点与范畴。因此笔者认为，应当将《行诉法解释》第 69 条第 1 款第 6 项"重复起诉的"修改为"已存在诉讼系属的"，既有利于消解法律概念直接的冲突，也有利于区分诉讼系属效力与既判力，引导行政诉讼理论与实务朝着精细化的方向发展。

（三）判断标准

《行诉法解释》中对于重复起诉的判断标准主要参照民事诉讼法的规定，但是行政诉讼中由于诉讼审查重点与诉讼结构有所不同，所以在具体适用上需要对第 106 条中的判断标准进行差异化与具体化的处理。此外，由于诉讼系属效力在时间线上先于既判力效力产生，因此两者之间在判断标准上也有所不同。

1. 在当事人的同一性方面

当事人分为形式的当事人与实质的当事人。前者指判决既判力主观范围所及之人，一般可以通过诉状识别出来；实质当事人是指实体法上权利与义务受到判决所影响之人。诉讼系属与既判力在不同的诉讼阶段发生作用，当事人的同一性存在不同的具体判断标准。在诉讼系属中，由于法院未对案件实体内容进行裁判，判决所指向的实体法律关系主体尚处在未确定的状态，因此该阶段应当以形式当事人标准来确定当事人同一性的范围。在既判力阶段，"法院在判决中对实体法律关系所做的判断会对其他利害关系人产生约束力，可能会产生既判力主观范围的扩张"。[1]因此，在该阶段应当采用实质当

---

[1] 参见田勇军：《行政判决既判力主观范围扩张理论探析》，载姜明安主编：《行政法论丛》第 17 卷，法律出版社 2015 年版，第 222-223 页。

事人的标准来确定当事人的同一性。〔1〕

2. 在诉讼标的的同一性方面

诉讼标的是判断是否构成重复起诉的重要标准。2018 年《行诉法解释》中对于重复起诉标准的判断参照了《最高人民法院关于适用〈中华人民共和国民事诉讼法〉的解释》的规定，相关案例在诉讼标的的判断上也采用实体法说，形成了权利主张说为代表性的观点。权利主张说是德国法的通说，其认为行政行为具有违法性并侵犯了原告的合法权益是行政诉讼的诉讼标的。"在认定诉讼标的时，应当首先确认该行政行为对原告主观权利之损害，同时该确认也意味着对行政行为客观上的违法性之认定，其次需要审查原告是否具有撤销此行政行为的请求权存在。"〔2〕其中，对于行政行为的违法性又细分为整体违法说与个别违法说。前者是指"诉讼标的涉及的违法性事由是整体的，诉讼中双方当事人主张任何违法性事由皆被允许，但判决一旦生效，既判力及于所有的违法性事由，不允许改变事实和理由再次起诉，否则构成重复起诉"〔3〕后者是指"诉讼标的涉及的违法性事由是个别的，在原告选择某一事由起诉后，仍可转换另一事由再诉同一行政行为，不属于重复起诉"〔4〕若采纳个别违法说，当事人会不断变化不同事由针对行政机关作出的同一行为提起多次诉讼，与司法解释制定时重复起诉条款所追求的诉讼经济性原则与一次性化解纠纷原则相悖。整体违法说不仅更有实际意义，有利于减少重复起诉的案件数量，并且有助于"纠正法院以'事实和理由'判断重复起诉。整体违法性说中的事实和理由仅属于'攻击防御方法'，而非诉讼标的本身，且当事人事实和理由之提出也非具有准确性，因而仅是判断的辅助性材料"〔5〕

〔1〕 马立群：《行政诉讼一事不再理原则及重复起诉的判断标准》，载《法学评论》2021 年第 5 期，第 114 页。

〔2〕 梁君瑜：《论行政诉讼中的重复起诉》，载《法制与社会发展》2020 年第 5 期，第 55 页。

〔3〕 马立群：《论行政诉讼标的———以行政撤销诉讼为中心的考察》，载《南京大学法律评论》2011 年第 1 期，第 108 页。

〔4〕 梁君瑜：《行政诉权论：研究对象、现实意义与轴心地位》，载《河南财经政法大学学报》2018 年第 1 期，第 70 页。

〔5〕 张卫平：《重复诉讼规制研究：兼论"一事不再理"》，载《中国法学》2015 年第 2 期，第 53 页。

但在实践当中，采用行政行为作为诉讼标的构成要件会产生一定的问题。传统行政法以撤销之诉为主，撤销之诉主要指向行政行为，以行政行为作为诉讼标的具有一定的合理性。但是随着给付行政的发展，给付之诉、确认之诉等新的诉讼类型不断涌现，原告往往会针对同一行政行为提出不同的诉讼请求，因此权利损害标准无法准确识别重复起诉。由于重复起诉的判断处在诉的合法性阶段，因此实务界通常参照《行政诉讼法》中起诉条件的规定来确定重复起诉的客观标准。《行政诉讼法》第49条第1款规定："提起诉讼应当符合下列条件：……（三）有具体的诉讼请求和事实根据；……"由此可知，当事人提起诉讼的客观范围可以通过诉讼请求与事实根据进行确定。"采用案件事实作为判断标准，可避免行政诉讼标的概念的不确定性，同时案件事实本身也包含了行政行为存在的事实、行政行为的合法性和违法性事实等。因此，案件事实与行政行为之间是一种包含关系，采用案件事实作为判断标准，与实践中通常使用的行政行为标准并不矛盾。"[1]因此可以通过案件事实取代行政行为作为判断标准。

由于在诉讼系属阶段与既判力作用中，案件事实的表现形式有所不同，因此也有必要对二者作出区分。在诉讼系属阶段，案件事实是否相同、是否构成重复起诉应当以当事人向法院递交的起诉状作为判断依据。在既判力作用中，判决中所载明的事实经过案件的调查与证据的证明对实质的当事人产生了约束效力，此时应当以判决书中所载明的案件事实作为是否构成重复起诉的判断依据。

具体到本案当中，由于前诉与后诉的案件事实皆为金寨县政府对陈前生等人国有土地上的房屋进行征收并拆除，在行政诉讼全面审查原则的指引下，法院在对案件进行审查认定时，必然对征收行为及作为征收行为基础的补偿协议之合法性进行全面的审查与认定。在前后两诉中对同一案件事实提起诉讼，应当属于符合重复起诉中的诉讼标的同一标准。

---

[1] 马立群：《行政诉讼一事不再理原则及重复起诉的判断标准》，载《法学评论》2021年第5期，第116页。

3. 在诉讼请求的同一性方面

根据《行诉法解释》第 106 条第 3 项的规定，"后诉与前诉的诉讼请求相同，或者后诉的诉讼请求被前诉裁判所包含"。据此，诉讼请求同一性的判断具体分为两种标准：相同型标准与包含型标准，即前者为前后两诉诉讼请求相同；后者为前后两诉诉讼请求存在包含与被包含的关系。然而相同型标准在实践中并不具有普遍性。在实践中几乎不会出现两种完全相同的诉讼请求，而当事人为了规避法院的审查往往会通过形式变更诉讼请求的策略来规避法院的重复起诉审查。因此，最高人民法院在实践中通常采用更为实质性的标准（包含型标准）对个案予以裁定。"具体而言，诉讼请求的同一性，不仅要判断前后两诉的诉讼请求的表述，也要判断诉讼请求的实质或本质上的内容。如果前后两诉的诉讼请求表述不同，但实质内容相同，也构成重复起诉。"[1]

当事人在前后两诉中提起的诉讼请求是否实质相同可以通过判决的类型予以观察。第一，给付之诉与确认违法之诉。前者审查的重点是被告是否具有法定职责、是否予以履行的问题，后者审查的是行政行为的合法性。究其本质而言两者均是对被诉行为合法性作出判断，诉讼功能存在竞合。但是确认诉讼是一种特别形式的权利保护，并未具有给付之内容，亦不能发生法律关系变动之形成力，不能直接实现起诉人实体法之权利，其效力仅为以判决为宣示性。因此，法院在判决类型的使用顺序上，往往只有在判决履行无实际意义的情况下才会适用确认违法判决，所以前后两诉分别提起给付之诉与确认违法之诉，应当构成重复起诉。第二，撤销之诉、确认违法之诉与确认无效之诉。在我国，撤销之诉、确认违法之诉与确认无效之诉的审查重点均为被诉行为的合法性，但是三者之间的区别在于违法的程度不同。确认违法之诉，适用于行政行为轻微违法或者行为违法但实际履行已无意义的情形；撤销之诉，适用于行政行为一般违法的情形；确认无效之诉，适用于行政行为重大且明显违法，且违法程度为一般理性人均可识别的情形中。按常理来

---

[1] 马立群：《行政诉讼一事不再理原则及重复起诉的判断标准》，载《法学评论》2021 年第 5 期，第 117 页。

说，三种诉讼类型对应的违法程度不同、法律效果不同、判决的功能不同，前后两诉分别提起应当不属于重复起诉。但是按照本案中法院的论证逻辑来看，由于我国行政诉讼实行的是全面审查原则，法院在庭审中会对被诉行政行为的违法性作出全面性的判断，因此当事人在前后两诉中分别提起撤销之诉、确认违法之诉与确认无效之诉应当认定为重复起诉。综上，在行政诉讼中，当事人在前诉中针对同一行政行为提出诉讼请求，无论在后诉中如何主张，皆构成重复起诉。通过上述分析我们同样可以发现，在我国行政诉讼全面审查的背景下，诉讼请求似乎可以作为诉讼标的的下位概念，转而将"诉讼标的和诉讼争点作为判断重复诉讼的客体标准"。[1]

【后续影响及借鉴意义】

本案所涉及的核心争议焦点是重复起诉的识别问题，我国行政诉讼法主要参照民事诉讼法的规定进行简单的移花接木，但是由于两大诉讼制度在审查重点与诉讼结构方面存在较大的差异，因此重复起诉的判断标准主要通过法官经过司法断案积攒经验予以细化与完善。

近年来，我国通过扩大受案范围、立案登记制改革等举措不断打开行政诉讼大门，但在另一方面重复起诉等不当行使诉权的现象也日益增多。究其原因在于："法院对重复起诉条款理解不一致，进而出现法律适用的混乱。此外，部分案件被视为特殊的重复起诉，侧面反映出重复起诉认定的混乱。"[2]该问题涉及我国语境下重复起诉概念的理解、重复起诉判断标准背后对于行政诉讼全面审查原则的解释与运用。只有对其进行深入分析与说理，才能够在将来的司法实践中进行个案引用并深入说理。

不予重复起诉对于防止矛盾裁判、实现诉讼经济效率价值、减少被告的诉累具有积极的意义。本案中，法官结合行政诉讼全面审查原则对重复起诉判断标准进行具体分析，细化了重复起诉原则的具体判断标准，对于原告在

---

〔1〕 张卫平：《重复诉讼规制研究：兼论"一事不再理"》，载《中国法学》2015年第2期，第74页。

〔2〕 李傲、刘晓思：《行政诉讼禁止重复起诉规则的合理适用——以全国法院8869份行政裁定书为样本》，载《社会科学家》2023年第4期，第110页。

前后两诉中针对同一行政行为分别提起或确认违法之诉，或撤销之诉或确认无效之诉，皆认定为重复起诉。此外，无论前一诉讼进展到何种程度，只要已产生诉讼系属，且符合重复起诉的三个条件，后诉便构成重复起诉。其对于防止重复审理的不利益、矛盾判决的危险具有积极的作用。

（指导教师：赵宏　中国政法大学法学院教授）

四　审查标准与判决类型

案例十五　确认利益的学理界定与司法审查路径
——李汴菊诉开封市鼓楼区人民政府征收补偿决定案

夏心盈 *

【案例名称】

李汴菊诉开封市鼓楼区人民政府征收补偿决定案［河南省开封市中级人民法院（2015）汴行初字第 223 号行政判决书、河南省高级人民法院（2017）豫行终 184 号行政判决书、最高人民法院（2017）最高法行申 2290 号行政裁定书］

【关键词】

行政征收　确认利益　诉讼利益

【基本案情】

河南省开封市中级人民法院一审查明：2012 年 10 月 3 日，鼓楼区人民政府张贴公布了《州桥遗址及周边环境整治建设项目房屋征收补偿方案（征求公众意见稿）》；2013 年 3 月 25 日，鼓楼区人民政府作出了《关于对州桥遗址及周边环境整治 2 建设项目实施房屋征收的决定》并进行了公告，同时公

---

* 作者简介：夏心盈，中国政法大学法学院宪法学与行政法学专业 2023 级研究生。

布《州桥遗址及周边环境整治建设项目房屋征收补偿方案》。李汴菊的房屋位于自由路西段1-1-6号，属于征收范围。鼓楼区人民政府房屋征收部门对被征收房屋进行了入户调查登记，对房屋进行了评估。因与李汴菊在征收补偿方案确定的签约期限内未达成补偿协议，鼓楼区人民政府房屋征收部门于2014年6月19日报请鼓楼区人民政府作出补偿决定。鼓楼区人民政府于2014年6月23日作出鼓政征补决〔2014〕004号房屋征收补偿决定。李汴菊不服，申请复议后于2014年10月10日向河南省开封市中级人民法院提起行政诉讼，请求撤销鼓楼区人民政府对其作出的鼓政征补决〔2014〕004号房屋征收补偿决定。另查明，在诉讼期间，鼓楼区人民政府与李汴菊就补偿问题协商未果，2015年1月15日作出对被诉的补偿决定终止执行的决定，并表示将在充分论证的基础上依法重新作出补偿决定；2015年9月1日，鼓楼区人民政府对李汴菊作出鼓政征补决〔2015〕19号房屋征收补偿决定，李汴菊已于2015年11月26日提起行政诉讼。

一审法院河南省开封市中级人民法院认为，李汴菊的诉讼请求是撤销被诉补偿决定，在诉讼期间，鼓楼区人民政府作出终止执行被诉补偿决定，且已重新作出补偿决定，本案被诉的补偿决定实质上已经不再发生法律效力，对李汴菊的权利义务不再有不利影响，其诉讼目的已经实现，再行诉讼已无实际意义。依照《最高人民法院关于执行〈中华人民共和国行政诉讼法〉若干问题的解释》第56条第4项之规定，作出（2014）汴行初字第88号行政判决，驳回李汴菊的诉讼请求。李汴菊不服，提起上诉。

二审法院河南省高级人民法院同一审法院的看法基本一致，故判决驳回上诉，维持原判。李汴菊不服，向最高人民法院申请再审。

【裁判要旨】

继续确认之诉的确认对象是已经失去法律效果的行政行为。行政机关在起诉前或在诉讼进行中自行改变行政行为，尽管原行政行为因此不会再产生法律效果，当事人仍可以就原行政行为提起确认违法之诉或将原来的撤销请求转换为确认违法来继续初始的诉讼。这种对失去法律效果的行政行为提起的诉讼被称为继续确认之诉。

提起继续确认之诉需要存在继续确认的利益。比如，确认原行政行为违法，有利于当事人后续主张国家赔偿等权利；再如，有利于完成对那些随诉讼终结被弃置不顾的法律问题的继续澄清。一般来说，确认利益只存在于违法的负担行政行为中，这是因为即便负担行政行为终结，但其违法后果可能还会延续。若原行政行为合法而作出改变只是因为作为其根据的事实或者法律状态发生变化，或原行政行为的违法性已经被及时治愈或转换，均不认为存在违法后果。

【裁判理由与论证】

最高人民法院在裁定书中逐次论证了三个争议问题，分别是：行政机关能否自行改变行政行为，继续确认之诉须有确认利益，以及复议决定与原行政行为的关系。但实际上，本案的关键在于能否以缺乏确认利益为由驳回诉讼请求，这也正是本案裁判逻辑的核心所在。

一、行政机关可以自行改变其作出的行政行为

最高人民法院认为，行政行为作出后虽对行政机关和行政相对人都具有约束力，但行政机关还是可以在特定条件下自行改变（包括撤销、废止）行政行为的。"这是由行政权自身的特性所决定的——首先，行政机关具有自我纠错的机能；其次，行政行为也要适应新情况，如果原来合法的行政行为因作为其根据的事实或者法律状态发生变化，或者缺乏继续存在下去的利益，行政机关也可以废止或者改变原来的行政行为。"此外，《行政诉讼法》第62条与第74条第2款第2项中都包含了被告改变行政行为的规定，说明行政机关可以自行改变其作出的行政行为。本案正是属于这种情况，鼓楼区人民政府在诉讼过程中已经终止执行被诉补偿决定，且又重新作出了新的补偿决定。

二、继续确认之诉须有确认利益

上述论证实际上是最高人民法院为了引出继续确认之诉所作的铺垫："行政机关在起诉前自行改变行政行为，原行政行为尽管再也不会产生法律效果，当事人仍可以就原行政行为提起确认违法之诉；如果是在诉讼进行中行政机

关改变被诉行政行为，当事人则可以要求继续初始的诉讼，只是将原来的撤销请求转换为确认违法。正因如此，这种诉讼才被称为继续确认之诉。"可见，继续确认之诉的确认对象通常是已经失去法律效果的行政行为。这是因为对于仍处于生效状态的行政行为，当事人可以按照其瑕疵程度分别提起撤销之诉或确认无效之诉；而对于已经失去效力的行政行为，则因为已然无法对其撤销或确认无效而只能转向提起确认违法之诉。

紧接着，最高人民法院明确"继续确认之诉须有确认利益"，并对存在确认利益的情形予以举例说明。"比如，确认原行政行为违法，有利于当事人后续主张国家赔偿等权利；再如，有利于完成对于那些随诉讼终结被弃置不顾的法律问题的继续澄清"。

对于如何更为具体地判断确认利益的存在，最高人民法院作出了进一步的阐述。"这种继续确认的利益，通常只有在被改变的行政行为属于对原告不利的负担行政行为时才会存在，因为该行政行为尽管已经终结，但其违法性曾经存在，违法的后果未必会随着行政行为的终结而自行终结。对于一个授益行政行为而言，由于该行政行为自始就不曾对当事人施与过任何负担，就不会存在确认原行政行为违法的利益。"基于相同的思路，最高人民法院认为如果原行政行为的违法性已被及时治愈或转换，或者原行政行为本身就不违法、作出改变只是因为作为其根据的事实或者法律状态发生变化，那么也就不存在违法的后果，因此这两种情况下也是不存在确认利益的。

三、复议决定与原行政行为的关系

至于再审申请人"因复议决定未被撤销，被诉补偿决定实质上还在发生效力"的担忧，最高人民法院认为，复议机关决定维持，意味着实际上对当事人权利义务产生拘束力的仍然是原行政行为；由于原行政行为经改变已不存在，因此维持该行政行为的复议决定也就没有了任何意义。"在已经被行政机关自行改变的原行政行为不存在确认违法的利益的情况下，已经失去基础的复议决定同样不具备确认违法的利益，也没有单独予以撤销的必要，原审法院以全案驳回诉讼请求的方式结案，并无不妥。"

【重要理论问题】

根据审判权的应有之义，结合立法精神以及司法实践，即便诉具备了法定形式并符合法定程序，人民法院也不一定必须进行实体审理。虽然现有法律未作出明确规定，但诉最终能否获得审理判决还要取决于诉的内容，即当事人的请求是否足以具有利用国家审判制度加以解决的实际价值和必要性。[1]也正是出于对诉这样的理解，最高人民法院逐步将"诉讼利益"及相关概念理论引入我国行政诉讼中，正如本案中的确认利益。

关于确认利益，德国在行政诉讼法中都有相应的规定，但由于司法制度的不同，对于如何在我国行政诉讼的土壤中确立"确认利益"的审查规则，仍需要从学理概念与司法实践层面逐一厘清并深入研究，以提出行之有效的路径建议，这也正是本文分析的重点。

一、概念的厘清：继续确认之诉与确认利益

我国现阶段暂无法定意义上的行政诉讼类型制度，因此裁判里所提到的继续确认之诉以及确认利益的概念，都在我国《行政诉讼法》中无处可寻。可以说，最高人民法院在所作裁判中引入了完全陌生的法学概念，对于这种做法是否恰当，并非本文的讨论范围；但若想完全理解这一裁判，仍需对上述概念进行一定的阐释。

（一）继续确认之诉

继续确认之诉发端于德国法上的续行确认之诉，是确认之诉的一种特殊情形。《德国行政法院法》第113条第1项第4目规定："行政处分前已撤销，或因其他原因已经解消者，法院得依声请以判决确认行政处分为违法，但以原告就此有正当利益为限。"由此可见，继续确认之诉指的是，当涉诉行政行为已被行政机关撤销或者因其他原因而终结时，虽不再具有撤销实益，但由于仍具有特殊的确认利益，而由撤销之诉所转换成的确认行政行为违法的诉讼。该种诉讼类型的起诉规则如下：

---

〔1〕　最高人民法院（2016）最高法行申4989号行政裁定书。

（1）继续确认之诉所要确认的对象应当是已经失去实质效力的行政行为。该条规则的存在主要是从行政行为效力的层面而言，对于仍旧处于生效状态的行政行为，当事人可以按照其瑕疵程度分别提起撤销之诉或者确认无效之诉。而至于已经失去效力的行政行为，则因为已然不存在可以进行撤销或确认无效的行政行为，而只能转向提起确认违法之诉。[1]值得注意的是，该行政行为的失效究竟是发生在撤销诉讼提起之前还是提起之后、判决之前，并非问题的关键所在。也就是说，继续确认之诉的提起并不以撤销诉讼的存在为前提。基于以上对继续确认之诉的理解，本案裁判也首先指出了行政机关"在特定条件下可以自行改变（包括撤销、废止）行政行为"。本案中，由于鼓楼区人民政府已经确认终止了前一决定的执行，因此该行政行为已经确然地丧失效力。

（2）继续确认之诉须有确认利益。确认利益要件在此起到了筛选的功能，主要是在起诉阶段设置门槛，避免权利保护对当事人而言已显得无足轻重时，法院还必须为已终结的行政处分是否违法作出裁判。

唯有同时满足上述两点，一项诉讼才能被认定为继续确认之诉从而获得司法的继续审判。但是，一般而言，判断行政行为是否已经失效并不困难，困难的是如何理解并判断一项诉讼是否具备确认利益。

（二）确认利益

1. 何谓"确认利益"

本案中，法院并没有给予确认利益一个正面的定义，而仅是说明确认利益是对一个完结、失去效力的行政行为继续确认的原因，这可能是由于我国司法实务和学界对确认利益及诉讼利益研究甚少所致。但这种侧面角度的特征化的描述始终让人一头雾水，无法完整地理解这一概念，仍需要进一步的明确。

尽管法院在裁判中并未提及诉讼利益，但在探讨确认利益之前，对该上位概念予以简要说明仍有一定的必要性。在学理上，诉讼利益也称诉的利益，具有三种不同范围的理解：

---

[1] 章志远：《行政诉讼类型构造论》，法律出版社 2021 年版，第 201 页。

（1）最广义理解。认为诉讼利益主要包括三个方面的问题：一是诉讼对象问题，也即诉讼的内容是否属于法院的受案范围；二是当事人适格问题，也即当事人对于诉请是否具有正当利益；三是狭义的诉讼利益问题，或被称为具体利益或者必要性问题，也即从周围情况来看，是否存在足以让法院对诉请作出判断的具体实际利益。[1]

（2）广义理解。认为诉讼利益包括主观与客观两个方面：主观诉讼利益指有无对特定当事人作成本案判决之必要与实效，也即当事人适格问题；客观诉讼利益指就原告的诉讼请求内容有无作成本案判决之必要与实效，也即权利保护必要问题。[2]

（3）狭义理解。诉讼利益单纯指原告有无请求作出本案判决的必要性与实效性，也就是狭义诉讼利益，或称权利保护必要。[3]

近年来，学理和司法判例的发展趋势是使用狭义理解上的诉讼利益，本文中出现的诉讼利益亦是采用这种狭义上的理解。而之所以要对诉讼利益进行一定的介绍，主要是由于从概念发展的角度而言，诉讼利益是一般化的确认利益：十九世纪末，随着确认诉讼逐渐被人们所承认，为了避免确认诉讼被用来确认任何琐事，就需要限制确认诉讼范围的无限扩大，从而诞生了确认利益。确认利益本是确认诉讼的特殊要件，但逐渐被运用于其他诉讼类型中，最终才形成一般观念上的诉讼利益。[4]故诉讼利益在制度架构层面与确认利益都存在许多共通之处，有助于对确认利益概念的厘清。

将目光转回至作为"特殊的诉讼利益"的确认利益，结合德国关于诉讼利益与确认利益的相关立法及学说讨论，大致可以得到：确认利益是指原告有请求确认之正当理由，具体而言，该理由必须是原告的权利或法律上的利益，并不随被诉行政行为效力的消减而同时不存在，且原告有利用确认违法诉讼请求法院提供权利保护之必要时，才能被认为具有确认利益。

---

〔1〕　[日]原田尚彦：《诉的利益》，石龙潭译，中国政法大学出版社2014年版，第2页。

〔2〕　翁岳生编：《行政法》（下册），中国法制出版社2009年版，第1423页。

〔3〕　[日]盐野宏：《行政法Ⅱ行政救济法》，有斐阁2001年版，第143页。

〔4〕　[日]中村英郎：《新民事诉讼法讲义》，陈刚、林剑锋、郭美松译，法律出版社2001年版，第105页。

2. 诉讼利益与确认利益的区别

除去法律特别规定的公益诉讼外，行政诉讼制度旨在为个人提供权利之救济，原告的诉讼能否改善其权利地位或法律状态，为法院是否提供司法救济的要件之一。反面言之，即便提起诉讼亦无法对原告带来法律上的利益，也即不具备权利保护的必要时，法院应当裁判驳回该诉讼。

然而，对于系争起诉有无实益的判断，一般意义上的诉讼利益是从反面判断系争诉讼"是否欠缺"起诉之实益的；若无"欠缺权利保护必要"的情形，即可认定为具备权利保护的诉讼利益。[1]确认利益则是需要从正面检视继续确认之诉"是否具备"诉讼之实益，也即若经判断提起诉讼的原告没有请求确认的正当理由，则不认为系争诉讼具备确认利益。[2]

这种判断标准的不同主要源于二者判断对象的差异。一般意义上的诉讼利益的判断对象主要是生效行政行为，处于生效状态的行政行为凭借其公定力，使任何人不得否认其效力并需要受其拘束。因此，在对生效行政行为提起诉讼时，推定为该行政行为对相对人的权利地位或法律状态仍旧产生实质性的影响，除非存在缺乏诉讼利益的情形对之明确排除。这种反面判断的制度安排，实际上也是行政诉讼制度对公民诉讼权利进行保护的体现，防止随意地认定人民滥用诉讼程序进而拒绝为其提供司法保护的情形出现。

而确认利益的判断对象是已经失去法律效力的行政行为。德国行政法院原则上并没有义务，针对争议标的已不存在的诉的请求，审查其原本的正当性如何。只有当原告就此具有特殊的利益时，其才能强求一实体的裁判。然而，这种制度安排无疑将加重行政相对人在提起诉讼时的证明责任，但这并不是过分苛责，而是对其提出诉讼的有效监督与制约。就最终的裁判结果而

---

[1] 之所以采用"一般意义上的诉讼利益"的说法，是为了将确认违法诉讼与除确认诉讼外的其他诉讼类型相区分。确认违法诉讼具有补充性的特征，其主要是在撤销诉讼、一般给付诉讼、课予义务诉讼等诉讼类型无法提供完整的权利救济的情况下出场；"一般意义上的诉讼利益"主要是针对后者而言，其审查的是"诉讼利益"，而并不区分所谓"撤销利益"或"给付利益"，这是由于它们都存在生效的行政行为这一共性，原则上推定对当事人仍存在实质性的影响，只有在存在反面情形时才予以否认。

[2] 李建良：《行政诉讼上"权利保护必要"的观念与系谱（下）——兼论行政诉讼法上之"欠缺权利保护必要"》，载《月旦法学教室》第 244 期，第 15-16 页。

言，对无法通过司法判决改变的权利损害状态，单纯宣示性地"确认违法"无任何效力，而法院的判决又必须建立在权利保护可能性之上，这种判断标准的设置决定了既重视原告利益的保护又兼顾考虑了诉讼经济原则的重要意义。

试举一例以助理解，甲是某块土地的使用权人，欲在该土地上建筑房舍，向主管机关申请建筑执照，因不合建筑技术规则相关规定而被拒绝，甲不服该决定，依法提起课予义务诉讼。在诉讼进行过程中，主管机关发现该土地位于断层带，于是公告该地为禁止建筑区域。在该例中，由于系争土地已被公告为禁建区，即使甲原本申请之建筑执照符合建筑技术规则相关规定，法院亦无法以课予义务判决主管机关作成甲所申请之建筑执照，从而甲提起之诉即欠缺诉讼利益。但是，行政行为的效力既已不存在，甲能否提起确认违法之诉，请求法院确认主管机关之前驳回其申请的行政行为是违法的呢？这须正面释明由法院判决确认其违法的必要，也即视其有无即受确认判决之法律上的利益（确认利益）而定。由于甲当初即使获得建筑执照，也会因主管机关之后所发布的禁建区公告而无法建筑，故法院应以甲欠缺即受确认判决之法律上的利益为由裁判驳回诉讼。[1]

3. 将确认利益引入我国行政诉讼的背景

有学者认为，在针对法律关系的一般确认之诉中，因确认对象无限定，要求强调确认利益，以防止私人借由确认之诉将法院变成法律或政策咨询机构。然而，我国与德日两国的情况不同，我国行政诉讼法是以行政行为的合法性审查为原则、以行政行为为核心概念建构起来的。我国并无针对法律关系的一般确认之诉，仅有针对行为的确认违法之诉；确认违法判决亦非法律关系确认之诉的判决，而是在撤销诉讼、课予义务诉讼中产生的。因此，这种确认利益存在于我国行政诉讼中的必要性则有待商榷。[2]

这一质疑主要源自我国《行政诉讼法》第 74 条所规定的确认行为违法的亚类型繁多，而非我国本土法系产物的确认利益无法涵盖全部。我国确认违

---

[1] 案件事实参照 OVG Munster, Urteil vom 24. 10. 1979 – X A 295/79, NJW 1980, 1069.

[2] 王贵松：《论我国行政诉讼确认判决的定位》，载《政治与法律》2018 年第 9 期，第 14-23 页。

法判决大致可以归类为情况判决、程序轻微违法的确认行为违法判决和不可撤销行为的确认违法判决。在情况判决中，原告提起的是撤销诉讼，被诉行政行为本应当撤销，只是在利益衡量之后，法院作出确认行为违法判决而不予撤销。可以说，情势判决本质上是撤销诉讼而非确认诉讼的判决形式。对于程序轻微违法的确认判决，从体系解释而言，轻微以上程度的瑕疵适用撤销判决；但程序轻微违法对"原告权利不产生实际影响"，无异于将确认利益排除在这类确认之诉以外。由此可见，该判决在彰显程序价值方面似乎更具积极意义。

典型意义上的确认违法诉讼应当指的是请求法院确认已经失效的行政行为违法的诉讼，所对应的是我国《行政诉讼法》第 74 条第 2 款所规定的不可撤销行为的确认违法判决，这一判决情形主要有两种：一种是行政行为在判决前已经终结，如已被其他行为取代、执行完毕、期限届满等，已无可供撤销的内容或判决撤销已无意义，也即《行政诉讼法》第 74 条第 2 款第 2 项和第 3 项；另一种是事实行为，其原本就没有可以撤销的内容，故无法适用撤销判决。对于前者，行政行为在判决之际已经在实质意义上失去效力；至于后者，不具有法效性的事实行为本身就"不产生任何法律效果，亦即不会对当事人的权利义务产生创设、变更或消灭"，[1]亦无所谓效力消减之问题，不过其仍存在一定后果，如"因违法的事实行为而遭受损害的公民享有相应的清除请求权和恢复原状请求权。除此之外，很可能会产生损害赔偿请求权和补偿请求权"。[2]因此，二者都需要通过确认违法判决予以全面救济之必要。

诚然，不同于直接以法律关系为标的的一般确认之诉，设置确认违法诉讼在于作为撤销诉讼与课予义务诉讼的续接制度，但不能由此即否认确认利益的存在必要性。其诉讼目的是更进一步地确认行政行为的违法性或公法上请求权之存在，保护人民免于公权力侵害，建立起无漏洞权利保护体系。[3]"诉最终能否获得审理判决还要取决于诉的内容，即当事人的请求是否足以具

---

〔1〕 陈慈阳：《行政法总论：基本原理、行政程序及行政行为》，翰芦图书出版有限公司 2005 年版，第 607 页。

〔2〕 ［德］弗里德赫尔穆·胡芬：《行政诉讼法》，莫光华译，法律出版社 2003 年版，第 392 页。

〔3〕 李建良：《行政诉讼十讲》，元照出版公司 2020 年版，第 255 页。

有利用国家审判制度加以解决的实际价值和必要性。"〔1〕最高人民法院设置确认利益要件，正是将其作为行政诉讼的起诉条件之一，以排除当事人无法或不必要通过行政诉讼来改善权利地位而滥用行政诉讼管道的案件，以维护行政诉讼制度的权利保护的效能。因此，确认利益要件的设定，包含防止滥诉的目的，使国家的司法资源能被有效地运用。

二、困境与解决：确认利益的司法审查标准

确认利益被引入我国行政审判已有时日，截至目前共有近 50 件案例明确援引了确认利益。〔2〕经过仔细阅读会发现，对确认利益进行详尽阐释、对其具体适用予以充分说理的均出自最高人民法院所作出的裁判，而地方法院的裁判则多直接援引前者的阐释，径直得出结论，故而也在适用过程中出现了诸多问题。本部分将结合域内外的学界研究与司法实践，对确认利益的司法审查标准进行积极探索，并对确认利益在行政征收案件中的常见体现予以举例说明。

（一）实施困境

肇始于李汴菊案，尽管部分法院亦开始在确认违法诉讼中审查确认利益，但标准并不一致。比如，"徐存镖诉宁波市生态环境局鄞州分局、宁波市生态环境局不履行法定职责案"中，法院认为，尽管被告对原告的信息公开申请逾期答复，但由于被告在原告提出行政复议后即作出了答复，该答复也由原告收到，因此认定原告的起诉"明显不具有继续确认的利益"。〔3〕至于从何处得出如此笃定的判断，法院并没有进一步的说明。又如，"王军宁诉北京市房山区长沟镇人民政府强制拆除决定案"中，法院只是简单地说明被告实施了部分拆除行为，随即认定了继续确认的利益，至于为什么部分拆除行为会使诉讼产生继续确认的利益，法院亦没有展开说明。〔4〕此外，亦存在法院以

〔1〕　最高人民法院（2016）最高法行申 4989 号行政裁定书。

〔2〕　截至 2023 年 7 月，以"行政案由""确认利益"为关键词在中国裁判文书网检索可得到 48篇文书。

〔3〕　浙江省宁波市鄞州区人民法院（2018）浙 0212 行初 231 号行政裁定书。

〔4〕　北京市房山区人民法院（2020）京 0111 行初 117 号行政判决书。

原告未对其存在继续确认的利益作出合理的说明为由，认定原告对继续确认之诉无诉讼利益，驳回原告的起诉。[1]

不仅如此，本裁判将继续确认之诉的对象限定在负担行政行为，认为由于授益行政行为自始就不曾对当事人施与过任何负担，就不会存在确认原行政行为违法的利益。这一做法也隐性地通过确认利益限缩了《行政诉讼法》第74条第2款第2项规定的继续确认之诉的范围。然而，法院真正想要说明的其实是，如果原行政行为合法或违法性被及时消灭时，没有遗留下任何不利影响的话，要求确认原行政行为违法并无实际意义，也即不存在确认利益。法院误将负担行政行为与行政行为产生不利影响或违法后果画等号，产生了授益行为不会产生不利影响的错误观点。紧随其后，法院补充讨论了行政行为失效原因对确认利益的影响，这实际上还是对前文"违法后果"或"不利影响"标准的延续：若行政行为本身并不违法或违法性已经被及时治愈或转换后已成为合法行政行为，自然就无从谈起违法后果问题，可以直接予以否定存在确认利益。

由此可见，本案判决提供了对确认利益的"违法后果"标准并加以举例，这对实务和理论均有一定的参考价值。遗憾的是，尽管不同案件的确认利益需要分别分析，但本案对该标准仅举例式地从行政行为性质和失效原因的角度加以描述，并没有给出具体要件的判断方法，难以施展于差异较大的其他案件中，因此需要进一步的讨论总结。

（二）审查要件

1. 适时性要件：须在法院判决时存在

基于确认违法诉讼的设置目的，适时性要件要求确认利益的认定应着眼于通过法院判决违法确认行政行为违法，得以让原告获得何种法律上的保护；且由于确认违法诉讼的行政行为多半具有持续效力，故应以法院言辞辩论终结时之事实及法律状态为准，判断原告是否具有确认利益，如已经失去效力的行政行为的负面影响是否仍旧存在。此外，认定适时性要件并不以"不明确法律状态必须现实存在或即将到来"为必要，只要达到有一定可能存在的

---

[1] 山东省荣成市人民法院（2019）鲁1082行初19号行政裁定书。

证明程度即可。

2. 正当性要件：法律上所保护之利益

《德国行政法院法》第43条第1项中，将"确认利益"定义为"即受确认判决之法律上的利益"；但在实际判决中，德国行政法院认可了"任何依事件的情况应予承认的，值得保护之法律、经济或理念上的利益，均可满足确认利益的要求"，尽可能承认根据法律精神值得保护的所有利益。[1]

尽管与1990年《行政诉讼法》相比，我国现行《行政诉讼法》不再把原告可诉请保护的权利限定为人身权和财产权，而是概括地表述为"人身权、财产权等合法权益"，使我国行政诉讼救济的权益类型大为放宽，但仍必须是"合法权益"，即"法律上所保护之利益"。[2]"合法权益"仍具有一种法律体系的依赖性，在一定程度上可有效应对立案登记制实行以来的滥诉现象，防止那些无实体法依据的单纯利益进入行政诉讼。[3]

因此，为适应平衡权益保障与遏制滥诉的制度需求，我国法院目前审查确认利益的正当性要件时，应使用"合法权益"作为审查标准，不宜盲目扩张范围。

3. 实益性要件：确认判决有助于原告法律地位之改善

当行政机关将被争议的行政行为撤销时，通常欠缺进一步的确认利益；但假使原告希望厘清一项先决问题，并且厘清该问题能改善其所宣称之特定关系中的地位或给予原告以现实的救济时，则应承认其确认利益。反面言之，即使原告胜诉，但由于事实或法律上的原因，诉讼目的本来就无法达到或已没有任何实际意义，此时应否认原告具有确认利益。

（三）确认利益在行政征收案件中的常见表现

1. 作为请求行政赔偿或补偿的基础

经由法院对行政行为的违法确认，作为提起行政赔偿或补偿诉讼的准备，释明所造成损害的存在，可以作为确认行政行为违法的正当利益。尤其当行

---

〔1〕 BVerwGE 26, 161/168; Buchholz310 § 133 Nr. 45 und 206.

〔2〕 李广宇：《如何裁判行政案件：判例体现的理念与方法》，法律出版社2018年版，第15页。

〔3〕 何天文：《保护规范理论的引入与问题——基于最高法院裁判的观察》，载《交大法学》2019年第4期，第132-145页。

政行为于行政诉讼程序中发生效力消减的情形时，应允许原告将诉讼转换为继续确认之诉，而非另行起诉，这亦符合诉讼经济的要求。[1] 如此即可避免在后续提起的行政赔偿或补偿诉讼中，法院又需要再次处理这一问题。然而，如果行政机关的征收行为在提起行政诉讼之前就已经失效，则应否认其确认利益的存在，向当事人释明更宜一并提起行政赔偿或补偿之诉。

我国司法实践中，对该案件类型的审查重点主要在于原行政行为的损害是否实质上存在，这主要是在判断究竟是否存在合法权益需要保护，也即正当性要件的审查。如"拜朝阳、陈冰剑诉郑州市中原区人民政府案"中，法院认为虽然郑州市中原区人民政府的拆迁行为确有不当，但是"拆迁指挥部与再审申请人签订了《住宅临时过渡拆迁协议》和《住宅附属物拆迁补偿协议》，再审申请人已领取相关拆迁补偿费用，且无证据证明上述协议的签订并非当事人的真实意思表示，以及因房屋拆除行为本身不当导致再审申请人受有其他损失的情况"，故缺少确认利益。[2] 又如，本案中最高人民法院所认为的"当它（指被诉行政行为）被另一个补偿决定替代之后，不会产生任何遗留下来的不利影响"。此外，法院还指出"对于补偿多少的争执，完全可以在针对新的补偿决定提起的诉讼中解决，坚持对已经不存在的原补偿决定进行违法性确认没有任何实际意义"，亦是从实益性要件的角度对确认利益进行了再度否认。

2. 防止违法行为的重复发生

如果行政机关有重复作出与已失效行政行为内容相同的行政行为的可能，即可提起确认违法诉讼，以确立未来的法律适用规则。因重复发生的危险而具备确认利益的前提是：基于与已失效行政行为相同的事实与法律关系，未来也有可能再次出现；若该点完全不确定，就不存在足以正当化确认利益的理由。如"刘廷彬、陈颖诉重庆市渝中区人民政府案"中，行政机关在诉讼过程中虽已自行撤销房屋征收补偿决定，使其失去效力，但鉴于渝中区人民政府尚未作出新的征收补偿决定，故法院认为"其存在错误认定事实所引发

---

〔1〕 李建良：《行政诉讼十讲》，元照出版公司 2020 年版，第 256 页。
〔2〕 最高人民法院（2017）最高法行申 1159 号行政裁定书。

的行政争议仍然存在，陈颖受到损害的权益却并未因 7 号《征补决定》法律效力消失而获得及时治愈。因此，有必要继续对 7 号《征补决定》的合法性作出法律评判，以通过确认之诉充分保障当事人实体权益，防止行政机关再次侵害当事人合法权益"。[1]

不过，这类情形在裁判时容易遭到忽视，在"吕绍云诉安徽省芜湖市人民政府案"中，尽管案件事实与"刘廷彬案"类似，但法院径直认为"仅仅撤销或确认原补偿决定违法并不能彻底地保护其合法权益，只有行政机关在查明事实基础上，公平、公正地作出新的补偿决定，才能解决行政争议，保护当事人的合法权益"，故认定本案诉讼缺乏继续确认利益。[2]

之所以在这类情形中承认"确认利益"的存在，是由于行政机关尚未对原告重新作出房屋征收补偿决定，此时确认原行政行为违法能够明确指出行政机关的错误之处，防止其在新的补偿决定，乃至之后对其他相对人的决定中重蹈覆辙。诚然，相对人可以在之后针对新的补偿决定提起诉讼，以解决补偿方式、数量等问题的争执，但也需要考虑到确认利益的最终目的是使诉讼管道更高效地发挥作用，故不能将目光仅拘泥于本案的诉讼效率，也应着眼于将来可能产生的诉讼纠纷。因此，既然行政机关尚未作出新的补偿决定，相较于在未来的案件中再重新审理该问题争议，不妨直接由已受理该诉讼的法院进行澄清说明。

3. 对基本权利的侵害

征收行为有侵害基本权利的可能性时，其通常足以构成确认利益。不过，在行政征收案件中，几乎所有的案例都触及了公民获得赔偿或补偿的基本权利，再次强调突出或显累赘。因此，更好的做法应是，把"作为请求行政赔偿或补偿的基础"及"防止违法行为的重复发生"，视为主要的适用案件类别，而把各种情况下对基本权利的涉及，都看作确认利益的附加证据。相反，倘若并无上述案件清晰地存在，即使有一项最初受到影响的基本权利，也不能证明确认利益的存在。[3]

---

〔1〕　重庆市高级人民法院（2019）渝行终 224 号行政判决书。

〔2〕　安徽省高级人民法院（2019）皖行终 88 号行政裁定书。

〔3〕　[德] 弗里德赫尔穆·胡芬：《行政诉讼法》，莫光华译，法律出版社 2003 年版，第 336 页。

如"成以公、成以正等诉连云港市海州区人民政府案"中，法院认为"尽管被上诉人海州区政府在一审法院审理过程中作出《变更公告》，将民主路棚户区改造二期项目 F 地块暂不列入征收范围。但上诉人成以公等三人依然认为其合法权益已受到侵害，坚持原诉请。在此情形下，人民法院应对被上诉人海州区政府原作出的征收决定的合法性进行审查，作出相应裁判"。[1] 从实益性要件的角度而言，由于海州区政府已经将行政决定予以变更，成以公等三人若想获得有效权利保护，应当诉请法院撤销变更后的征收决定并重新作出新的征收决定，而非坚持确认已经失效的原征收决定违法。法院如此处理应是希望通过确认判决对案件中争论不休的原征收决定的合法性"盖棺定论"，为行政机关或法院对成以公等三人围绕该争议决定的后续处理奠定基础。可以说，最终的落脚点依然是"作为请求行政赔偿或补偿的基础"，但遗憾的是法院并未详细展开阐述，只是简单地用"合法权益"一笔带过，使本案具备确认利益这一论断的说服力不足。

【后续影响及借鉴意义】

本案的核心价值在于明确了继续确认之诉需要确认利益。在本案之前，对于继续确认之诉，各地法院均认为只要原行政行为违法，即可依《行政诉讼法》第 74 条第 2 款第 2 项判决确认违法，而无须确认利益要件。比如，"罗元昌诉重庆市彭水苗族土家族自治县地方海事处政府信息公开案"即一个典型的继续确认之诉，虽该案被告诉讼期间主动撤销了涉诉行政行为，但因原告仍坚持诉讼，故法院判决确认涉诉行政行为违法，而并未审查原告是否具有确认利益。[2] 在本案之后，如前文所举各例，部分法院开始在审理确认违法诉讼中审查原告是否具有确认利益。此外，如前所述，确认利益要件在我国《行政诉讼法》中应作一定的扩张，也即在作出《行政诉讼法》第 74 条第 2 款各项规定的确认违法判决前，亦应要求诉讼具备确认利益要件。

此外，尽管具备确认利益的情形不限于此，本案仍为确认利益的判断标

---

〔1〕 江苏省高级人民法院（2017）苏行终 918 号行政裁定书。

〔2〕 最高人民法院指导案例 101 号。

准提供了一些思路。不过需要注意的是，后续各地法院引述最多的反而是本案中关于授益性行政行为的观点，这并非识别确认利益最有说服力的裁判理由。由于确认利益被引入我国审判实践时间较短，在起始阶段更适宜的路径应是明确审查要件，对各案进行具体的分析；随着判例的积累，再总结出不同类型的案件中具备确认利益的典型表现，以便利后续法院的审查判断。

（指导教师：张力　中国政法大学法学院副教授）

案例十六　房屋征收行政补偿决定的合法性审查标准

——马塞麦诉甘肃省兰州市七里河区人民政府房屋征收行政补偿案

黄莹莹 *

【案例名称】

马塞麦诉甘肃省兰州市七里河区人民政府房屋征收行政补偿案 〔（2020）最高法行再 13 号〕

【关键词】

行政征收　合法性审查　评估报告

【基本案情】

某项目建设需要征收项目范围内国有土地上的房屋及附属物，马塞麦的位于七里河区××号的房屋在征收范围内。2016 年 11 月 4 日，七里河区人民政府将房屋征收与补偿办公室（以下简称七里河区政府征补办）拟定的房屋征收补偿安置方案予以公布，征求被征收人的意见。2016 年 12 月 5 日，七里河区政府作出兰七国征决字〔2016〕第 13 号《国有土地上房屋征收决定》（以下简称《征收决定》），对案涉项目建设范围内的房屋及附属物进行征收；补偿安置方式为住宅房屋实行货币补偿或现房产权调换，由被征收人自愿选择。签约期限为评估机构选定结果公布之日起第 7 天开始的 20 日内。该决定还对

---

　　* 作者简介：黄莹莹，中国政法大学宪法学与行政法学专业 2022 级硕士研究生。

奖励标准及期限、诉讼及强制搬迁等事宜予以确定。同日，七里河区政府作出兰七国征字〔2016〕第 013 号《国有土地上房屋征收公告》（以下简称《征收公告》），对《征收决定》的内容进行了公布，并将《征收公告》在征收范围内予以张贴告知，后在《兰州晚报》上刊登。

征收范围内的被征收人协商选择兰州中瑞房地产咨询估价有限公司（以下简称中瑞房地产估价公司）为案涉项目房屋征收评估机构。2016 年 12 月 8 日，七里河区政府征补办通告了该评选结果，并确定签约期限为 2016 年 12 月 14 日至 2017 年 1 月 2 日。经七里河区城管执法局委托，中瑞房地产估价公司于 2016 年 12 月 18 日作出兰中瑞估字（2016）第 8089 号《估价报告书》，案涉征收范围内住宅楼房标准价为 4750 元/平方米，临街住宅一楼商铺标准价为 9210 元/平方米。评估机构在此标准下，结合马塞麦房屋的类别、权属状况、结构、面积、修建年代、坐落、用途等情况，对马塞麦承租的有证营业用房评估价为 8665 元/平方米，自建无证房屋评估价为 3397 元/平方米，附着物评估补偿价为 40 元/平方米。评估机构作出《房屋征收价值评估分户表》后，向马塞麦进行了送达。因马塞麦与房屋征收部门在征收补偿安置方案确定的签约期限内未达成安置补偿协议，七里河区政府于 2017 年 1 月 17 日作出兰七国征补字〔2017〕46 号《房屋征收补偿决定书》（以下简称《补偿决定》），于 2017 年 1 月 19 日通过公证送达的方式向马塞麦进行了送达。《补偿决定》的主要内容为：房屋结构为砖木，用途为营业，入户实测建筑面积 40 平方米。经中瑞房地产估价公司评估，房屋评估价格为 8665 元/平方米。因马塞麦与房屋征收实施单位在征收补偿安置方案确定的签约期限内未达成补偿协议，故对马塞麦作出征收补偿决定。被征收房屋货币补偿金额为 381 260 元（在评估价 346 600 元的基础上，上浮 10%）；马塞麦的搬迁费、临时安置补助费、被征收房屋装修及附属物补偿费，由房屋征收实施单位按照征收补偿方案及相关文件规定结算；马塞麦在该补偿决定公告之日起 15 日内与房屋征收实施单位签订《房屋征收补偿安置协议》，将房屋交付房屋征收实施单位拆除。该补偿决定还告知马塞麦申请行政复议或提起行政诉讼的权利、期限及强制执行等事项。马塞麦不服，于 2017 年 7 月 17 日向法院提起诉讼，请求撤销《补偿决定》并判令七里河区政府重新作出合法的行政行为。

一审法院认为被征收房屋及补偿对象的认定正确，被征收房屋价值的认定不合理的主张没有事实依据，附着物价值和搬迁、临时安置补偿等费用的计算标准和补偿金额已在征收补偿方案中有明确规定，且包含了原告停产停业损失。在安置补偿方式的确定上，由于未在签约期限内达成协议，因此以货币补偿方式进行补偿并无不当。征收补偿决定程序亦符合规定。一审法院判决驳回原告诉讼请求。

马塞麦上诉称，被征收房屋价值认定不当，补偿价格过低，且对上诉人房屋没有全面足额补偿，屋内装修价值、机器设备、物资搬迁、停产停业损失未予以补偿。上诉人申请产权调换是《国有土地上房屋征收与补偿条例》（以下简称《征补条例》）赋予公民的选择权，原审法院不予认定违法。此外，其主张作出征收补偿决定程序违法。先选评估机构后发布征收公告、剥夺上诉人补偿方式的选择权，仅送达了《房屋征收价值评估分户表》且与补偿决定书同时收到，导致上诉人申请复核评估和申请鉴定的权利无法行使，程序违法。

二审法院认为，其一，关于上诉人提出被上诉人未进行复核评估、评估面积不准确，补偿价格过低的问题。上诉人收到《房屋征收价值评估分户表》后强调其提出了复核申请，但未提交新的证据支持其主张。而评估房屋面积也不存在测量误差问题。其二，以没有产权调换，剥夺了上诉人选择权的上诉理由不能成立。上诉人在房屋征收补偿安置方案明确规定住宅房屋货币补偿或实行就近现房产权调换两种方式的情况下，对其破墙开店的原公租房及未办理产权证的自建房屋，不同意住宅置换，只要求置换商业用房没有法律依据和事实根据。通过破墙开店，将无证的住宅房屋用于商业经营，并不能因此而改变房屋属性，不能以合法登记的商业用房标准要求置换商铺。二审法院在其他问题上同意原审判决相关观点。

马塞麦不服一审、二审判决，申请再审，主张七里河区政府作出《征收决定》违法，存在未依法进行社会稳定风险评估、未依法公布房屋调查登记结果、未对征收补偿方案履行征求公众意见等程序、未及时公告《征收决定》等情况。其还主张评估机构选定时点有误、停产停业损失和被征收房屋室内装饰装修价值等费用没有予以补偿；评估结果和补偿决定同日送达，导致上诉人申请复核评估和申请鉴定的权利无法行使，程序违法；剥夺了其补偿方式的选择权。

最高人民法院认为，其一，本案中针对《征收决定》主要进行证据审查而非行政行为的合法性审查，七里河区政府作出《征收决定》后，在马塞麦在签约期限内未签订安置补偿协议的情况下，就案涉房屋的征收补偿作出《补偿决定》具备事实基础。其二，并未有明确选定评估机构时点的相关规定，本案中七里河区城管执法局在《征收决定》作出前组织协商选定评估机构，也难以认定违法。其三，并无证据证明案涉房屋的征收对其造成的损失符合停产停业损失补偿条件。被诉《补偿决定》并未确定被征收房屋内装饰装修价值等费用的具体数额，因此本案不对具体数额予以审查。其四，评估结果和《补偿决定》同日送达，剥夺了被征收人申请复核评估及鉴定的机会。其五，《征收决定》对住宅房屋确定的补偿安置方式为货币补偿或现房产权调换，由被征收人自愿选择。案涉房屋属性质为住宅的公租房。即使马塞麦关于案涉房屋属非住宅房屋的主张不能成立，房屋征收部门或房屋征收实施单位也应据实说明，听取意见，保障马塞麦对补偿安置方式的选择权。本案中，没有证据证明马塞麦对案涉房屋的征收补偿放弃了现房产权调换方式。马塞麦提出的再审主张部分成立，七里河区政府作出《补偿决定》主要证据不足。

【裁判要旨】

房屋征收补偿决定行政行为的合法性审查应当包括以下几个方面：一是被征收房屋及补偿对象的认定；二是被征收房屋价值的认定；三是附着物价值和搬迁、临时安置补偿等费用的认定；四是安置补偿方式的确定；五是征收补偿决定程序的合法性。在被诉行政行为是房屋征收补偿决定，而房屋征收决定并非被诉行政行为的案件审理中，房屋征收决定不在合法性审查范围内，应主要进行证据审查。

【裁判理由与论证】

本案的争议焦点是案涉《补偿决定》是否合法。

一、被征收房屋及补偿对象的认定

（一）被征收房屋为合法建筑

案涉原告房屋建于 20 世纪 50 年代，虽没有提供建房许可手续，也没进行过产权登记，但原告一直使用至今，未经有关部门认定为违法建筑。

（二）补偿对象正确

《兰州市国有土地上房屋征收与补偿实施办法》第 37 条第 1 款、第 4 款规定，征收租赁国有直管房屋，房屋征收部门应先行与被征收人签订征收补偿协议，再按承租人选择的补偿方式分别对被征收人和承租人进行补偿。征收租赁其他国有产权的房屋，参照上述款项规定进行安置补偿。案涉房屋系马塞麦承租的其他国有产权性质的住宅房屋。根据案涉房屋所在土地的产权单位、房屋征收部门和房屋征收实施单位的会议纪要内容，该房屋虽属建筑职业学院所有，但按马塞麦享有完全产权对待，因此七里河区政府以马塞麦为补偿对象作出《补偿决定》并无不当。

二、被征收房屋价值的认定

《国有土地上房屋征收与补偿条例》（以下简称《征补条例》）第 19 条第 1 款后半句规定，被征收房屋的价值，由具有相应资质的房地产价格评估机构按照房屋征收评估办法评估确定。第 2 款规定，对评估确定的被征收房屋价值有异议的，可以向房地产价格评估机构申请复核评估。对复核结果有异议的，可以向房地产价格评估专家委员会申请鉴定。一、二审法院认为评估机构将马塞麦承租的房屋按照商业用途认定，评估价确定为 8665 元/平方米，明显高于评估机构认定的征收范围内住宅房屋 4750 元/平方米的标准价。据此价格作出《房屋征收价值评估分户表》，确定被征收房屋的价值并无不当。

"评估机构提供的被征收房屋评估报告是市、县级人民政府作出补偿决定的基础。马塞麦于 2017 年 1 月 19 日领取了《房屋征收价值评估分户表（初始）》。本案并无证据证明该表即是《国有土地上房屋征收评估办法》（以下简称《评估办法》）第 17 条第 1 款规定的分户评估报告。即使该表实属分户评估报告，但由于马塞麦没有表示放弃对评估结果申请复核评估及鉴定的权利，该表与《补偿决定》同日送达，也使马塞麦失去了在《补偿决定》作出前申请复核评估及鉴定的机会。尽管中瑞房地产估价公司对案涉建设项目范围内的被征收房屋作出评估标准价，但在马塞麦对评估结果申请复核评估及鉴定的权利未得到保障的情况下，难以认定该表确定的案涉房屋价值确实不低于类似房地产的市场价格。"

三、附着物价值和搬迁、临时安置补偿等费用的认定

（一）被征收房屋室内装饰装修价值和搬迁、临时安置补偿费

《征补条例》第 25 条第 1 款规定："房屋征收部门与被征收人依照本条例的规定，就补偿方式、补偿金额和支付期限、用于产权调换房屋的地点和面积、搬迁费、临时安置费或者周转用房、停产停业损失、搬迁期限、过渡方式和过渡期限等事项，订立补偿协议。"涉案《补偿决定》中明确，被征收房屋的价值、附属物补偿费及搬迁费、临时安置补助费等按照征收补偿安置方案及相关文件结算，补偿方案未对补偿的具体数额予以明确，被征收人对具体数额不服的，不予审查。

（二）停产停业损失补偿问题

《甘肃省实施〈国有土地上房屋征收与补偿条例〉若干规定》第 14 条规定："符合下列条件的，应当给予停产停业损失补偿：（一）被征收房屋所有权证书载明为经营性房屋；（二）依法取得工商营业执照；（三）依法取得相关生产经营许可手续。"马塞麦提交的相关证据材料难以证明案涉房屋的征收对其造成的损失符合该法第 14 条规定的给予停产停业损失补偿的条件，其请求停产停业损失补偿缺乏事实根据与法律依据。

四、安置补偿方式的确定

《征补条例》第 21 条第 1 款规定："被征收人可以选择货币补偿，也可以选择房屋产权调换。"被征收人自愿选择安置补偿方式，房屋征收部门或征收

实施单位应当听取意见，保障其对补偿安置方式的选择权。本案中，马塞麦不同意住宅置换，其将涉案具备居住条件的无照住宅房屋用于商业经营，不能改变房屋的住宅性质，其提出的按照商铺予以产权调换的要求不当。但房屋征收部门或房屋实施单位应当据实说明、听取意见，保障其选择权，现没有证据证明马塞麦对案涉房屋的征收补偿放弃了现房产权调换方式，七里河区政府在《补偿决定》中将补偿安置方式确定为货币补偿，构成主要证据不足。

五、征收补偿决定程序的合法性

《征补条例》第26条第1款规定，房屋征收部门与被征收人在征收补偿方案确定的签约期限内达不成补偿协议的，由房屋征收部门报请作出房屋征收决定的市、县级人民政府依照该条例的规定，按照征收补偿方案作出补偿决定，并在房屋征收范围内予以公告。

（一）补偿决定的作出与送达

《征补条例》第26条第1款规定，房屋征收部门与被征收人在征收补偿方案确定的签约期限内达不成补偿协议的，由房屋征收部门报请作出房屋征收决定的市、县级人民政府依照该条例的规定，按照征收补偿方案作出补偿决定，并在房屋征收范围内予以公告。本案中，原告与房屋征收部门在规定期限内未达成补偿协议，被告作出补偿决定并送达，符合程序规定。

（二）评估机构的选定时间

《征补条例》和《评估办法》并未明确选定评估机构的时点，《甘肃省实施〈国有土地上房屋征收与补偿条例〉若干规定》亦未明确，"但只要依法保障了被征收人协商选定评估机构的权利，且评估机构能够依法独立、客观、公正地开展评估工作，无论是在征收公告之前，还是之后选定评估机构，都不影响房地产价值的评估"。本案亦无证据显示甘肃省制定的其他规范性文件规定房屋征收决定作出之后方可组织被征收人协商选定评估机构，故难以认定违法。

综上，七里河区政府所作出的《补偿决定》不符合"被征收房屋价值的认定""安置补偿方式的确定"标准,一、二审判决认定事实错误,均应依法撤销。

依照《行政诉讼法》第 70 条第 1 项、第 89 条第 1 款第 2 项及《最高人民法院关于适用〈中华人民共和国行政诉讼法〉的解释》第 119 条第 1 款、第 122 条之规定,判决如下:(1) 撤销甘肃省高级人民法院(2018)甘行终 338 号行政判决;(2) 撤销甘肃省武威市中级人民法院(2017)甘 06 行初 220 号行政判决;(3) 撤销甘肃省兰州市七里河区政府作出的兰七国征补字〔2017〕46 号《补偿决定》;(4) 甘肃省兰州市七里河区政府于本判决生效之日起两个月内就马塞麦位于兰州市××号的公租房的征收补偿重新作出补偿决定。

【涉及的重要理论问题】

本案聚焦房屋征收补偿决定行政行为的合法性审查,对审查标准作了详细总结与阐释,具有典型意义。实践中存在大量的房屋征收补偿争议类诉讼案件,关于合法性审查的标准并不统一。如"李国庆诉上海市静安区人民政府、上海市人民政府房屋征收补偿决定及行政复议决定案"[1]中,人民法院从被诉行政行为职权合法性、程序合法性、实体认定合法性等多个方面进行了审查。"谷玉梁、孟巧林诉江苏省盐城市亭湖区人民政府房屋征收补偿决定案"[2]中,人民法院结合被诉征收补偿决定的形成过程,着重从评估机构的选定、评估事项的确定、评估报告的送达、评估异议以及补偿方式的选择等多个程序角度,分析了亭湖区人民政府征收全过程的程序正当性,进而肯定了安置补偿方式与结果的合法性。从程序合法性、实体合法性两个角度鲜明地指出补偿决定存在的硬伤。"文白安诉商城县人民政府房屋征收补偿决定案"[3]中,人民法院认为在程序合法性方面,依据有关规定突出强调了征收

---

〔1〕　最高人民法院行政审判十大典型案例(第一批)之八:李国庆诉上海市静安区人民政府、上海市人民政府房屋征收补偿决定及行政复议决定案。

〔2〕　最高人民法院发布 8 起人民法院征收拆迁典型案例(第二批)之八:谷玉梁、孟巧林诉江苏省盐城市亭湖区人民政府房屋征收补偿决定案。

〔3〕　最高人民法院发布征收拆迁十大典型案例之五:文白安诉商城县人民政府房屋征收补偿决定案。

决定作出后才能正式确定评估机构的基本程序要求；在实体合法性方面，强调补偿决定认定的被征收人必须适格。"艾正云、沙德芳诉马鞍山市雨山区人民政府房屋征收补偿决定案"〔1〕中，人民法院认为房屋价值评估报告是行政机关作出补偿决定最重要的依据之一，如果评估报告未及时送达，则会导致被征收人申请复估和申请鉴定的法定权利无法行使，进而使得补偿决定本身失去合法性基础。"张维龙诉北京市海淀区人民政府房屋征收补偿决定案"〔2〕中，人民法院认为海淀区人民政府将评估报告作为被诉征补决定的依据，符合法规规定。

可见房屋征收补偿决定行政行为的合法性审查标准还未形成统一认识，因此，房屋征收补偿决定行政行为的合法性审查还应结合学理与实际进一步完善。具体而言，房屋征收补偿决定行政行为的合法性审查应按照下列框架展开。

一、适用法律的审查

在司法审查过程中，要对涉诉房屋征收补偿决定适用法律依据的情况进行审查，具体问题包括是否具有法律依据、法律依据的效力问题、适用是否正确等。房屋征收领域主要涉及的文件有《城市房地产管理法》《征补条例》《评估办法》《城市房屋拆迁补偿、安置协议公证细则》等。

本案中，被诉行政行为以《征补条例》《评估办法》《兰州市国有土地上房屋征收与补偿实施办法》为依据，其中《征补条例》为行政法规，《评估办法》和《兰州市国有土地上房屋征收与补偿实施办法》为规范性文件，法院应当重点审查在行政机关适用三部文件的过程中是否存在违背立法目的、机械适用、曲解条文等适用错误的情形。如根据《征补条例》第19条第2款规定，被征收人对被征收房屋价值有异议的，有权申请复核。而本案中《评估报告》和《补偿决定》一同送达，实质上剥夺了这一权利，属于对《征补条例》第19条第2款的错误适用。

---

〔1〕 最高人民法院发布征收拆迁十大典型案例之四：艾正云、沙德芳诉马鞍山市雨山区人民政府房屋征收补偿决定案。

〔2〕 最高人民法院（2021）最高法行申597号行政裁定书。

二、事实问题的审查

（一）前提行为的审查

1. 对征收决定是否审查及审查程度

对于征收决定是否应当审查，存在两种观点。如有的法院认为，案件是针对被诉补偿决定进行审查，并不直接审查征收决定的合法性，相对人亦未提供关于征收程序违法的相关证据，因此不予支持；[1]还有的法院认为基于行政诉讼"一行为一诉讼"的原则，人民法院审理征收补偿争议主要审查征收补偿决定的内容和程序是否合法，对于作为补偿依据的征收决定的合法性一般不作实体审查，被征收人如对征收决定不服，应依法另行针对征收决定提起行政诉讼。[2]但实践中也有其他观点认为，可以对征收决定较强程度地予以审查，具体操作为不在裁判主文中直接作出认定，而是作为事实证据的一部分。主要原因在于，征收决定的合法性是征收补偿决定的基础。不先行确认征收决定的效力，对征收补偿决定的审查则难以作出正确结论；且一并审查与"一个诉讼一个标的"的原则并不相冲突。[3]

综合两种意见，在实践中对于征收决定的审查态度应当谨慎，在征收决定明显违法的情况下，可以告知原告就征收决定先行起诉，而不宜就相对人并未提起诉讼的征收决定一并作合法性审查。本案中，最高人民法院即明确了不宜对房屋征收决定按照行政行为合法性审查标准进行审查的态度，认为应从关联性、合法性、真实性等方面进行证据审查。

2. 对补偿方案是否审查及审查强度

征收补偿方案是征收决定的一部分，亦是作出补偿决定的依据。[4]实践中，法院在审查征收补偿决定的合法性时，考查其与征收补偿方案的一致性，

---

〔1〕 甘肃省高级人民法院（2021）甘行终 276 号行政判决书。

〔2〕 山东省高级人民法院（2021）鲁行申 177 号行政裁定书。

〔3〕 章文英：《关于房屋征收补偿决定行政案件的司法审查》，载《法律适用》2017 年第 3 期，第 28—36 页。

〔4〕 最高人民法院公布征收拆迁十大案例之二、山东省高级人民法院公布十件典型行政案例之一：孔庆丰苏泗水县人民政府房屋征收决定案。

如"被诉房屋征收补偿决定的内容符合法律及涉案地块房屋征收补偿方案"[1]"按照征收补偿方案的规定作出案涉房屋征收补偿决定，并在房屋征收范围内予以公告，符合《国有土地上房屋征收与补偿条例》第26条的规定，程序合法"。[2]对于征收补偿方案的审查主要集中于征收补偿方案同征收补偿决定是否一致，当征收补偿决定同征收补偿方案不一致时，采取的审查强度有全面审查（对征收方案记载的所有事项进行合法性和全面性审查）、特定审查（只针对原告提出异议的部分进行审查）。宜采取的观点是主要审查当事人提出异议的部分，对直接影响被征收人合法权益的其他事项尽到合理审查职责，如补偿范围、补偿方式、补偿数额等。对征收补偿方案的全面审查增加司法审查的工作量，且其仅作为征收补偿决定的证据。[3]

本案在对补偿方案进行审理时，一审法院认为，征收补偿方案是审查征收补偿决定是否合法的主要内容，因此审查了征收补偿方案的内容，作出程序是否符合行政法规、规章及其他规范性文件的规定，以此来审查征收补偿决定的合法性。而最高人民法院认为，被征收人所称七里河区政府未对征收补偿方案履行征求公众意见等程序，应在以《征收决定》为被诉行政行为的案件中解决，本案不予触及。按照上述观点，法院应当先对征收补偿方案和征收补偿决定是否一致作出判断，对于当事人提出异议的、直接影响被征收人合法权益的事项尽到合理审查。

（二）补偿事实的审查

1. 被征收房屋及补偿对象的认定

（1）被征收房屋的认定。

被征收房屋首先应当是合法建筑。《征补条例》第24条规定，对认定为违法建筑和超过批准期限的临时建筑的，不予补偿。因此，对征收补偿决定进行审查，首先要判断案涉房屋是否为合法建筑。本案中涉案房屋建于20世

---

[1] 上海市高级人民法院（2021）沪行终151号行政判决书。
[2] 山东省高级人民法院（2021）鲁行终357号行政判决书。
[3] 章文英：《关于房屋征收补偿决定行政案件的司法审查》，载《法律适用》2017年第3期，第28-36页。

纪 50 年代，未进行产权登记一直使用至今，未被有关部门认定为违法建筑，因此符合要求。

被征收房屋的性质影响适用的规范内容。如《兰州市国有土地上房屋征收与补偿实施办法》第 37 条第 1 款、第 4 款规定，征收租赁国有直管房屋，房屋征收部门应先行与被征收人签订征收补偿协议，再按承租人选择的补偿方式分别对被征收人和承租人进行补偿。征收租赁其他国有产权的房屋，参照上述款项规定进行安置补偿。

（2）补偿对象应当适格。

《征补条例》第 2 条规定，为了公共利益的需要，征收国有土地上单位、个人的房屋，应当对被征收房屋所有权人（以下简称被征收人）给予公平补偿。作为合法的补偿对象应当是纳入征收范围内的被征收房屋所有权人。本案中，马塞麦系被征收房屋承租人，但是根据涉案房屋所在土地的产权单位、房屋征收部门和房屋征收实施单位的会议纪要内容，涉案房屋所在土地的产权单位自愿放弃 30% 的权益，按马塞麦享有完全产权对待。因此，马塞麦作为补偿对象适格。

2. 补偿数额的审查

（1）房屋价值认定：评估报告的审查。

《征补条例》第 19 条第 2 款规定，对评估确定的被征收房屋价值有异议的，可以向房地产价格评估机构申请复核评估。对复核结果有异议的，可以向房地产价格评估专家委员会申请鉴定。如果被征收人在诉前针对复核结果并未提出异议、申请鉴定，但是在诉中对评估确定的被征收房屋价值有异议的，法院能否对评估报告进行实质审查？实践中存在两种观点，一种观点认为，评估报告作为评估人员个人的认识和判断具有一定的主观性，司法审查的最终性决定了法院仍要对评估方法等进行审查，以确保评估报告合法、真实、有效，保障被征收人合法的征收补偿利益。而另一种观点认为，当事人未就异议提出复核评估的申请，可视为放弃权利，因此法院在诉讼中不应对评估报告进行审查。〔1〕

----

〔1〕　参见韩成军：《行政征收房屋评估争议案件审查要点》，载《人民检察》2022 年第 16 期，第 55-57 页。

第一种观点较为合理。首先，房屋价值评估报告是行政机关作出补偿决定最重要的依据之一，对征收补偿决定的合法性有着重要影响。如果被征收人不能提请法院审查评估报告，那么征收补偿决定的合法性判断也会受到影响。其次，放弃提出复核评估的申请并不当然意味着放弃了诉讼阶段的某项权利。因此，在诉讼阶段应当对评估报告进行实质性审查。

①实体审查。

《评估办法》第13条规定了市场法、收益法、成本法和假设开发法四种评估方法，如果被征收人认为评估机构价值计算方法选用不当或者评估方法应用不当导致房屋价值偏低，法院应当进行审查。被征收人应当根据《评估办法》确定的评估标准承担举证责任，如提供周边同用途同质量二手商品房的市场价格证据等，政府则需要对之进行反证。[1]除评估方法外，还应当审查评估机构是否具有资质、评估人员是否具有资格、评估结论是否错误、评估结论是否明确、评估结论的内容是否完整。[2]

本案中马塞麦认为被征收房屋的价值确定不合理，评估价值偏低，法院对评估方法的应用进行了审查，被征收人未提供有效证据证明评估结论明显不当，最终认定评估机构作出的评估价和《房屋征收价值评估分户表》并无不当，因此对于被征收人的主张不予支持。

②程序审查。

《征补条例》第3条确立了征收补偿应当遵循决策民主、程序正当、结果公开的原则，并对评估机构选择、评估过程运行、评估结果送达以及申请复估、申请鉴定等关键程序作了具有可操作性的明确规定。

评估时点的认定。《评估办法》第10条第1款规定，被征收房屋价值评估时点为房屋征收决定公告之日。但是近年来由于房屋价格波动幅度较大，如果征收决定公告日、签订补偿协议日或者作出补偿决定日、强制搬迁日以及实际支付货币补偿金日之间间隔较大，尤其是确定并支付货币补偿金时点

---

[1] 彭超：《城市房屋征收行政诉讼中对征收补偿争议的司法审查》，载《江淮论坛》2015年第6期，第159-161页。

[2] 耿玉娟：《论房屋征收补偿数额的合理性司法审查》，载《政治与法律》2018年第6期，第73-81页。

明显迟延于房屋价值的评估时点（征收决定公告时点），则难以保障被征收人得到的货币补偿金能够购买到与被征收房屋类似的房地产，无法体现公平补偿原则。[1]但是在征收项目持续时间较长的情况下，不宜仍然将征收决定公告时点作为评估时点。为保证征收补偿工作的公平，宜出台相应解释，将《评估办法》第10条第1款解释为评估时点确定的原则性规定，在原则性规定之外确定例外性规定，如当房屋征收工作正式开始时点与征收决定公告时点间隔超过某一个时间段时，以房屋征收工作正式开始时点作为评估时点。本案中，涉案征收决定于2016年12月5日作出，12月8日选定评估机构，并以征收决定之日作为评估时点，符合《评估办法》第10条第1款规定，且并不属于征收项目持续时间较长可能有损公平补偿原则的情形。

评估机构的选择时间与选择方式。《评估办法》第4条第1款规定，房地产价格评估机构由被征收人在规定时间内协商选定；在规定时间内协商不成的，由房屋征收部门通过组织被征收人按照少数服从多数的原则投票决定，或者采取摇号、抽签等随机方式确定。具体办法由省、自治区、直辖市制定。评估机构的选择时间应当在征收决定作出后，"文白安诉商城县人民政府征收补偿决定案"[2]中，最高人民法院明确强调征收决定作出后才能正式确定评估机构的基本程序要求。且根据《评估办法》第4条第1款的文字表述来看，评估机构应当由被征收人选定，但评估机构的选择时间并非征收决定作出后。根据《征补条例》第16条第1款规定，房屋征收范围确定后，不得在房屋征收范围内实施新建、扩建、改建房屋和改变房屋用途等不当增加补偿费用的行为；违反规定实施的，不予补偿。可见房屋征收范围以及被征收人范围的确定时间和征收决定作出的时间不同，否则此规定就失去了意义。房屋征收范围以及被征收人范围的确定时间在征收决定作出前，因此，评估机构的选择时点应当为房屋征收范围确定后。此外，评估机构的选择方式应当为先协

---

〔1〕　参见房绍坤、曹相见：《论国有土地上房屋征收的"公平、合理"补偿》，载《学习与探索》2018年第10期，第90-97页。转引自韩成军：《行政征收房屋评估争议案件审查要点》，载《人民检察》2022年第16期，第55-57页。

〔2〕　最高人民法院发布征收拆迁十大典型案例之五：文白安诉商城县人民政府房屋征收补偿决定案。

商后随机或多数选择，法院重点审查被征收人对评估机构的选择权。本案中，一审法院认为《征补条例》和《评估办法》对评估机构的选择时点没有明确规定，但只要依法保障了被征收人协商选定评估机构的权利，且评估机构能够依法独立、客观、公正地开展评估工作，无论是在征收公告之前，还是之后选定评估机构，都不影响房地产价值的评估。最高人民法院亦认为，《征补条例》第 20 条第 1 款"房地产价格评估机构由被征收人协商选定；协商不成的，通过多数决定、随机选定等方式确定，具体办法由省、自治区、直辖市制定"及《评估办法》第 4 条第 1 款"房地产价格评估机构由被征收人在规定时间内协商选定；在规定时间内协商不成的，由房屋征收部门通过组织被征收人按照少数服从多数的原则投票决定，或者采取摇号、抽签等随机方式确定。具体办法由省、自治区、直辖市制定"的规定并未明确选定评估机构的时点，《甘肃省实施〈国有土地上房屋征收与补偿条例〉若干规定》亦未明确，本案亦无证据显示甘肃省制定的其他规范性文件规定房屋征收决定作出之后方可组织被征收人协商选定评估机构，故即使七里河区城管执法局在《征收决定》作出前组织协商选定评估机构，也难以认定违法。一、二审法院和最高人民法院未明确选定评估机构的时点，但根据上述论证，选定评估机构的时点应当在房屋征收范围确定后，法院应当审查评估机构是否在房屋征收范围确定后选定。

评估报告的送达。《评估办法》第 16 条第 1 款规定，房地产价格评估机构应当按照房屋征收评估委托书或者委托合同的约定，向房屋征收部门提供分户的初步评估结果。分户的初步评估结果应当包括评估对象的构成及其基本情况和评估价值。房屋征收部门应当将分户的初步评估结果在征收范围内向被征收人公示。房屋价值评估报告是行政机关作出补偿决定最重要的依据之一，如果评估报告未及时送达，则会导致被征收人申请复估和申请鉴定的法定权利无法行使，进而使得补偿决定本身失去合法性基础。[1]《征补条例》第 19 条第 2 款规定，对评估确定的被征收房屋价值有异议的，可以向房地产

---

[1] 最高人民法院发布征收拆迁十大典型案例之四：艾正云、沙德芳诉马鞍山市雨山区人民政府房屋征收补偿决定案。

价格评估机构申请复核评估。对复核结果有异议的，可以向房地产价格评估专家委员会申请鉴定。第 26 条第 3 款规定，被征收人对补偿决定不服的，可以依法申请行政复议，也可以依法提起行政诉讼。法律法规赋予了被征收人一系列程序救济权利，如果被征收人不能获悉价值评估报告，无疑等于剥夺了被征收人的程序救济权。[1]因此，法院还应当重点审查评估报告的送达。本案中，最高人民法院将评估报告视为市、县级人民政府作出补偿决定的基础，在案涉《补偿决定》和评估报告同日送达被征收人的情况下，被征收人实质上失去了在《补偿决定》作出前申请复核评估及鉴定的机会，由于被征收人的权利未能得到保障，审查后认为以该评估报告为基础作出的《补偿决定》，构成主要证据不足。

（2）公平补偿。

《评估办法》第 14 条第 2 款规定，被征收房屋室内装饰装修价值，机器设备、物资等搬迁费用，以及停产停业损失等补偿，由征收当事人协商确定；协商不成的，可以委托房地产价格评估机构通过评估确定。《征补条例》第 22 条对于搬迁费和临时安置费进行了明确规定。第 23 条将停产停业损失补偿的具体办法的制定权赋予了各省、自治区、直辖市。比如《浙江省国有土地上房屋征收与补偿条例》第 29 条规定，征收非住宅房屋造成停产停业损失的，应当根据房屋被征收前的效益、停产停业期限等因素给予补偿。补偿的标准不低于被征收房屋价值的百分之五，具体标准由设区的市、县（市）人民政府规定。《陕西省国有土地上房屋征收停产停业损失补偿办法》第 5 条规定，房屋征收停产停业损失补偿费的方式可以选择房屋产权调换，也可以选择货币补偿。被征收人选择房屋产权调换的，停产停业损失补偿费按被征收房屋评估价值的比例，结合停产停业期限按月支付。被征收人选择货币补偿的，停产停业损失补偿费按被征收房屋评估价值的比例，给予一次性停产停业损失补偿费。被征收房屋评估价值的具体比例由各市、县根据本地实际确定。两省均赋予了各市、县制定补偿具体标准的权利，因此审查时还可能涉

---

〔1〕　张鹏鹏：《房屋评估报告须按规定送达被征收人》，载《人民司法》2014 年第 22 期，第 11-12 页。

及被征收人一并提出的规范性文件合法性审查申请。对于费用及补偿问题，法院在审查时首先应当判断是否符合相应的补偿条件，再结合具体标准审查具体数额。本案中，被诉《补偿决定》中已明确搬迁费、临时安置补偿费、被征收房屋装修及附属物补偿费由房屋征收实施单位按照征收补偿方案及相关文件规定结算，但是并未确定具体补偿数额，不服具体补偿数额的应当另行提起诉讼，在审查《补偿决定》合法性的诉讼中不予审查。在对停产停业损失补偿的审查中，法院认为本案不符合给予停产停业损失补偿的条件，因此该请求缺乏事实根据与法律依据。

三、程序问题的审查

（一）补偿决定的作出与送达

《征补条例》第 26 条第 1 款规定："房屋征收部门与被征收人在征收补偿方案确定的签约期限内达不成补偿协议，或者被征收房屋所有权人不明确的，由房屋征收部门报请作出房屋征收决定的市、县级人民政府依照本条例的规定，按照征收补偿方案作出补偿决定，并在房屋征收范围内予以公告。"因此只有在被征收人与房屋征收部门未在期限内达成补偿协议或房屋所有权人不明确时，房屋征收部门报请市、县级人民政府后，才可根据征收补偿方案作出补偿决定。补偿决定还应当公告。虽然《征补条例》并未对补偿决定的送达进行规定，但是实践中法院均认为，征收补偿决定未送达，对被征收人不产生法律效力。[1]本案中，由于马塞麦与房屋征收部门未在征收补偿安置方案确定的签约期限内达成安置补偿协议，七里河区政府于 2017 年 1 月 17 日作出《补偿决定》，1 月 19 日通过公证送达的方式向马塞麦进行了送达，符合要求。

（二）补偿方式的选择

《征补条例》第 21 条第 1 款规定，被征收人可以选择货币补偿，也可以选择房屋产权调换。

---

[1] 最高人民法院（2018）最高法行申 994 号行政裁定书；河南省漯河市中级人民法院（2019）豫 11 行赔初 64 号行政赔偿判决书；河南省高级人民法院（2017）豫行终 1309 号行政裁定书。

1. 补偿方式的选择模式

补偿方式的确定有两种模式，一种模式是将被征收人在补偿方案确定的签约期限内未作出选择视为放弃补偿方式选择权，如在黄杏元、长沙市开福区人民政府民政行政管理（民政）二审行政判决书〔1〕中，一审法院认为，"该补偿方案明确告知黄杏元可在收到该补偿方案后的 7 日合理期限内书面选择补偿方式，逾期未选择的，将视为放弃选择补偿方式的选择权"。另一种模式是保留被征收人的补偿方式选择权，即根据被征收房屋的情况，分别确定货币补偿的数额或者产权调换的房屋情况，由补偿决定相对人自行选择。主要理由为补偿方式的选择权系被征收人的法定权利，不能因其未能签订补偿协议而丧失。〔2〕

宜采取第二种补偿方式的选择模式。首先，补偿方式的选择权应当贯穿征收补偿的全过程，当未达成签约协议即无法在签约协议中表达个人对于补偿方式的选择时，出于公平原则考虑，被征收人仍然享有这一选择权，而不能由房屋征收部门代替被征收人行使这一权利，否则不仅会导致被征收人权益受损，更有可能造成执行难的问题。此外，未达成签约协议的这一行为并不能推定被征收人对于补偿方式选择权的放弃。本案中，马塞麦与房屋征收部门在征收补偿方案确定的签约期限内未达成补偿协议，根据第二种补偿方式的选择模式，宜认定马塞麦的补偿方式选择权仍然保留，不因其未签订补偿协议而丧失。

2. 产权调换方式的选择限制与审查

在"福州市房地产开发有限责任公司诉福州市土地房屋征收工程处房屋拆迁安置补偿合同纠纷案"中，〔3〕法院首先对拆迁政策是否允许被征收人选择产权调换方式进行判断，再就补偿协议中确定的补偿方式进行分析。可见在我国一些地方政策规定拆迁安置房在一定期限内禁止转让，基于执行效率考虑，作为被执行人的房屋的产权人补偿方式的选择权就必须在程序上受到

---

〔1〕　湖南省高级人民法院（2020）湘行终 1274 号行政判决书。

〔2〕　章文英：《关于房屋征收补偿决定行政案件的司法审查》，载《法律适用》2017 年第 3 期，第 28-36 页。

〔3〕　福建省福州市中级人民法院（2021）闽 01 民终 10145 号民事判决书。

相应的限制。在被执行人另有房屋可供本人及家庭成员居住的情况下，只能选择货币补偿；在被执行人的拆迁补偿款可购置两套以上房产的情况下，就只能选择部分产权调换或部分货币补偿，以避免被执行人选择全部房屋产权调换的补偿方式，从而造成新的执行难问题。[1]

《征补条例》第21条规定，被征收人选择房屋产权调换的，市、县级人民政府应当提供用于产权调换的房屋，并与被征收人计算、结清被征收房屋价值与用于产权调换房屋价值的差价。产权调换方式不仅是简单地提供房屋，还应当考虑被征收人的意愿。比如，"武汉市武昌南方铁路配件厂诉武汉市洪山区人民政府房屋征收补偿决定案"中，法院认为，洪山区人民政府针对南方铁路配件厂的规划用途为工业配套、实际亦用于生产的厂房，提供10套住宅用于产权调换，这与南方铁路配件厂秉持的通过产权调换获得新厂房、征收后继续生产经营的意愿及需要严重不符，实质上限制了南方铁路配件厂对补偿方式的选择权，洪山区人民政府也未能举证证明南方铁路配件厂的上述意愿违反法律强制性规定或客观上无法实现。据此，2号补偿决定设定的房屋产权调换方式不符合行政行为合理性原则的要求，因而属于明显不当的情形。[2]对于被征收人提出的具有可行性的合理要求应当予以满足，否则属于变相剥夺了补偿方式的选择权。[3]若被征收人提出的具有可行性的合理要求确实无法满足，则被征收人只能选择货币补偿方式，法院着重审查房屋征收部门提供的因正当理由确实无法满足的证据。

本案中，不存在拆迁政策不允许被征收人选择产权调换方式的情况，且未签订补偿协议并不影响被征收人对于补偿方式的选择权。马塞麦对其破墙开店的原公租房及未办理产权证的自建房屋，不同意住宅置换，只要求置换商业用房。一审法院认为被征收人通过破墙开店，将无证的住宅房屋用于商业经营，并不因此改变房屋属性，不能以合法登记的商业用房标准要求置换

---

〔1〕 顾永乐：《对不动产的强制执行——以所有权瑕疵为问题》，载《人民司法（应用）》2017年第28期，第105-109页。

〔2〕 最高人民法院发布9起产权保护行政诉讼典型案例之四：武汉市武昌南方铁路配件厂诉武汉市洪山区人民政府房屋征收补偿决定案。

〔3〕 章文英：《关于房屋征收补偿决定行政案件的司法审查》，载《法律适用》2017年第3期，第28-36页。

商铺，故进行货币补偿符合本案实际。最高人民法院审查认为，即使马塞麦关于案涉房屋属非住宅房屋的主张不能成立，房屋征收部门或房屋征收实施单位也应据实说明，听取意见，保障马塞麦对补偿安置方式的选择权。马塞麦关于产权调换请求的不成立不能当然认为其放弃了产权调换方式，七里河区政府将补偿安置方式确定为货币补偿，剥夺了其选择权。

【后续影响及借鉴意义】

本案系统总结了征收补偿决定行政行为合法性的审查标准，根据这一标准，法院应当从被征收房屋及补偿对象的认定，被征收房屋价值的认定，附着物价值和搬迁、临时安置补偿等费用的认定，安置补偿方式的确定，征收补偿决定程序的合法性五个方面进行审查。实践中，虽然存在大量的征收补偿决定争议案件，但对于审查标准并未有过系统总结与解释。在房屋征收补偿决定行政行为的合法性审查范围还未形成统一认识的情况下，本案的系统总结与解释对于之后的案例有着一定的指导作用。

结合本案法院所给出的系统标准，本文总结出了完整的对于征收补偿决定行政行为合法性审查的框架，囊括适用法律的问题、事实问题和程序问题，既是对本案裁判要旨的总结，也是在总结学理与实践经验的基础上对于本案裁判要旨的提升。其中，法律问题主要涉及对于征收补偿决定的作出是否具有法律依据、法律依据的效力问题、适用是否正确等的审查；事实问题中明确了对于征收决定和补偿方案等前提行为的审查与否及审查程度，在补偿事实的审查部分，涵盖了被征收房屋及补偿对象的认定和补偿数额的审查，其中也涵盖了对于评估报告的实体性审查和程序性审查；在程序问题的审查部分，集中于补偿决定的作出与送达、补偿方式的选择两个方面的程序合法性判断。

（指导教师：胡斌 中国政法大学法学院讲师）

案例十七　行政征收补偿协议中承担给付
责任的适格主体及约定内容的效力
——辽宁省葫芦岛开发区管委会与李震其他
行政征收补偿协议纠纷再审案

姚清寻 *

【案例名称】

辽宁省葫芦岛开发区管委会与李震其他行政征收补偿协议纠纷再审案[辽宁省葫芦岛市中级人民法院（2016）辽 14 行初 105 号、辽宁省高级人民法院（2017）辽行终 987 号、最高人民法院（2020）最高法行再 311 号]

【关键词】

征收补偿协议　行政委托　适格被告　给付责任　合意

【基本案情】

葫芦岛市龙港区人民政府（以下简称龙港区政府）根据葫芦岛市政府（以下简称葫芦岛市政府）的工作安排，以龙港区政府的名义对葫芦岛经济开发区的集体土地进行征收。经辽宁省人民政府批准征收后，龙港区政府、龙港区北港街道牛营村村委会、龙港区北港街道东营村村委会于 2013 年 8 月 9 日联合发布（2013）第 08 号《辽宁省葫芦岛市龙港区人民政府征收土地方案公告》。葫芦岛市国土资源局龙港分局、牛营村村委会、东营村村委会于 2013 年 8 月 29 日联合发布（2013）08 号《辽宁省葫芦岛市国土资源局龙港分局

---

　* 作者简介：姚清寻，中国政法大学法学院宪法学与行政法学专业 2022 级硕士研究生。

征地补偿安置方案公告》。开发区管委会根据征地补偿安置方案，具体实施征收补偿工作。2014 年 3 月，开发区管委会向龙港区政府和国土资源局龙港分局作出承诺，严格按照法定程序和标准开展地上附属物及青苗补偿工作。2014 年 5 月 20 日，开发区管委会与房屋征收中心签订《征用补偿委托合同》，开发区管委会将征用补偿工作委托房屋征收中心实施。同日，开发区管委会制订东营村、牛营村地上附着物补偿方案。

李震在其父亲承包的土地上经营"辽宁省葫芦岛市龙港区李震观赏鱼养殖场"，并于 2014 年 4 月 23 日取得《个体工商户营业执照》，所承包的集体土地在被征收范围内。征收过程中，房屋征收中心委托评估公司对李震的承包土地上附属物进行评估，评估时间自 2014 年 5 月 23 日至 2014 年 12 月 30 日。因动迁工作的需要，评估公司于 2014 年 7 月 23 日出具关于李震的"辽宁省葫芦岛市龙港区大棚征收估价结果通知单"，对李震补偿 1 459 110 元。2014 年 9 月 27 日，龙港区马仗房刑侦中队介入调查关于李震养殖场的相关情况，该刑侦中队对涉案购鱼合同的卖方谷林清进行了询问，《询问笔录》的内容表明李震于 2014 年 6 月从谷林清处购买了 6000 元左右的鱼苗。2014 年 9 月 28 日，李震签署"关于李振（震）户养殖签订协议告知说明"，该说明明确"三次（种）补偿由本人自愿选择其一：1. 按评估所出具的 1 459 110 元签订，由本人承担所有法律责任；2. 按第一次评估所出具的 304 160 元签订，由本人承担所有法律责任；3. 按公安部门调查的结果签订协议。最终经本人同意，愿承担所有手续的合法性并承担一切后果，选择评估所出具的 1 459 110 元签订协议。"2014 年 9 月 28 日，房屋征收中心制作《补偿审批表》，对李震补偿 1 459 110 元。该《补偿审批表》中有房屋征收中心经办人陈某、谭某及复核人王某签字，经该单位领导审批"按本人选择的标准"并盖章，李震签字确认。《补偿审批表》并未约定补偿款的给付期限，但在二审期间李震与房屋征收中心均同意按《补偿审批表》签订后两个月确定给付期限。2014 年 12 月 30 日，评估公司出具李震的"辽宁省葫芦岛市龙港区大棚征收评估报告"，该报告评估结果为 1 459 110 元，同日又出具一份"辽宁省葫芦岛市龙港区大棚征收估价结果通知单"，其估价结果 1 459 110 元。李震多次要求房屋征收中心支付该补偿款未果，故于 2016 年 6 月 1 日诉至法院，请求被告履行补偿协议并支付相应利息损失。

【裁判要旨】

征收实施单位受征收部门委托，在委托范围内从事的行为，被征收人不服提起诉讼的，应当以征收部门为被告。但征收实施单位以自己的名义与被征收人签订征收补偿协议，在委托范围内、在行政征收过程中与征收部门共同行使行政管理职能的，基于合同相对性原则和保护被征收人利益的考量，法院可以将征收实施单位作为被告。

作为征收补偿委托的委托人，征收部门应当承担受委托人签订的行政征收补偿协议的给付责任，亦需承担因逾期履行而造成行政协议相对人补偿款利息损失的责任。

法院审理行政协议案件，可以参照适用民事法律规范关于民事合同的相关规定，可以适用民事法律规范判断行政协议的效力和履行问题。征收补偿协议的内容成为各方实际履行的根据，签署方应当按照约定全面履行自己的义务。对于征收补偿协议中补偿依据虚假的情形，在不违反法律法规的强制性规定的前提下，其争议纠纷以签署方约定的内容为依据进行判决。

【裁判理由与论证】

本案的争议焦点和可论证分析的要点如下：本案适格被告及给付责任的承担主体；基于《补偿审批表》的性质及行政协议当事人约定内容的效力，应否支持原告依据《补偿审批表》主张鱼苗和鱼收益补偿的诉讼请求；应否给付原告相应利息。

一、本案适格被告和承担给付责任的适格主体问题

一审法院认为，龙港区政府是根据葫芦岛市政府的工作安排，以龙港区政府的名义对葫芦岛经济开发区的集体土地进行征收。经辽宁省人民政府批准征收后，开发区管委会根据征地补偿安置方案具体实施征收补偿工作。之后，开发区管委会与房屋征收中心签订《征用补偿委托合同》，开发区管委会将征用补偿工作委托房屋征收中心实施。本案系李震请求履行补偿协议并支付相应利息损失的案件，根据协议签订的当事人，可以确认葫芦岛市政府、

龙港区政府、葫芦岛住建局不是本案的适格被告。房屋征收中心是全民所有制企业，但在本案行政征收过程中受开发区管委会的委托与开发区管委会共同行使行政管理职能，故本案的被告应当是开发区管委会、房屋征收中心。

二审法院认为，开发区管委会是对案涉土地负责征收补偿工作的具体实施部门，房屋征收中心受开发区管委会委托与李震签订了征收补偿协议，即《补偿审批表》。因此，开发区管委会与房屋征收中心为本案适格被告，葫芦岛市政府、龙港区政府、葫芦岛住建局不是本案的适格被告。

再审法院认为，"承担给付责任的适格主体"是本案的争议焦点之一。本案签订《补偿审批表》的双方当事人为房屋征收中心和李震。开发区管委会与房屋征收中心于 2014 年 5 月 20 日签订的《征用补偿委托合同》证实开发区管委会将征收补偿工作委托房屋征收中心实施，开发区管委会系委托人。《补偿审批表》是开发区管委会委托房屋征收中心与李震所签订，房屋征收中心的相关责任应由开发区管委会承担，故开发区管委会作为委托人对李震负有相应的给付责任。

二、应否支持原告依据《补偿审批表》主张鱼苗和鱼收益补偿的诉讼请求

一审法院认为，评估公司出具的评估报告不符合行业操作规范，其内容不能作为签署《补偿审批表》的合法依据。房屋征收中心与李震签署《补偿审批表》时对评估内容未尽合法性审查，且违反法律规定，开发区管委会未尽行政管理职责，《补偿审批表》损害社会公共利益，依据 1999 年《合同法》第 52 条第 4 项、第 5 项规定[1]，认定《补偿审批表》内容无效，因此李震要求房屋征收中心履行补偿协议并支付利息的理由不能成立，判决驳回原告诉讼请求。

二审法院认为，一审法院对评估结论不予采信，理据充分，并无不当，但征收补偿协议是征收部门为履行行政职责、实现行政管理目标，与被征收

---

[1] 1999 年《合同法》第 52 条第 4 项、第 5 项规定："有下列情形之一的，合同无效：……（四）损害社会公共利益；（五）违反法律、行政法规的强制性规定。"《民法典》颁布后，上述条文内容涉及民法典第 153 条。

人就征收补偿数额等问题经过协商一致所达成的协议。行政协议案件不同于普通行政案件的最大区别在于，行政协议案件的前提是各方当事人协商一致达成的协议，协议内容成为各方实际履行的根据。因此，本案征收补偿协议是双方协商一致的结果，评估结论并非签订征收补偿协议的必要条件。征收补偿协议中征收部门的利益属合同一方当事人的利益，不属于公共利益的范畴。签订协议时，房屋征收中心在明知评估结论存在问题的情况下，允许李震选择该评估结论确定的数额签订补偿协议，是为了实现行政管理目标就案涉征收补偿所作出的让步，本案征收补偿协议系双方在协商一致的基础上所达成，不存在 1999 年《合同法》第 52 条规定的无效情形，应属有效，双方应按协议约定全面履行自己的义务。开发区管委会、房屋征收中心应按《补偿审批表》确定的数额 1 459 110 元履行给付补偿款的义务，并承担因逾期履行给李震所造成的损失。

再审法院认为，开发区管委会不应支付《补偿审批表》中的鱼苗和鱼收益补偿，理由如下：

一是《补偿审批表》确定鱼苗和鱼收益补偿的依据虚假。根据一审法院查明的事实：征收过程中，房屋征收中心委托评估公司对李震的承包土地上附属物进行评估，评估时间自 2014 年 5 月 23 日至 2014 年 12 月 30 日。刑侦中队对于谷林清的《询问笔录》证实李震于 2014 年 6 月从谷林清处购买了 6000 元左右的鱼苗。同时，刑侦中队《询问笔录》以及李震在一审庭审中的自认证实李震与谷林清之间签订的购买鱼苗合同并未履行，系虚假买卖合同。

二是有关行政机关按照《补偿审批表》确定的数额支付李震补偿款需满足"手续合法"的前提条件。2014 年 9 月 28 日，李震签署的说明载明："三次（种）补偿由本人自愿选择其一：1. 按评估所出具的 1 459 110 元签订，由本人承担所有法律责任；2. 按第一次评估所出具的 304 160 元签订，由本人承担所有法律责任；3. 按公安部门调查的结果签订协议。最终经本人同意，愿承担所有手续的合法性并承担一切后果，选择评估所出具的 1 459 110 元签订协议。"李震签订该说明时明确承诺自己的所有手续合法，且愿意承担一切后果。房屋征收中心以此为前提与李震签订《补偿审批表》。鉴于李震提供的购买鱼苗合同存在虚假情形，故其主张依据《补偿审批表》给付鱼苗和鱼收益补偿款未满足"承担所有手续的合法性"的条件。鉴于《补偿审批表》中确定的鱼苗和鱼收益的补偿数额与事实相悖，故对李震依据《补偿审批表》诉求有关行政机关支付鱼苗和鱼收益的补偿请求不予支持。

三、给付原告相应利息的问题

在对李震依据《补偿审批表》诉求有关行政机关支付鱼和鱼收益的补偿请求不予支持的基础上，再审法院认为，各方当事人对于《补偿审批表》中除鱼苗和鱼收益补偿外的其他部分的补偿款无争议，有关行政机关应支付李震无争议部分的补偿款。开发区管委会仍负有给付李震除去鱼苗和鱼收益的补偿款 329 110 元的责任，亦需承担因逾期履行给李震所造成的损失。经二审法院认定，《补偿审批表》未约定补偿款的给付期限，在询问过程中李震与房屋征收中心均同意按《补偿审批表》签订后二个月确定给付期限。房屋征收中心于 2014 年 9 月 28 日制作《补偿审批表》，因此开发区管委会作为委托人应承担赔偿李震补偿款利息损失的责任（自 2014 年 11 月 28 日起至实际给付之日止）。《国家赔偿法》第 36 条第 7 项规定，返还执行的罚款或者罚金、追缴或者没收的金钱，解除冻结的存款或者汇款的，应当支付银行同期存款利息。《最高人民法院关于审理民事、行政诉讼中司法赔偿案件适用法律若干问题的解释》第 15 条第 1 款规定，《国家赔偿法》第 36 条第 7 项规定的银行同期存款利息，以作出生效赔偿决定时中国人民银行公布的一年期人民币整存整取定期存款基准利率计算，不计算复利。参照上述规定，有关利率应当以作出生效判决时中国人民银行公布的一年期人民币整存整取定期存款基准利率作为计付利息的标准。

【涉及的重要理论问题】

一、行政委托与行政授权的界分

（一）性质：行政职权的授予与代行

关于行政授权，学界对其定义具有不同的观点，本文采用以下定义：行政授权是指单项法律、法规、规章直接决定或通过其明确的授权性规定由行政机关间接决定将某方面或某项行政职权授予行政机关以外的组织行使并独立承担相应责任的行政职权配置方式，行政授权实质上是行政职权的授予。[1] 行政授权必须有明确的法律依据并符合法定方式，包括由单项法律、法规、规章明确规定的直接授予和由特定行政机关依据单项法律、法规、规章的明确授权性规定而间接授予，若无明确规定，所谓"授权"应当视作一种"委托"关系。行政授权的法律效果之一是使被授权组织取得所授予行政职权的主体资格，创设了新的行政主体，被授权组织在被授权范围内以自己的名义独立行使行政职权。

行政委托是实质上是行政职权的代行。行政委托是指行政主体在其职权和职责范围内，根据行政管理的实际需要自行决定将其行政职权或行政事务委托给另一行政主体或其他组织，以及特殊情况下委托给个人受委托者以委托者的名义行使行政职权、实施行政管理行为并由委托者承担法律后果。行政委托的职权来源是行政主体的委托行为，不发生行为效果的转移和行政主体资格的变化，委托者与委托对象之间是一种外部关系性质的专项代理关系。

行政委托具有事项和对象上的限制条件。在事项的限制上，原则上应当是在人员不足、时间紧迫、专业人员水平和技术装备暂时不适应行政管理的客观需要等情况下进行行政委托。在对象的限制上，如根据《行政处罚法》第21条的规定[2]，针对国家权力强制性特点比较突出的行政职权，原则上不直接委托个人实施，且社会组织成为受委托者也应受到严格约束；又例如《征补条例》第5条第1款规定，房屋征收部门可以委托房屋征收实施单位，承担房屋征收与补偿的具体工作，但房屋征收实施单位不得以营利为目的。经查验，房屋征收中心是符合征收补偿委托法定条件的全民所有制企业，满

---

[1] 参见莫于川：《行政职权的行政法解析与建构》，载《重庆社会科学》2004年第A1期，第74-81页。

[2] 《行政处罚法》第21条规定："受委托组织必须符合以下条件：（一）依法成立并具有管理公共事务职能；（二）有熟悉有关法律、法规、规章和业务并取得行政执法资格的工作人员；（三）需要进行技术检查或者技术鉴定的，应当有条件组织进行相应的技术检查或者技术鉴定。"

足行政委托的限制条件。

（二）行政授权和行政委托的区别

在职权配置的载体上，行政授权的载体是单项法律、法规、规章的授权条款，包含直接授权和间接授权，授权组织的职权来源于法律法规的授予，行政授权具有单方面意志性，不以授权组织的同意为前提，授权组织不得拒绝授权。行政委托的载体是委托行使行政职权、办理行政事项的协议书或委托书，其职权来源于行政主体，这种委托关系体现为一种合约关系，需征得委托组织的同意。[1]

在职权配置的主体和对象上，行政授权的职权配置主体是单项法律、法规、规章的制定主体，对象是行政机关内设机构和派出机构以及其他组织。行政委托的职权配置主体是实施委托行为的行政主体，对象是符合法定条件的有关行政组织、社会组织以及接受行政委托的特定个人。

在职权性质和行使职权的名义上，行政授权的被授权组织在被授权范围内以自己的名义独立行使行政职权，实施行政行为。行政委托的受委托者不能独立行使职权，须以委托者的名义行使行政职权，委托者和受委托者之间是行政代理关系，与民法上的代理理论具有一致性。[2]

在职权配置行为的效果和行使职权的法律后果上，行政授权产生新的行政主体，动态地行使行政职权，该行政主体独立承担法律责任。行政委托不发送行为效果的转移，不产生新的行政主体，只产生新的行为主体，其行使职权行为的法律后果由作出委托行为的行政主体承担法律责任。

在本案中，开发区管委会与房屋征收中心于 2014 年 5 月 20 日签订《征用补偿委托合同》。开发区管委会将征收补偿工作委托房屋征收中心实施，体现为一种需征得房屋征收中心同意的合约关系，从职权配置的载体和表现形式上体现出此行为属于行政委托。从职权配置的主体和对象上，经查验政务公开的信息，开发区管委会是葫芦岛市政府的派出机构，属于经法律、法规、

---

〔1〕　参见张树义、罗智敏主编：《行政法学》，北京大学出版社 2021 年版，第 83-84 页。

〔2〕　参见王青斌、游浩寰：《浅析行政委托》，载《广西大学学报（哲学社会科学版）》2003 年第 1 期，第 79-82 页、第 90 页。

规章授权的授权组织，作为房屋征收部门行使相关职权并未超出法定授权范围，开发区管委会是独立承担法律责任的行政主体，而房屋征收中心仅是符合征收补偿委托法定条件的全民所有制企业，属于受委托者，不能独立行使职权，其行使职权行为的法律后果由开发区管委会承担。

二、征收补偿协议诉讼中的被告认定和承担给付责任的适格主体

在一审中，葫芦岛市政府、龙港区政府、葫芦岛市住建局、开发区管委会、房屋征收中心均主张自己并非适格被告。《行政诉讼法》第 73 条规定："人民法院经过审理，查明被告依法负有给付义务的，判决被告履行给付义务。"因此，对本案的适格被告问题分析不仅决定案件被告的认定，也关系到"承担给付责任的适格主体"这一最高人民法院认为的本案争议焦点问题。

经过对本案事实的分析，本案适格被告认定问题的解决，不仅需要查明受征收部门委托的征收实施单位在委托范围从事的行为被起诉时的相关法律法规的特别规定，还需要分析、厘清本案存在的主体瑕疵问题，即房屋征收中心并未以开发区管委会的名义签署《补偿审批表》，而是以自己的名义签署这一征收补偿协议，这导致了学理分析与司法实践的偏差，需要结合关联裁判进一步分析最高人民法院判决中认定被告的目的和逻辑。

（一）征收补偿协议诉讼中的关于被告认定的规范分析

依据本案查明的事实，龙港区政府是根据葫芦岛市政府的工作安排，以龙港区政府的名义对葫芦岛经济开发区的集体土地进行征收。经辽宁省人民政府批准征收后，由开发区管委会根据征地补偿安置方案具体实施征收补偿工作，开发区管委会是独立的机关法人，可以对外独立承担法律责任，属于本案中的征收部门。之后，开发区管委会与房屋征收中心签订《征用补偿委托合同》，开发区管委会将征用补偿工作委托房屋征收中心实施。

《行政诉讼法》第 26 条第 5 款规定："行政机关委托的组织所作的行政行为，委托的行政机关是被告。"《最高人民法院关于审理行政协议案件若干问题的规定》（以下简称《行政协议案件规定》）第 4 条第 2 款对受委托者订立行政协议发生纠纷的被告认定作出具体解释："因行政机关委托的组织订

的行政协议发生纠纷的，委托的行政机关是被告。"在关于征收补偿的特别规定方面，《最高人民法院关于适用〈中华人民共和国行政诉讼法〉的解释》第25条规定："市、县级人民政府确定的房屋征收部门组织实施房屋征收与补偿工作过程中作出行政行为，被征收人不服提起诉讼的，以房屋征收部门为被告。征收实施单位受房屋征收部门委托，在委托范围内从事的行为，被征收人不服提起诉讼的，应当以房屋征收部门为被告。"《国有土地上房屋征收与补偿条例》（以下简称《征补条例》）第5条第2款规定："房屋征收部门对房屋征收实施单位在委托范围内实施的房屋征收与补偿行为负责监督，并对其行为后果承担法律责任。"虽本案中的征收补偿并非仅涉及房屋，但关于房屋征收补偿的被告认定和责任承担的特殊规定对本案具有一定的借鉴意义。

（二）本案适格被告和承担给付责任主体认定的裁判思路检视

根据上述法律、法规和司法解释的规定，本案中的被告应当是开发区管理委员会。但为何本案判决的适格被告是被认定为开发区管委会和房屋征收中心？一审法院的理由是，根据协议签订的当事人，房屋征收中心在本案行政征收过程中受开发区管委会的委托与开发区管委会共同行使行政管理职能。二审法院的理由是，开发区管委会是对案涉土地负责征收补偿工作的具体实施部门，房屋征收中心受开发区管委会委托与李震签订了《补偿审批表》。再审法院的裁判文书并未论及被告认定，而是分析了承担给付责任的适格主体，认为《补偿审批表》的双方当事人为房屋征收中心和李震，《补偿审批表》是开发区管委会委托房屋征收中心与李震所签订，房屋征收中心的相关责任应由开发区管委会承担。

本案中，房屋征收中心并未以开发区管委会的名义签署《补偿审批表》，而是以自己的名义签署这一征收补偿协议，法院默认了《补偿审批表》的签署方房屋征收中心为适格被告，这就导致了学理分析与司法实践的偏差。市、县级政府或其确定的房屋征收部门，是《征补条例》第25条所确定的征收补偿协议行政一方，但是司法实践却打破了这种立法设定，经检索相关司法判决，没有法律、法规、规章授权的受委托的组织，以自己的名义订立协议的现象大量存在。

上述学理分析与司法实践的偏差体现出行政协议案件中一类常见的问题，即在没有法律、法规、规章授权的受委托者经有权主体的委托，以自己的名义签订行政协议的情形下，如何确定案件被告？

行政诉讼中适格被告的认定需要检视当事人能力和当事人适格，本案中房屋征收中心是否为适格被告，则需要判断其是否具有作为一般程序法律效果归属的一般资格，也需要判断其于本案中于诉讼上请求之权利义务关系如何，是否可以经选择作为个案中权利义务之归属主体。[1]根据《行政诉讼法》规定，我国具有被告能力的主体仅包括两类，即"行政机关"和"法律、法规、规章授权的组织"。对于被告适格的考量需要关注开发区管委会和房屋征收中心是否具有实施要素和独立责任要素。实施要素是指具有行政诉讼被告能力的机构或组织要在具体诉讼中成为适格被告，必须是作出或委托作出被诉行为的机构或组织；独立责任要素强调行政机关将在法律上本应由其实施的行政行为委托其他机构或组织来实施，该行为的法律后果应由委托的行政机关独立承担。[2]经查验，房屋征收中心系全民所有制企业，其虽然是委托作出被诉行为的委托组织，但不属于行政机关和法律、法规、规章授权的组织，在传统行政诉讼制度意义上没有被告能力，无被告资格。

而本案认定开发区管委会和房屋征收中心是适格被告，从三级法院的理由中可以推测存在以下几点考量：

第一，基于合同相对性原理的考量。在论证本案被告的过程中，一审、二审和再审法院都提及《补偿审批表》的双方当事人为房屋征收中心和李震，以论证其为适格被告。根据行政委托的法理，在受托范围内，受托人所为行为的法律责任，应由委托人来承担。将委托组织作为适格被告并直接认定委托主体为具备资格的行政主体的裁判思路，目的是在不突破合同的相对性原则的前提下，让具备行政主体资格的委托主体来承担受托组织所为行为的责任。

合同的相对性原则是指非合同当事人不得请求合同权利，也不必承担合

---

〔1〕 参见翁岳生编：《行政法》（下册），中国法制出版社2009年版，第1367-1370页。

〔2〕 参见沈岿：《行政行为实施主体不明情形下的行政诉讼适格被告——评"程宝田诉历城区人民政府行政强制案再审裁定"》，载《交大法学》2019年第3期，第162-176页。

同义务。〔1〕最高人民法院也曾有裁判主张行政协议应坚持合同的相对性原则。〔2〕从多数征收补偿协议和签署时的实际情况来看，行政委托关系对于协议相对的私主体一方而言，存在并不显现的情况，委托组织以自己的名义独立为意思表示并实际履行合同内容，被征收人有理由相信委托组织就是协议的相对人。若仅将开发区管委会作为本案适格被告，有认为征收补偿协议之外的委托主体才是协议的当事人之嫌，一定程度从形式上违背了合同的相对性。

第二，将委托组织以自己名义签约视为代理显名原则的例外情况，其并未违反行政职权法定原则。有观点将代理理论引入行政委托法理中来描述行政委托中权力变动的真实样态，以解释委托组织以自己的名义签约的法理逻辑。〔3〕公法上的代理显名原则，是对民事代理理论的借鉴。民法理论上认为，代理人为被代理人实施法律行为时，为保护交易第三人的利益，原则上须显示被代理人的名义。但是，显名原则旨在保护第三人，当本人名义是否显示对于第三人的利益状况不构成影响时，允许构成显名原则的例外。〔4〕在行政法律关系中，行政行为实施主体须显名意在保护行政相对人及利益相关人，在征收补偿协议中，如若显名不影响私主体的利益时，应允许类推适用例外规则。

借助代理理论及其显名原则的例外进行分析可以得出，委托组织以自己的名义订立的征收补偿协议，此时行政一方的真正主体还是法定的有权主体。法院将开发区管委会和房屋征收中心都作为适格被告，既未违反行政职权法定原则，又兼顾了合同的相对性原则的要求。这不属于以合同相对性原则来论证协议文本上的签约主体具有行政主体资格，使得开发区管委会不能借由委托房屋征收中心的方式逃脱担当被告的责任。正如最高人民法院在另一案

---

〔1〕 参见李永军：《合同法》，法律出版社 2010 年版，第 386 页、第 408 页。

〔2〕 "在行政协议诉讼中可以适用不违反行政法和行政诉讼法强制性规定的民事法律规范。在民事合同法律规范中，合同相对性原则具有基础地位。"最高人民法院（2016）最高法行申 2719 号。

〔3〕 参见陈洁：《行政协议中行政主体资格的审查——以房屋征收补偿协议为例》，载《公法研究》2021 年第 1 期，第 183—210 页。

〔4〕 参见朱庆育：《民法总论》，北京大学出版社 2016 年版，第 335—336 页。

件中的主张，行政主体资格层面上的职权法定原则不宜突破。[1]

第三，基于保护被征收人利益和行政协议争议实质性解决的考量。行政协议的实际签约方可能仅具有一定程度上的形式意义。在行政协议案件中，协议签约主体、实施行政协议行为的主体、行政协议权利义务归属的主体可能是相分离的。比如，本案中协议签约主体和实施行政协议行为的主体为房屋征收中心，但行政协议权利义务归属的主体实际上是开发区管委会，呈现出较为混乱和分离的特点。在判断行政协议报告的过程中，以实施要素和独立责任要素作为判断被告能力和被告适格的严格标准不利于实现保护公民、法人和其他组织的合法权益的行政诉讼法目的。在上述主体分离的情形下，仅对开发区管委会进行诉讼，不利于行政协议争议的实质性解决。

（三）本案给付责任的承担主体

《行政诉讼法》第 73 条规定："人民法院经过审理，查明被告依法负有给付义务的，判决被告履行给付义务。"如上文所述，借助代理理论及其显名原则的例外进行分析，委托组织以自己名义订立的征收补偿协议，此时行政一方的真正主体还是法定的有权主体。《征补条例》第 5 条第 2 款的规定对本案具有指导意义，征收部门应对征收实施单位在委托范围内实施的房屋征收与补偿行为负责监督，并对其行为后果承担法律责任。

本案签订《补偿审批表》的双方当事人为房屋征收中心和李震，开发区管委会与房屋征收中心于 2014 年 5 月 20 日签订的《征用补偿委托合同》证实开发区管委会将征收补偿工作委托房屋征收中心实施，开发区管委会系委托人。因此，房屋征收中心的相关责任应由开发区管委会承担，故开发区管委会作为委托人对李震负有相应的给付责任，不仅需要承担给付李震除去鱼

---

[1] "考虑到征收与补偿程序的多阶段性、具体组织实施的多样性以及土地行政主管部门行政效能的有限性，市、县级人民政府或土地行政主管部门可在规范性文件或者征地补偿安置方案等公告中规定，乡镇人民政府、基层群众自治组织以及相关建设单位等主体实际从事并分担土地行政主管部门的部分具体征收补偿事务。但并不能认为此类主体因此即取得了独立地实施征地补偿安置的行政主体资格，更不能认为此类主体因此还取得了以自己名义实施强制拆除的法定职权；而是应遵循职权法定原则和《最高人民法院关于适用〈中华人民共和国行政诉讼法〉的解释》第 20 条第 3 款的规定：将此类主体视为接受土地行政主管部门委托，作为土地行政主管部门补偿安置过程中的行政助手与行政辅助者。"最高人民法院（2017）最高法行申 1337 号。

苗和鱼收益的补偿款 329 110 元的责任，亦需要承担因逾期履行给李震所造成的损失。

三、征收补偿协议中约定内容的效力

行政协议作为行政活动的一种方式，需要遵守依法律行政原理，同时具有合同的属性，也要遵守契约的基本原则。[1]《行政协议案件规定》第 12 条第 2 款规定："人民法院可以适用民事法律规范确认行政协议无效。"《行政协议案件规定》第 27 条第 2 款规定："人民法院审理行政协议案件，可以参照适用民事法律规范关于民事合同的相关规定。"因此，法院审理行政协议案件，既可以参照适用民事法律规范关于民事合同的相关规定，也可以适用民事法律规范判断行政协议的效力和履行问题。征收补偿协议的内容成为各方实际履行的根据，签署方应当按照约定全面履行自己的义务。对于征收补偿协议中补偿依据虚假的情形，在不违反法律法规的强制性规定的前提下，其争议纠纷以签署方约定的内容为依据进行判决。

在本案中，再审法院认为，开发区管委会不应支付《补偿审批表》中的鱼苗和鱼收益补偿，其裁判理由实质上是按照征收补偿协议当事人双方约定的内容进行论证的。行政机关按照《补偿审批表》确定的数额支付李震补偿款需满足"手续合法"的前提条件。2014 年 9 月 28 日，李震在签署的说明载明"愿承担所有手续的合法性并承担一切后果"，"手续合法性"这一约定内容实际上成为支付《补偿审批表》中鱼苗和鱼收益补偿的前提，"承担一切后果"是双方约定的责任承担方式，房屋征收中心以此为前提与李震签订《补偿审批表》。

但《补偿审批表》确定鱼苗和鱼收益补偿存在依据虚假的情况。根据一审法院查明的事实：征收过程中，房屋征收中心委托评估公司对李震的承包土地上附属物进行评估，评估时间自 2014 年 5 月 23 日至 2014 年 12 月 30 日。刑侦中队对于谷林清的《询问笔录》证实李震于 2014 年 6 月从谷林清处购买

---

〔1〕 王贵松：《行政协议无效的认定》，载《北京航空航天大学学报（社会科学版）》2018 年第 5 期，第 18-23 页、第 102 页。

了 6000 元左右的鱼苗。同时，刑侦中队《询问笔录》以及李震在一审庭审中的自认证实其与谷林清之间签订的购买鱼苗合同并未履行，系虚假买卖合同。根据《民法典》第 146 条第 1 款规定："行为人与相对人以虚假的意思表示实施的民事法律行为无效。"鉴于李震提供的购买鱼苗合同存在虚假情形，《补偿审批表》该部分的补偿款依据虚假，其主张依据《补偿审批表》给付鱼苗和鱼收益补偿款未满足"承担所有手续的合法性"的条件，不满足双方约定的房屋征收中心履行鱼苗和鱼收益补偿的对待给付义务的前提。鉴于《补偿审批表》中确定的鱼苗和鱼收益的补偿数额与事实相悖，故再审法院对李震依据《补偿审批表》诉求有关行政机关支付鱼苗和鱼收益的补偿请求不予支持。

【后续影响及借鉴意义】

最高人民法院于 2022 年 4 月 20 日发布了第二批行政协议诉讼典型案例，十个案例中有五个是关于征收补偿协议和补偿安置协议，在一定程度上反映了司法实践中关于征收补偿协议的争议纠纷具有数量大、难解决的特点，相关案件的审理标准需要一定的规范性。本案虽不是最高人民法院公布的行政协议诉讼典型案例，但本案判决书中的争议焦点与行政征收补偿协议纠纷中适格被告、承担给付责任的适格主体以及约定内容的效力等问题具有关联性，对相关重要性理论的梳理和总结具有价值，对于涉及上述问题的行政征收补偿协议纠纷有一定的借鉴意义。

关于征收补偿协议被告和给付责任承担主体的认定问题，我国行政协议中行政主体资格存疑的情形不在少数，在争讼率最高的房屋征收补偿协议中得到集中呈现。[1] 没有法律、法规、规章授权的内设机构或者受委托的组织，以自己的名义订立协议的现象大量存在，这与本案中的情况比较类似。被设立或者被委托的组织是否具有行政主体资格，在司法实务中认定不一，最高人民法院内部在裁判思路及结论上少有共识，不同相关裁判也并未有统一观

---

[1] 参见陈洁：《行政协议中行政主体资格的审查——以房屋征收补偿协议为例》，载《公法研究》2021 年第 1 期，第 183-210 页。

点。关于征收补偿协议约定内容的效力问题，要明确的是行政协议作为行政活动的一种方式，需要遵守依法行政原理，同时具有合同的属性，也要遵守契约的基本原则。

作为现代行政管理活动的新方式，行政协议是行政机关与行政相对人之间从权力服从关系转变到平等合作关系的重要体现，既是满足公众社会治理参与权和公共资源分享权的重要路径，也是社会治理模式转变的必然结果，体现了现代社会服务行政、给付行政的发展理念。面对一些不再由具有行政主体资格的行政机关或者法律、法规、规章授权的组织直接参与的行政活动，在行为的性质及效力认定问题上，若固守传统的行政法原理，难以满足行政实践的需求。随着行政实践和司法实践的不断发展，最高人民法院的相关裁判体现出对征收补偿协议的主体瑕疵问题和效力问题的关注，对行政征收补偿协议纠纷的相关案件可以起到一定的参考作用。

（指导教师：成协中　中国政法大学法学院教授）

案例十八　房屋收购协议的合法性及行政附随义务分析

——汪慧芳诉龙游县人民政府行政征收案

撒　怡 *

【案例名称】

汪慧芳诉龙游县人民政府行政征收案［浙江省衢州市中级人民法院（2017）浙 08 行初 9 号行政判决书、最高人民法院（2018）最高法行申 2624 号行政裁定书］

【关键词】

行政征收　协议征收　行政协议　附随义务

【基本案情】

浙江省衢州市中级人民法院经审理查明：2015 年 6 月 9 日，龙游城投公司与龙游旧改办签订《委托书》，委托龙游旧改办实施龙游县大南门历史文化街区保护项目（一期）国有土地上房屋收购项目。2015 年 12 月 9 日，龙游城投公司发布公告，公告该公司为收购单位，龙游旧改办为受委托收购实施单位，并公告收购时间、收购实施方案等。原告汪慧芳位于龙游县胜利路 54 号的房屋位于收购范围内。2016 年 1 月 5 日，龙游县征管办与两家拆迁公司签订合同约定由其负责拆除并承担相应的行为责任。原告汪慧芳未提出收购申

---

* 作者简介：撒怡，中国政法大学法学院宪法学与行政法学专业 2022 级硕士研究生。

请，也未签订房屋收购协议，其房屋未被拆除。2016 年 5 月 21 日，龙游城投公司、龙游旧改办向汪慧芳作出书面通知，告知"在 2016 年 6 月 9 日前未提交收购申请，未签订房屋收购协议的，不再享受大南门历史文化街区保护项目（一期）房屋收购特别奖政策"，并于同月 28 日送达汪慧芳。2016 年 9 月 27 日，汪慧芳楼上住户均已签订收购协议，被收购房屋腾空交付房屋拆除单位。汪慧芳不服，以收购工作系由龙游县人民政府组织实施，强制收购行为侵犯其合法权益为由，向法院提起行政诉讼，请求确认被告龙游县人民政府以收购代替征收的行政行为违法，判令被告按行政征收的法律规定依法进行征收工作。

衢州市中级人民法院经审理认为，汪慧芳所诉房屋收购行为，系由龙游城投公司实施的行为，属于平等主体间的民事行为，并非行政机关的行政行为。由此产生的争议，不属于行政诉讼的受案范围，依法应当裁定驳回起诉。原告汪慧芳主张龙游城投公司系受被告龙游县人民政府委托实施征收行政行为，缺乏事实和法律依据，法院不予采纳。关于原告提出的请求法院判令被告按行政征收的法律规定依法进行征收的诉讼主张，因原告未提供证据证明相关职能部门已经依法针对涉案项目启动征收程序，而是否启动征收程序需由相关职能部门结合具体情形依法确定，法院不宜直接判令履行。原告请求法院判令被告依法对其涉案房屋进行征收缺乏法律依据，法院不予支持。

汪慧芳对一审判决不服，向浙江省高级人民法院提起上诉，浙江省高级人民法院驳回上诉，维持一审判决。

二审法院认为，汪慧芳所诉房屋收购行为，系由龙游城投公司实施的收购行为，但龙游城投公司系受龙游县人民政府委托而实施涉案房屋的收购行为，不是龙游城投公司企业自主商业行为，且在收购涉案区域房屋时，龙游旧改办等行政机关及行政机关工作人员参与收购行为。因此，龙游城投公司对涉案区域房屋收购行为属于行政行为，不是民事行为。一审判决认定龙游城投公司对涉案区域房屋收购行为属于民事行为错误。鉴于龙游城投公司对汪慧芳涉案房屋的收购行为并未实现，龙游城投公司对涉案区域其他房屋的收购行为和汪慧芳没有法律上的利害关系，一审法院判决驳回汪慧芳的起诉，结论正确，予以维持。汪慧芳认为涉案拆除行为侵害其合法权益，可以另寻救济途径。关于汪慧芳提出的请求法院判令龙游县人民政府对其涉案房屋按行政征收的法律规定进行征收的诉讼主张，因汪慧芳未提供证据证明相关职能部门已经依法针对涉案项目启动征收程序，而是否启动征收程序需由相关职能部门结合具体情形依法确定，法院不宜直接判令履行。汪慧芳请求法院判令龙游县人民政府依法对其涉案房屋进行征收缺乏法律依据。

汪慧芳不服，向最高人民法院申请再审。最高人民法院确认了一、二审认定的事实，认定龙游县人民政府在与汪慧芳未能就收购问题签署收购协议的情况下不及时依法进行征收反而采用不适当拆除方式破坏汪慧芳房屋的居住与经营环境，构成行政侵权，也因此而负有依法征收补偿或者赔偿的附随义务；汪慧芳依法具有选择征收补偿程序或者侵权赔偿程序的权利。鉴于汪慧芳选择征收补偿程序且龙游县人民政府已主动启动征收程序，本案汪慧芳有关征收诉求已经得到支持，本案亦无启动再审程序必要。

综上，最高人民法院驳回再审申请人汪慧芳的再审申请。

【裁判要旨】

市、县级人民政府在旧城改造过程中为实现公共利益和行政管理目标以委托"收购"代替"征收"，此种收购协议也即具有了行政协议的属性，将该类行为纳入行政诉讼审查范畴，有利于加强对地方政府行为的监督，防止行政机关滥用"收购"代替征收，规避司法审查监督。

市、县级人民政府在与房屋所有权人未能就收购问题签署收购协议的情况下，应当及时启动征收程序；其不及时依法进行征收而采用不适当拆除方式破坏房屋所有权人居住与经营环境，造成该房屋正常使用功能严重贬损的，依法构成行政侵权，应当承担相应的行政责任。市、县级人民政府与相关单位因其先行行为，也即因此而负有依法征收补偿或者赔偿的附随义务；房屋所有权人则依法具有选择征收补偿程序或者侵权赔偿程序的权利。

【裁判理由与论证】

最高人民法院认为，该案的争议焦点有三：（1）关于收购行为的性质认定与救济途径问题；（2）拆除他人房屋时未能保障汪慧芳房屋正常使用条件是否构成侵权问题；（3）收购与拆除等先行行为是否形成龙游县人民政府依法征收补偿的附随义务问题。

一、关于收购行为的性质认定与救济途径

最高人民法院首先肯定了收购协议属于行政协议，该收购行为可以纳入行政诉讼。本案"征购"纠纷，并非因行政机关或者国有公司收购个别房屋引发，而是龙游县人民政府在旧城改造过程中，为实现公共利益和行政管理目标，以委托国有公司"收购"来代替应当依法进行的"征收"而引发。虽然该项收购协议名义上的签订主体是龙游城投公司，但此种收购本身属于政府征收职能的委托，并服务和服从于旧城改造这一公共利益需要，因而此种收购协议也即具有了行政协议的属性。将该类行为纳入行政诉讼审查范畴，有利于加强对地方政府行为的监督，防止行政机关滥用"收购"代替征收，规避司法审查监督。其次最高人民法院回应了汪慧芳之再审申请，对"收购代征收"的合法性予以肯定，认为建立在平等、自愿基础上的收购协议，因其在一定层面上有利于提高旧城改造效率，并有助于通过提高收购价格来对房屋所有权人给予更加充分的补偿安置，具有现实合理性和可行性，因而不宜完全否定此种"收购"模式的合法性。同时，最高人民法院明确此类"征购纠纷"的救济途径，既可以采取行政诉讼要求行政主体承担责任，也可以通过民事诉讼途径解决。不论是市、县级人民政府委托国有公司，还是政府相关职能部门实施收购并签订收购协议，基于合同相对性原则，因履行协议发生的纠纷，并非都需以地方人民政府为被告；但在此过程中实施的违法强制拆除行为的法律责任则仍应由行政主体承担，且市、县级人民政府或者其委托的国有公司、征收办等部门在实施收购过程中，必须坚持平等、自愿、等价、有偿原则，与房屋所有权人签订相关收购协议，对房屋所有权人进行不低于市场评估价格的公平合理补偿安置。收购主体存在 1999 年《合同法》第 52 条等规定的以欺诈、胁迫等手段签订收购协议情形的，人民法院可确认收购协议无效。因此，一审判决仅因为收购主体系国有公司即认定收购行为系平等主体间民事法律行为，认定不当。二审判决关于龙游城投公司对涉案区域房屋收购行为不是民事行为的认定正确。当然，此类收购行为和收购协议，如一审人民法院已经作为民事案件受理并裁判，亦无不可。

二、拆除他人房屋时未能保障汪慧芳房屋正常使用条件是否构成侵权

对于这一问题，最高人民法院对是否构成侵权、侵权主体是谁进行了明确。最高人民法院认为本案双方因要约与反要约未能最终形成一致，已经终止了收购程序。2007年《物权法》第39条规定："所有权人对自己的不动产或者动产，依法享有占有、使用、收益和处分的权利。"汪慧芳在收购方未能满足其收购要求的情况下，依法有权自愿选择不出售其房屋；龙游县人民政府、龙游城投公司、龙游旧改办均有义务尊重其不签订收购协议的权利。根据最高人民法院收集的事实与证据，足以证明在汪慧芳未签订收购协议并在涉案房屋居住的情况下，汪慧芳楼上以及周边住户已被收购的房屋遭到破坏性拆除，对其居住以及经商环境已经造成严重影响，构成侵权。且由于旧城改造项目系政府推动实施，相关拆除工作也系政府职能部门委托实施，因此此种侵权也即构成行政侵权。二审判决以龙游城投公司对汪慧芳涉案房屋的收购并未实现为由，认为龙游城投公司对涉案区域其他房屋的收购行为与汪慧芳没有法律上的利害关系，是将对他人房屋收购行为与拆除房屋关系相割裂，未能顾及已实际发生的拆除行为对汪慧芳房屋居住功能及经营环境造成的损害，属于认定事实不清。

三、收购与拆除等先行行为是否形成龙游县人民政府依法征收补偿的附随义务

最高人民法院指出，龙游县人民政府因其破坏性拆除的侵权行为引发了对汪慧芳的附随义务：（1）对汪慧芳房屋启动征收程序并补偿的义务；（2）赔偿汪慧芳房屋损失的义务。最高人民法院认为本案的特殊性在于，由于龙游县人民政府已经收购了该街区的绝大部分房屋并正在进行成片的拆除改造，汪慧芳户的居住环境和经营环境已经因为涉案收购和拆除行为发生了巨大变化，其所从事的商业经营活动实际上已经停止；特别是龙游征管办委托的房屋拆除公司实施的破坏性拆除行为，既严重影响了汪慧芳房屋的安全性、舒适性，也造成了房屋周围居住环境与商业功能基本丧失。在此情形下，龙游县人民政府因自己的先行行为而产生了对汪慧芳房屋进行征收并补偿的附随

义务或者赔偿房屋价值的附随义务。二审法院要求汪慧芳对涉案拆除行为另寻救济，并以汪慧芳未提供证据证明相关职能部门已经依法针对涉案项目启动征收程序为由，认为不宜直接判令龙游县人民政府履行征收职责，未能实质性回应汪慧芳的诉求，也未考虑龙游县人民政府等相关单位因其先行行为而形成的必须依法征收或者赔偿的附随义务。二审法院上述理由系对《国有土地上房屋征收与补偿条例》（以下简称《征收条例》）有关征收规定的错误理解。在现行法律制度缺乏强制性收购规定的前提下，对旧城改造中未达成收购协议的房屋的拆除，只能通过《征收条例》规定的征收程序来解决。龙游县人民政府与相关单位的破坏性拆除构成行政侵权，也因其先行行为而负有依法征收补偿或者赔偿的附随义务，汪慧芳依法具有选择征收补偿程序或者侵权赔偿程序的权利。

【涉及的重要理论问题】

最高人民法院围绕三个焦点问题对本案作出判决，在整个审理过程中，贯穿始终的问题为龙游城投公司签订的收购协议的性质问题。收购协议规避征收程序规定是否合法，以及其究竟属于民事合同还是行政协议也是值得分析的问题。最高人民法院虽认定了龙游县人民政府的行政侵权，但并未采取国家赔偿的路径，而是将附随义务这一民法概念引入行政协议之中，避开繁琐程序，实质性化解纠纷。鉴于此，本文将围绕房屋收购协议的可行性、行政征收补偿中的附随义务这两大问题展开分析。

一、房屋收购协议的可行性分析

（一）房屋收购协议的性质

房屋征收补偿协议是《行政诉讼法》第 12 条第 1 款第 11 项明确列举的行政协议类型，对其性质自然不存争议，但房屋收购协议属于没有被明确列举的无名协议，其性质需经论证才可作出判断。本案裁判的一个重要转变即对房屋收购行为的性质认定，一审法院认为收购行为的作出者龙游城投公司不是行政主体，其收购行为不是行政行为，该案不属于行政诉讼的受案范围。

二审法院认为龙游城投公司的收购行为基于龙游县人民政府的委托，是行政行为，属于行政诉讼的受案范围。但二审法院在原告资格上作出了否定判断，认为对其他房屋的收购行为与汪慧芳没有法律上的利害关系，因此判决驳回起诉。最高人民法院则采取了与一审、二审法院不同的论证思路，将审查对象定为房屋收购协议，将之定性为行政协议。

实践中对此类房屋收购协议属于民事合同还是行政协议并非没有争议，以"房屋征收""行政协议"为关键词在中国裁判文书网检索发现，多数被告都以协议性质为民事合同为由进行抗辩。本案中，法院争议的焦点之一即为收购协议的性质，最高人民法院最终裁定该收购协议具有行政协议的属性，这是从当时司法解释确定的主体要素、具有公共利益目的、在法定职责范围内、协商一致的意思、行政法上权利义务内容五要素出发所作的认定。[1]依据最高人民法院的裁判思路，龙游城投公司签订收购协议的行为是基于政府征收职能的委托，在行政委托之下应当由行政机关负责并承担责任，该收购协议首先满足主体要素。其次，此种收购行为"服务和服从于旧城改造这一公共利益需要"，满足了行政协议的公共利益要求。另外，最高人民法院也说明了意思要素与职责要素的体现，并综合判断该收购协议是行政协议。笔者赞同收购协议为行政协议的结论，但认为最高人民法院的判断未对"行政法上权利义务"这一内容要素作出说明存在一定不足。早在 2017 年的"永佳公司案"中[2]最高人民法院已将内容要素作为行政协议的实质判断标准，以划分行政协议和民事合同。

《最高人民法院关于审理行政协议案件若干问题的规定》（以下简称《行政协议审理规定》）第 1 条对"行政协议"作出明确定义，[3]将目的要素限

---

〔1〕 该案的裁判依然参照的是 2015 年《最高人民法院关于适用〈中华人民共和国行政诉讼法〉若干问题的解释》的规定，其中第 11 条第 1 款对行政协议的定义作出明确规定："行政机关为实现公共利益或者行政管理目标，在法定职责范围内，与公民、法人或者其他组织协商订立的具有行政法上权利义务内容的协议，属于行政诉讼法第十二条第一款第十一项规定的行政协议。"依据该款，行政协议的识别要素被确定为主体要素、目的要素、法定职责要素、意思要素和内容要素五个部分。

〔2〕 最高人民法院（2017）最高法行申 195 号行政裁定书。

〔3〕《行政协议审理规定》第 1 条：行政机关为了实现行政管理或者公共服务目标，与公民、法人或者其他组织协商订立的具有行政法上权利义务内容的协议。

缩为"为了实现行政管理或者公共服务目标"，将是否符合公共利益归于法院实体裁判的范围。[1]"永佳公司案"裁定中明确："行政法上的权利义务可以从以下三个方面进行判断：一为是否行使行政职权、履行行政职责；二为是否为实现公共利益或者行政管理目标；三为在协议里或者法律上是否规定了行政机关的优益权。"[2]依此，通说确定行政协议的识别需要主体要素、目的要素、意思要素和内容要素四者兼备，并以内容要素为核心要素。问题在于行政法上权利义务的判断依然存在"公共利益和行政管理目标"这类高度主观化概念，行政优益权的范围和边界也不甚清晰的问题。现行法下要解决的首要问题应当是理解和适用的问题，如余凌云教授之观点，具有行政法上的权利义务内容应当从以下四个方面进行判断：（1）协议中存有非民事合同所有、不符合民事原理的特别约定，如行政优益权。（2）协议中直接规定了某种行政权力以及行政法上的义务。（3）双方在协议中约定了对行政权的未来处分，即行政机关允诺未来作出某种行政行为或履行某种行政法上的义务。（4）行政协议实际上也约定了其他相关行政机关对行政权的未来处分。[3]同时，除对行政协议内涵的识别外，学界对其应用场域、缔结范围、负面清单制度的研究也从另一角度推动了行政协议外延的厘清。

（二）收购协议的合法性分析

1. 以收购代征收可能违反强制性规定

最高人民法院裁定本案中的收购协议是行政协议，并对其合法性予以认可。在最高人民法院对汪慧芳案作出裁定后，法院裁判都以之为参考认可了"收购代征收"的合法性，如金华市某公司诉金华市金东区人民政府案中，二审法院认为虽然《征收条例》对国有土地上房屋行政征收目的、条件、程序等作了规定，但并未禁止类似被诉国有土地上房地产收购补偿协议的签订，因此不存在违反法律、行政法规强制性规定的情形。[4]同样在王某等诉海宁市政府案中，最高人民法院认定收购行为通过收购方与被收购方在平等、自

---

〔1〕　参见梁凤云：《行政协议司法解释讲义》，人民法院出版社 2020 年版，第 9 页。
〔2〕　最高人民法院（2017）最高法行申 195 号行政裁定书。
〔3〕　参见余凌云：《行政契约论》，清华大学出版社 2022 年版，第 170-171 页。
〔4〕　浙江省高级人民法院（2019）浙行终 1068 号行政判决书。

愿基础上协商签订房屋收购协议的方式实现，具有现实合理性和可行性，故不宜完全否定此种收购模式的合法性。[1]但在之前，对于收购协议的合法性法院亦有不同裁判。如在周某某等诉湘潭市雨湖区人民政府案中，一审法院认为《资产收购协议书》是双方协商一致签订的，并未违反法律、行政法规的强制性规定，因此该收购协议有效。但二审法院认为《征收条例》的规定明确了行政征收应当遵循的程序和阶段，签订行政征收补偿协议仅仅是其中一个环节，法律法规每一个相关程序和阶段的设置不能随意删减和颠倒。雨湖区人民政府的征收不符合《征收条例》的程序规定，因此认定该收购协议程序违法。[2]在许某某诉湘潭市雨湖区人民政府案中，湖南省湘潭市中级人民法院、湖南省高级人民法院均认为雨湖区人民政府没有提供证据证明其已经根据《征收条例》的规定履行了审批、公告、调查登记、评估、补偿等一系列程序，因此判决雨湖区人民政府与许某某签订的《房屋收购补偿协议书》程序违法。[3]

之所以作出程序违法的裁判，是因为该收购协议的实际目的是政府征收房屋之便利，本案龙游县人民政府的答辩同样透露出其采用收购方式也是为了少受征收法律规定的限制，暗含了对征收程序条款的规避之意。征收关涉公共利益和房屋所有权人重大财产权益的，为防止公权力滥用公共利益的理由随意侵犯公民财产权利，对征收设定严格的程序是必要的。《征收条例》规定了地方政府征收房屋必须出于公共利益，[4]确需征收的，政府应当制定相关发展规划并纳入政府年度发展计划中，[5]房屋征收补偿方案需经论证和征求意见的程序，[6]房屋征收决定作出前要进行风险评估。[7]该条例明确了公共利益需要作为征收原则，列举了属于公共利益需要的情形，并且以"确需征收"确立了比例原则，目的在于控制地方政府任意启动征收程序而侵害房

---

[1] 最高人民法院（2020）最高法行申 3437 号行政裁定书。
[2] 湖南省高级人民法院（2017）湘行终 720 号行政判决书。
[3] 湖南省高级人民法院（2018）湘行终 1690 号行政判决书。
[4] 《征收条例》第 2 条、第 8 条。
[5] 《征收条例》第 9 条。
[6] 《征收条例》第 10 条。
[7] 《征收条例》第 11 条。

屋所有人权益。但地方政府以收购协议代替征收的做法规避了应当遵守的强制性规范，削弱了程序对公共利益的衡量和比例原则的应用，容易再度扩张地方政府的征收权力，与《征收条例》的立法精神背道而驰。

2. 行政协议与依法行政原则

合同的履行建立在合同有效的基础上，行政协议也不例外。《行政协议审理规定》第 12 条第 1 款、第 2 款规定"行政协议存在行政诉讼法第七十五条规定的重大且明显违法情形的，人民法院应当确认行政协议无效。人民法院可以适用民事法律规范确认行政协议无效"，《民法典》第 153 条第 1 款规定"违反法律、行政法规的强制性规定的民事法律行为无效……"。因此，无论该协议的性质为行政协议还是民事合同，都存在因违反《征收条例》的强制性规定而无效的可能。比如，之前浙江省高级人民法院认为签订收购协议并非法律禁止的方式，因此行政机关法无禁止即可为。疑问在于，法无禁止即可为是针对公民而言，对行政机关来说法无授权不可为才是应当遵守的规则，是依法行政原则的体现。行政协议作为公权力行为的一种方式，自然要受到依法行政原则的约束。当然学界也关注到了行政协议兼具行政性和协议性的特殊之处，其应当在何种程度上受到依法行政原则的约束，应当与单方行政行为有所区别。

对于传统行政行为，法律保留原则的适用因干预行政和给付行政而有所不同。干预行政因课予人们义务、限制或剥夺人们权利的特性，须有法律授权方可为之，否则即构成违法。给付行政因其授益性，被有些观点认为可以不受法律保留原则之约束，但通说认为给付行政也应受法律保留限制，只不过其受规范之密度较为宽松。因此，学者多采取"重要性理论"，即给付在涉及基本权利的重要事项时应有法律上之依据或授权。[1]对于行政协议而言涉及干预或给付并非一定，对于法律保留原则的适用也应当依据其具体的内容进行审查。从学理上看，行政协议一般分为从属性的行政协议和合作性的行政协议。有些是基于紧密的、直接的本质上的关系签订的（如从属性行政协议），有些是基于松散的关系签订的（如合作性的行政协议）。因此，对于从

---

〔1〕　参见李建良：《行政法十讲》，元照出版公司 2016 年版，第 284–289 页。

属性的行政协议原则上按照传统行政诉讼进行合法性审查，奉行"法无授权不可为"原则或者法律保留原则，对于合作性行政协议奉行"法无禁止也可为"原则或者法律优位原则。[1]笔者认为，本案中的收购协议属于从属性行政协议，涉及重大公共利益和公权力行使的本质事项，应当使用按照"法无授权不可为"的原则行为，在现行法律法规没有对征收程序作出例外规定的情形下，行政机关不能随意规避程序限制，否则即构成违法。

（三）民事合同完成行政任务之考量

1. 民事合同完成行政任务的可能

最高人民法院在裁判中认为此类收购行为和收购协议作为民事案件受理并裁判亦无不可，并未在认可该收购协议属于行政协议之后直接排除作为民事合同的可能性，实际上是为以民事合同完成行政任务留下了合法化的空间。在以"行政法上的权利义务"为核心的识别标准下，单纯从内涵上区分民事合同与行政协议并非易事。我国现行立法多以定义+列举式对行政协议作出规定，同时以"其他行政协议"为兜底条款，这种方式看似限制了行政协议的缔结范围，但实践中政府缔结的无名协议更易引起属性争议，各地法院的不同态度使得同案不同判的现象加剧，难以维护法治统一。

本案中法院既然认可了收购协议属于行政协议，但又允许其不履行征收房屋的法定程序，难以逻辑自洽。若能够确认以民事合同完成行政任务之可行性，则无须在行政协议的合法性问题上过多纠缠。以私法方式完成行政任务在德国法上即称为行政私法行为。行政私法行为是指行政机关以私法手段直接达成行政任务的方式，目的在于满足社会大众日常所需或照顾人民的基本生活。[2]其与传统的国库行政不同，目前普遍认为国库行政中的行政辅助行为和行政营利行为应按照私法关系处理，而行政私法行为则并非完全享受私法自治，应当受一定程度上的公法限制或拘束。德国通说认为行政机关应拥有选择活动方式的自由。在不违反禁止性规定的前提下，行政机关可以选择以公法或私法方式完成行政任务。与公法行为相比，行政私法行为不需要

---

〔1〕 参见郭雪、杨科雄：《行政协议判例精解与实务指引》，中国法制出版社 2021 年版，第 348 页。
〔2〕 参见李建良：《行政法十讲》，元照出版公司 2016 年版，第 81 页。

以明确的法律规范为依据，具有更强的灵活性，且基于比例原则，私法手段更有可能成为行政机关完成行政任务优先采取的手段。[1]

参考国外立法，《德国建设法典》第 87 条第 1 款、第 2 款规定："（1）只有当公共利益需要征收并且征收的目的不能通过其他可以期待的方式被达成的情况下，征收在具体情况下才是许可的。（2）征收的前提是，征收申请人认真地努力过，以合理的条件……自由地获得欲被征收的土地，但却未能成功。"

笔者认为，德国设计的平等价购程序是缓和私人财产权保障和公共利益的有效做法。以行政私法理论为基础，为房屋征收设计一个以民事合同完成行政任务的途径，一方面满足行政机关工作效率等的现实需要，另一方面又能够避免公法完全遁入私法的担忧。《征收条例》颁布之初就有学者提出可以在征收制度中建立独立的协议价购程序，将协议价购程序确立为征收申请提出前的必要前置程序。[2]依本案情况看来，此种价购程序的设计与行政私法行为理论的结合，既符合政府采用收购协议模式的目的，兼顾征收效率之需要，也能直接与征收制度连接，完成征收任务的要求。

2. 行政机关选择行为方式应当受到限制

以民事合同完成行政任务具有更大的自由与灵活性，尤其是在房屋征收等蕴含一定市场交易性的领域更易达成双赢局面。但其风险在于行政机关可能走向"公法遁入私法"的境地，以民事行为方式规避公法规范的约束。因此，行政机关的行为方式选择自由必须要基于目的、事务、界限等因素的考虑，以此作为自由的限制。[3]有学者认为，对采用私法方式的法律调整应该坚持公法优先、兼顾私法的准则，并将之限定在行政给付领域，对之适用低密度和框架性的法律保留原则。[4]这避免了土地房屋所有权这一涉及公民重

---

〔1〕 参见刘飞：《以民事合同方式完成行政任务的可能性——以"永佳纸业案"为例的考察》，载《法学》2023 年第 5 期，第 49-52 页。

〔2〕 参见房绍坤：《国有土地上房屋征收的法律问题与对策》，载《中国法学》2012 年第 1 期，第 55-63 页。

〔3〕 参见胡悦、贾国发、玄鸿娇：《行政行为转变研究——行政私法行为之凸显》，载《法律科学（西北政法大学学报）》2010 年第 5 期，第 58-66 页。

〔4〕 刘志刚：《论服务行政条件下的行政私法行为》，载《行政法学研究》2007 年第 1 期，第 61-67 页。

大财产权益的事项完全成为私法交易之客体，与公法原则相悖。德国学者提出的"双阶理论"将给付行政领域分两阶段进行，对是否作出给付决定要求基本权利和行政法的控制；而对给付行政的实施则可获得私经济活动的效率，采用私法方式进行。[1]由此可见，限于给付行政领域是通说认为的以民事合同完成行政任务的范围。

实践中我们并无法将公法和私法完全区别开，因此如何平衡公法与私法的价值才是值得关注的命题。允许行政机关选择行为方式符合公私合作治理的大趋势，但同时可能会产生降低相对人的可预期性，背离法的安定性价值、行政机关逃避行政责任等问题。这些问题在任何情况下都难以完全避免，重要在于如何规制和降低法律风险。笔者认为，首先应当合理地限定行政协议和民事合同的适用范围，这一命题同样落于行政协议与民事合同的边界研究中，有赖于内涵和外延的双重厘清。其次在公权力领域仍应恪守比例原则这一公法界限，对于能以民事合同达成行政目的的，不必将其认定为行政协议，[2]以此适当限制行政机关作为管理者的权力，并在法律允许之范围内实现双方利益的最大化。对于行政机关的责任，程明修教授认为国家虽然可以从自己的给付或履行责任中解放，但是代之而承担的通常是行政的监督责任，同时也有可能是行政的担保责任或组织化责任。[3]这些构想都有赖于制度的建构，但目前我国行政法学界尚未对此有太多研究，如刘飞教授之观点，当下应当考虑的是如何就上述问题的解决形成共识，在这些问题得以妥善解决之前，制度构建上还是以维持现状为宜。[4]

二、行政征收补偿中的附随义务

最高人民法院在汪慧芳案中首次详细阐述了行政协议"附随义务"的内涵，将龙游县人民政府启动征收的职责作为其先行行为的附随义务，实质性

---

〔1〕 参见严益州：《德国法上的双阶理论》，载《环球法律评论》2015年第1期，第91页。

〔2〕 参见陈天昊：《行政协议的识别与边界》，载《中国法学》2019年第1期，第140-163页。

〔3〕 参见程明修：《行政行为形式选择自由——以公私协力行为为例》，载《月旦法学杂志》2005年第5期，第120页。

〔4〕 参见刘飞：《以民事合同方式完成行政任务的可能性——以"永佳纸业案"为例的考察》，载《法学》2023年第5期，第49-52页。

化解纠纷。根据最高人民法院的裁判逻辑，是由于龙游县人民政府缔结并履行行政协议的先行行为导致了对汪慧芳房屋启动征收或补偿的附随义务。最高人民法院认定龙游县人民政府委托国有公司实施收购和拆迁行为是基于行政职能的委托，所以受委托公司实施的破坏性拆除行为构成行政侵权。在此前提下，法院裁判有两种可供选择的路径：一是根据《国家赔偿法》的规定，按照行政侵权赔偿原告的相关利益损失；二是引入附随义务的概念，以法院裁判来启动政府的征收职能。

法院在此引入附随义务的概念，实际上是绕过了《国家赔偿法》繁琐的程序规定，明确了行政机关履行职责的具体内容，减少了当事人的负累，也使得行政协议附随义务这一概念进入学界视野。围绕行政协议中的附随义务这一概念，笔者对涉及的几个问题作一介绍。

（一）行政协议相对性的突破

本案中行政机关对汪慧芳承担的附随义务并非来自他们之间签订的收购协议，而是源于行政机关与汪慧芳相邻商户的收购协议。《民法典》第119条规定"依法成立的合同，对当事人具有法律约束力"，合同的相对性效力来源于当事人的意思自治，自愿订立协议并承担相应的法律责任。在民事合同领域，合同相对性是原则，双方当事人的义务和责任都处在合同这一法律关系下，仅在第三人利益保护方面才突破了相对性的限制。行政协议以其协议性区别于一般行政行为，存在一定范围的意思自治空间，则行政协议也适用合同的相对性。并且，行政协议对于相对性的突破存在更大的空间。行政协议是基于公法关系存在的协议，以完成行政任务实现公共利益为目的，在社会利益与秩序面前个人利益有服从和退让的义务。行政机关的意思表示以维护社会公共利益为主要目的，其与民事合同主要为个人利益的行为有本质区别，因而行政机关参与的行政协议在维护社会利益方面比单纯的私法主体形成的私法合同有更大的法律责任，也就更容易因保护社会利益而产生合同相对性的突破。[1]

---

〔1〕　参见彭涛：《合同相对性在行政协议中的新突破》，载《政法论坛》2021年第6期，第39-50页。

据此可解释在本案中，龙游县人民政府为何要对非协议相对人汪慧芳承担附随义务。行政协议的附随义务并不以与当事人之间存在某种主观联系为限，而是以双方当事人订立的行政协议背后的公共职责为基础。行政协议在本质上仍构成行政机关实现"行政管理或者公共服务目标"的手段，而附随义务则是完成该公共职责目标的进一步延伸，因此其适用范围自然应以行政协议中作为当事人的行政机关之职责范围为限。〔1〕最高人民法院也已在裁判中对行政协议相对性的突破作出阐释：当行政协议属于补充或者替代诸如征收拆迁这样的单方高权行为，当行政协议具有针对诸如竞争者、邻人等第三方的效力，则不应简单地以合同相对性原则排除合法权益受到行政协议影响的第三方寻求法律救济。〔2〕

同时，附随义务的应用也拓展了行政协议诉讼主体范围。我国行政诉讼的原告资格立足于"利害关系"标准，借鉴保护规范理论展开利害关系之判断。保护规范理论从法律规范中寻找原告的请求权基础，对于传统行政行为的架构而言能够充分发挥其保障相对人权益的作用。但在行政协议构造下，一方面由于我国行政协议的规范供给严重不足，难以依靠现有规范析出主观公权；另一方面已存的规范先天的缺乏对第三人的关注，重心多落在相对人权益保护上，事实上未考虑到第三人。〔3〕如本案中，若以行政协议的角度讨论汪慧芳之原告资格，则需要引用基本权利规范进行解释，虽然能适应权利救济的需要，但法的明确性又因此受到削弱。若将附随义务解释进行政协议中成为行政主体应当履行的法定义务，在适用《行政诉讼法》及《行政协议审理规定》构建的行政协议履约制度时，将附随义务也作为是否履约的审查对象，实质上为行政协议的第三人原告资格提供了更为明确的请求权基础，也更能适应目前的保护规范分析框架。行政协议附随义务的适用突破了合同相对性的限制，对相对人、第三人的合法权益都提供了更为广泛的保护，也

---

〔1〕 参见陈天昊：《行政协议中的附随义务》，载《浙江学刊》2022 年第 3 期，第 78-87 页。

〔2〕 明灯食品厂诉大冶市政府、金山店镇政府案，最高人民法院（2017）最高法行再 72 号行政判决书。

〔3〕 参见白云锋：《论行政协议第三人原告资格》，载《行政法学研究》2019 年第 1 期，第 120-131 页。

完善了行政机关的职责范围，对其适用的研究有利于行政协议中公私利益的平衡。

（二）行政协议附随义务的履行

《民法典》第 509 条第 2 款规定"当事人应当遵循诚信原则，根据合同的性质、目的和交易习惯履行通知、协助、保密等义务"。这被认为是民事合同附随义务的内容。附随义务产生的目的在于确保合同的完整和顺利履行，维护合同当事人的利益。从行政协议的合同性而言，《行政协议审理规定》明确规定可以参照民事法律关于民事合同的相关规定，[1]合同法中基于诚信原则而产生的"通知、协助、保密"等附随义务也属于行政协议中附随义务的来源之一。基于其行政性方面，行政机关要基于"行政管理者"的身份履行行政职责，且履职要遵循信赖利益保护原则，因此行政协议的当事人不仅应遵守合同法上的附随义务，同时还应当遵守行政法意义上的附随义务。

附随义务服务于行政协议的履行，其内容也随着协议内容而具体化。在房屋征收上，主要的给付义务可能表现为交付房屋、支付征收补偿款、提供产权调换房屋等来源于法律明确规定之义务，附随义务则应结合其行政职责的相关规定和双方的约定具体化，如对房屋的测量和调查、出具相关证明文件、协助搬迁等。如本案中，最高人民法院最终判决龙游县人民政府启动征收职能，这在一审、二审中被认为是过度侵越行政机关之自由裁量范围，但根据最高人民法院之裁判理由，龙游县人民政府的破坏性拆除行为已经导致汪慧芳之房屋没有修理、更换等履行一般附随义务的必要，龙游县人民政府此时的自由裁量权已缩减至零，因此启动征收不再是其自由裁量，而是必须履行之法定义务。如在黄某诉江苏省教育厅案中，法院认为"这些事务虽在《协议书》未作约定，但根据该协议的目的和性质，应认定属《协议书》的附随义务"。[2]由此，行政协议附随义务既可能来源于约定，也可能来源于法定，也可能单纯源于诚实信用与协议目的的推断。行政机关对于行政协议附

---

〔1〕《行政协议审理规定》第 27 条规定：人民法院审理行政协议案件，应当适用行政诉讼法的规定；行政诉讼法没有规定的，参照适用民事诉讼法的规定。人民法院审理行政协议案件，可以参照适用民事法律规范关于民事合同的相关规定。

〔2〕 最高人民法院（2016）最高法行申 1991 号行政裁定书。

随义务的违反既可能构成违约，也可能构成行政机关不履行法定职责的违法。如在刘某某、许某某诉凤冈县人民政府房屋行政补偿案中，法院认为"对房屋实施全面调查应当属于《征收补偿协议》的附随义务。这一义务的产生基于《征收条例》的规定，依法对被征收房屋给予公平补偿及对被征收房屋进行调查、认定和处理属于行政机关必须为的职责。即使未在征收补偿协议中予以明确，但基于法律法规的规定，该法定职权依然构成行政协议中的附随义务"。贵州省高级人民法院认为应当以"法定职责"的相关要素为判断标准对其附随义务的履行情况进行审查，若行政机关怠于行使该职权，未能按照行政协议约定履行相关职责，即构成典型的不作为。[1]

当然，行政协议由于其公共利益目的，相比一般行政行为有更高的稳定性要求。将附随义务纳入行政协议义务群中，在提高行政机关履职质量的同时，行政机关的违约违法风险也在增加。我国对行政协议也适用合法性审查，若存在行政主体不具有主体资格、没有法定依据、违反法律法规强制规定等情形，行政协议即可被确认为无效。合法性审查对行政协议效力的影响使得民法学者产生了对交易安全与效率的担忧，但观察实践做法，行政法学界和行政法官都对确认行政协议无效保持警惕态度。最高人民法院曾指出，"行政协议均系为实现公共利益而签订，行政协议应当比民事合同更加强调合同效力的稳定性，以尽快实现行政管理目的和公共服务目标；否定已经依法成立并生效的行政协议的效力应当更加审慎……认定合同是否因违反法律、行政法规的强制性规定而无效，应当权衡所保护的法益类型、违法性程度以及交易安全等因素综合考量"。[2]在最高法行申3832号案件中，即便行政协议存在无效情形，法院最终仍然选择以承担相应附随义务采取补救措施来挽救行政协议的目的实现。行政协议是双方通过合意创设的微观法秩序，其中不仅有公法目的，也有私法目的，有公法利益，也有私法利益，对其效力的判断不像单方行政行为那样简单，必须在利益平衡的考量中统筹考虑，[3]因此在我国《行政诉讼法》第75条和民法上的无效规定的适用上应当审慎决定。对

---

〔1〕　参见贵州省高级人民法院（2020）黔行终871号行政判决书。

〔2〕　参见最高人民法院（2020）最高法行申3832号行政裁定书。

〔3〕　参见余凌云：《论行政协议无效》，载《政治与法律》2020年第11期，第2-12页。

附随义务的审查，也应当按照《行政诉讼法》及《行政协议审理规定》构建的履约判决之框架，[1]要尽可能地使协议效力得到维持，以继续履行作为首先方式，若已是无法履行或履行无实际意义的情况下，则采取补救措施或赔偿损害方式。

【后续影响及借鉴意义】

在房屋征收过程中，以收购代征收的做法为各地政府采用，如何在法律制度的框架内兼顾行政效率的要求是合法有序征收应当解决的问题。以行政协议完成行政任务已是行政机关常用之手段，但是否政府履职过程中的所有协议都应当通过认定为行政协议的途径来解决？在行政协议的识别标准、适用范围并非十分明确的制度之下，探究以民事合同完成行政任务的可能性或许能为私人利益和公共利益找到新的平衡点。

行政协议附随义务与主合同义务共同构成协议双方所担负的完整合同义务，特别是对行政机关这一公共事务管理者而言，是对其应履行义务之补充，完善了行政主体的义务体系，对行政主体履职提出了更高要求。本案中，最高人民法院法官适用了行政协议附随义务这一概念，在同一诉讼中解决了原告因行政机关的违法行为而受到的损害赔偿问题，避免了通过确认违法后再另行提起国家赔偿诉讼的负累，实质性地回应原告诉求。同时，鉴于行政协议往往关涉社会重大利益，其公益性决定了法院在裁判中应当对协议的稳定性和公共服务的可持续性作出审慎考虑，确保行政机关履行职责的稳定性和连续性。这便要求该附随义务的内容确定不能对前端协议关系的稳定性造成严重冲击，[2]因此法官在使用附随义务作出裁判时，要对协议履行和公共利益维护作出平衡，这也是本案中法院并未轻易否定收购协议合法性的原因所在。

（指导教师：张冬阳　中国政法大学法学院讲师）

---

〔1〕 参见《行政诉讼法》第 78 条、《行政协议审理规定》第 19 条。

〔2〕 参见陈天昊：《行政协议中的附随义务》，载《浙江学刊》2022 年第 3 期，第 78-87 页。